Industrie, culture, territoire

GÉOGRAPHIES EN LIBERTÉ

sous la direction de Georges Benko

GÉOGRAPHIES EN LIBERTÉ est une collection internationale publiant des recherches et des réflexions dans le domaine de la géographie humaine, conçue dans un sens très large, intégrant l'ensemble des sciences sociales et humaines. Bâtie sur l'héritage des théories classiques de l'espace, la collection présentera aussi la restructuration de cette tradition par une nouvelle génération de théoriciens.
Les auteurs des volumes sont des universitaires et des chercheurs, engagés dans des réflexions approfondies sur l'évolution théorique de la discipline ou sur les méthodes susceptibles d'orienter les recherches et les pratiques. Les études empiriques, très documentées, illustrent la pertinence d'un cadre théorique original, ou démontrent la possibilité d'une mise en oeuvre politique. Les débats et les articulations entre les différentes branches des sciences sociales doivent être favorisés.
Les ouvrages de cette collection témoignent de la diversité méthodologique et philosophique des sciences sociales. Leur cohérence est basée sur l'originalité et la qualité que la géographie humaine théorique peut offrir aujourd'hui en mettant en relation l'espace et la société.

Déjà parus :

21. *Québec, forme d'établissement. Étude de géographie régionale structurale*
G. RITCHOT, 1999
22. *Urbanisation et emploi. Suburbains au travail autour de Lyon*
M. VANIER, ed., 1999
23. *Milieu, colonisation et développement durable*
V. BERDOULAY et O. SOUBEYRAN, eds., 2000
24. *La géographie structurale*
G. DESMARAIS et G. RITCHOT, 2000
25. *Le défi urbain dans les pays du Sud*
M. ROCHEFORT, 2000
26. *Villes et régions au Brésil*
L. C. DIAS et C. RAUD, eds., 2000
27. *Lugares, d'un continent l'autre...*
S. OSTROWETSKY, ed., 2001
28. *La territorialisation de l'enseignement supérieur et de la recherche. France, Espagne et Portugal*
M. GROSSETTI et Ph. LOSEGO, eds., 2003
29. *La géographie du XXIe siècle*
P. CLAVAL, 2003
30. *Causalité et géographie*
P. CLAVAL, 2003
31. *Autres vues d'Italie. Lectures géographiques d'un territoire*
C. VALLAT, ed., 2004
32. *Vanoise, 40 ans de Parc national. Bilan et perspectives*
L. LASLAZ, 2004
33. *Le commerce équitable. Quelles théories pour quelles pratiques ?*
P. CARY, 2004
34. *Innovation socioterritoriale et reconversion économique : le cas de Montréal*
J.-M. FONTAN, J.-L. KLEIN, D.-G. TREMBLAY, 2005
35. *Globalisation, système productifs et dynamiques territoriales. Regards croisés au Québec et dans le Sus-Ouset français.*
R. GUILLAUME, ed., 2005
36. *Industrie, culture, territoire*
S. DAVIET, 2005

Industrie, culture, territoire

Sylvie Daviet

L'Harmattan
5-7, rue de l'École-Polytechnique
75005 Paris
FRANCE

L'Harmattan Hongrie
Kossuth L. u. 14-16
1053 Budapest
HONGRIE

L'Harmattan Italia
Via Degli Artisti, 15
10124 Torino
ITALIE

Dépôt légal Mai 2005

ISBN : 2-7475-8203-5 ISSN : 1158-410X
EAN : 9782747582032

Préface

Qui aurait cru que la culture, le territoire et l'industrie fassent bon ménage, avant que cet ouvrage original nous le montre par la diversité de ses approches scientifiques ? Si certains géographes avaient déjà pressenti la dimension territoriale et culturelle de l'industrie, jamais elle n'avait été théorisée de la sorte. Navigant du charbon à la puce électronique, de l'ouvrier au PDG, on est entraîné dans le méandre des stratégies entrepreneuriales, territoriales et financières comme dans l'univers concret du travail.

Sylvie Daviet réussit à nous faire découvrir ou redécouvrir les pères de la géographie industrielle, économique, culturelle... d'une manière critique, et sans jamais tomber dans le piège dialectique des anciens et des modernes. Le thème de l'industrie, qu'on présentait déclinant, voire moribond en géographie, reprend ici de la vigueur. Les espaces (bassins miniers, technopôles), mais aussi les concepts (districts), malmenés par les bouleversements économiques, sont réinscrits dans une nouvelle territorialité allant du local au global, sans jamais oublier l'homme.

La relecture de Becattini, Claval, Laferrère... à la lumière de l'espace vécu et de l'analyse du discours montre combien les présupposés philosophiques ont orienté durablement certaines options de la géographie et laissé de côté des pistes prometteuses. La complexité du rapport industrie-culture ainsi analysée nous guide vers les savoir-faire et leur transmission, l'innovation et les mythes fondateurs de l'entreprise, éclairant de façon inédite le comportement des acteurs économiques. Dans la tradition des grands géographes, alliant la réflexion et le terrain, l'auteur redéfinit l'industrie par le territoire et expose de nouveaux paradigmes sans occulter le passé. En soulignant les filiations et les bifurcations de la géographie économique et culturelle, elle nous offre un nouveau regard sur l'unicité de la discipline de Vidal de la Blache aux post-modernes.

A travers l'étude de trois grandes entreprises (STMicroelectronics, Gemplus et Atmel), la fin de l'ouvrage nous introduit dans le monde en réseau de la microélectronique. Les motifs d'implantation, les stratégies productives, le parcours des dirigeants tout comme les aléas boursiers s'avèrent passionnants. Avec une approche personnelle et élégante, Sylvie Daviet nous donne à voir autrement et nous convie à une géographie de l'entreprise dans le cadre mouvant de la mondialisation.

Solange Montagné Villette
Université de Paris 13

Sommaire

Introduction 7

Première partie – La fin de l'industrie ?

1. Fin de l'industrie et fatalité de la crise 15
La fin de l'industrie : une image trompeuse 15
La fin du charbon en Europe : une décision européenne ? 17
Fin de l'industrie et développement durable 23
Théories explicatives et images de rupture 26

2. Districts et sortie de crise : une approche critique 28
Les districts « avant la lettre » dans la géographie française 28
Théorisation et succès des districts : un « créneau porteur » 32
Le temps des doutes la critique des « districologues » 37
Avancées et déconvenues 40

3. Des vieux secteurs aux nouveaux territoires 43
Les territoires de la vieille industrie 43
Les nouvelles dynamiques entre rupture et filiation 47
Les principes d'un nouveau maillage 52
Anciennes et nouvelles territorialités 56

Deuxième partie – La dimension culturelle de l'industrie

1. Genèse et enseignements de la géographie culturelle 66
Le rôle précurseur des techniques 66
La géographie culturelle se détourne des techniques 67
Les méthodes de la géographie culturelle et l'industrie 70
La culture, sa transmission et ses mythes fondateurs 71

2. La question culturelle en géographie industrielle et économique 76
La culture industrielle dans la géographie française 76
La dimension culturelle dans la géographie économique anglo-saxonne 85

3. Culture et économie dans le débat pluridisciplinaire 89
La notion de culture en économie 89
Un complément à la thèse du district 91
Culture d'entreprise et innovation 95

Troisième partie – redéfinir l'industrie par le territoire

1. Géographie économique et géographie industrielle : histoire d'une bifurcation 101
La géographie économique de Paul Claval et sa filiation 101
Les français rebelles à la nouvelle géographie économique 110
La géographie industrielle française : de l'industrie au territoire ? 117

2. Nouvelle géographie socio-économique et nouveau monde industriel 133
Le projet de nouvelle géographie socio-économique 134
Le nouveau monde industriel de Pierre Veltz 136

Quatrième partie – Entreprise, territoire, mondialisation

1. De l'industrie à l'entreprise 142
Quelle définition de l'entreprise en géographie ? 142
L'approche systémique de la firme en géographie 147
Trois trajectoires entrepreneuriales 153

2. Réévaluer les déterminants locaux des territoires 162
Les enseignements de la généalogie des firmes 163
Effets de milieu et organisation spatiale 171
Les relations recherche-industrie : inverser les hypothèse 176

Conclusion 181

Bibliographie 185
Index 201

Introduction

Emprunter l'image du chaos (Gleick, 1991), c'est à la fois reconnaître la réalité d'un certain désordre et se situer dans l'optique philosophique d'un *« désordre ordonné »* ou, selon Bergson (1907), d'un *« autre ordre que celui qu'on attendait »*. Le paradigme du désordre renvoie à la dérive temporelle des réalités elles-mêmes, à leur instabilité profonde (Prigogine, Stengers, 1988). La métaphore du chaos illustre, à bien des égards, l'image complexe et instable que nous renvoie le monde industriel ; un monde chargé de transformations si profondes qu'on n'est plus certain de la pertinence du nom qu'on lui attribue et qu'on a du mal à s'accorder sur des substituts. Or, nommer c'est déjà construire, s'approprier, délimiter, se repérer, comprendre. La réflexion qui est engagée dans cet ouvrage participe de ce projet : reformuler un objet d'étude en voie de recomposition. L'industrie signe en effet un temps long, celui de l'ère industrielle, et un espace large, celui des sociétés industrielles. Elle révèle la structure sociétale et relève en même temps de la structure. Piaget (1968) appelle structure toute liaison logique susceptible de jouer alternativement ou simultanément le rôle de forme et celui de contenu. Le concept de société post-industrielle, qu'il conviendra de discuter, traduirait une rupture majeure, un bouleversement multiforme : économique, social, spatial, scientifique, culturel, une révolution, un changement de paradigme (Kuhn, 1988). Cette révolution participerait même de la post-modernité. Mais elle n'en est pas le seul fondement ; on doit lui associer d'autres mutations de natures diverses comme la fin du communisme, chronologiquement bien identifié, et une nouvelle étape du processus de mondialisation encore en débat. Cette révolution, enfin, est source d'incertitudes. Non que l'incertitude ne soit une invention contemporaine, mais le sentiment d'incertitude semble s'être avivé et généralisé, nourrissant, dans la pensée contemporaine, des remises en cause dans le champ épistémologique : besoin de « déconstruire » (J.Derrida) pour repenser la complexité du réel (E.Morin).

Le regard de géographe qui est proposé ici s'emploie, pour ainsi dire, à déconstruire les représentations économicistes de l'industrie pour la repenser autrement, en lui associant les concepts de culture et de territoire. Ce regard s'est construit peu à peu, au fil, certes, de nombreuses lectures, mais aussi d'un itinéraire qui a marqué ma réflexion et ma sensibilité, me conduisant de la crise charbonnière aux nouvelles technologies. Son point de départ se situe incontestablement en Lorraine lorsque je suis nommée au collège Nicolas Untersteller de Stiring-Wendel. Jusque là, je ne me suis pas véritablement intéressée à l'industrie. Je passe, en peu de temps, du hasard à la nécessité. De mon premier voyage, au cours de l'été 1984, je garde deux souvenirs marquants. Soudain, entre Nancy et Metz, la vision d'un immense tas de rouille au bord de l'autoroute résonne comme un fracas dissonant de percussions ; premier symbole d'une blessure dans le paysage qui est un signe d'agonie. Il s'agissait probablement de la friche de Pompey. Par contre, en arrivant dans le bassin houiller, je ne vois pas la mine, ni les terrils, seulement l'étendue des différentes générations de cités plutôt fleuries qui s'enchevêtrent. Mais il y a une drôle d'odeur, un peu âcre, qui envahit les narines et que l'on finit par ne plus sentir, c'est l'odeur de la mine. Il y a aussi un accent prononcé qui marque une identité forte, et surtout un patois germanophone très vivace qui donne l'impression, pour un francophone, d'être un étranger, un élément exogène qui aura peut-être du mal à communiquer, à s'acclimater, à se faire comprendre et accepter. Bien que déterminée à m'insérer dans ce nouveau milieu, j'en mesure progressivement les difficultés. Je trouve finalement que le meilleur moyen de m'approprier ce lieu et de comprendre ses habitants, c'est peut-être de l'étudier.

Au cours des sept années qui suivent, l'univers du bassin remplit mon quotidien. C'est d'abord un *espace vécu*, celui de mon collège, et de mes élèves. C'est celui d'une actualité où les plans de récession et de conversion sont bientôt annoncés, se succèdent et s'aggravent, jusqu'à l'idée de fermeture. Où les sirènes de pompiers retentissent des heures durant lors de la catastrophe du puits Simon. Où le sol tremble, même au supermarché, lorsqu'il y a des effondrements miniers. Où l'eau du robinet n'est autre que l'eau d'exhaure recyclée. Où le *Républicain lorrain* restitue fidèlement la vie du bassin, de la Sainte Barbe à la dernière implantation pourvoyeuse de nouveaux emplois, de la fermeture de la cokerie de Marienau aux manifestations pacifiques ou violentes de mineurs, de la réhabilitation des logements au traitement des friches, des mouvements frontaliers à la préparation du grand marché unique de 1993... Cet espace devenu familier est doté d'une charge affective, facteur de socialisation et d'ouverture. Contre les représentations d'un « pays noir » sinistré que l'on fuit, j'y ai construit un sentiment de solidarité et d'appartenance à une communauté régionale. J'y ai intériorisé, en tous cas, une réflexion sur la complexité des rapports aux lieux.

Dans ce flot de nouveautés qui se sédimentent peu à peu, je construis peu à peu les repères du chercheur, collectant les statistiques, parcourant le terrain, multipliant les entretiens ou les éléments de comparaisons avec d'autres bassins... Avec la conviction profonde qu'en ces temps troublés de crise, de fermetures répétées d'usines et de dépérissement de régions entières, l'enjeu des mutations industrielles est un enjeu sociétal majeur qui mérite de mobiliser, bien au-delà de mon champ premier d'observation, toutes les énergies. Mais au travers de ces questionnements, ce qui me préoccupe déjà, c'est le monde de l'entreprise lui-même ; sa capacité à coordonner, produire et se transformer ; sa capacité à créer, en dépit de contradictions sociales profondes, une culture commune. A travers l'entreprise, l'industrie participe, dans l'histoire occidentale, à l'aventure de la création humaine ; elle est un fait de civilisation. A travers l'entreprise, les métiers, les savoir-faire qui s'y forgent et s'y transmettent, les solidarités qui s'y déploient, les produits qui y sont conçus et fabriqués, l'industrie a bien une dimension culturelle, sociale, philosophique même qui n'est pas réductible à la seule vision marxiste des rapports de classe, même si ces rapports existent. Le milieu syndical fait partie de ce monde, porteur de combats et valeurs qui lui sont propres. Mais il n'est pas le seul. Le milieu des ingénieurs occupe, dans les dispositifs de coordination et d'action, à l'intérieur comme à l'extérieur de l'entreprise, une place centrale qui retient de beaucoup mon attention. Lui aussi a ses valeurs et ses motivations profondes et conduit une réflexion sur le sens des missions qu'il accomplit, avec ses convictions et ses doutes. Cette dimension culturelle, sociale et philosophique de l'entreprise n'est pas davantage le résidu accessoire que les tenants de l'économie classique et rationnelle voudraient nous faire croire. L'entreprise au cœur du territoire productif devient implicitement à mes yeux l'objet d'étude privilégié.

Mais ces idées en germe ne semblent pas porteuses, allant même à l'encontre du discours dominant de la presse journalistique et scientifique. C'est la fin de l'industrie, l'avènement d'une société post-industrielle, tertiaire, immatérielle. Aurait-on renoncé à la société de consommation ? C'est même la fin de la grande entreprise qui cède la place à l'avenir prometteur de PME à visage humain, autonomes et flexibles. Les « régions qui gagnent » sont les métropoles et les districts qui deviennent, à n'en pas douter, les seuls thèmes dignes d'intérêt. Dans le même temps s'opère un glissement épistémologique, de l'activité elle-même aux espaces, qui me déconcerte quelque peu. La géographie industrielle semble faire figure de thématique dépassée, à ranger au rayon des vieux souvenirs. Je dois m'habituer à travailler à la marge, ou bien me reconvertir dans une nouvelle problématique méditerranéenne encore incertaine. Car le second défi qui se présente à mon itinéraire, comme à bien d'autres, est aussi celui d'un changement de terrain, voire de territoire.

En 1992, de retour en Provence, je redécouvre Marseille avec le double regard du chercheur et de mon expérience lorraine. La négation de son identité industrielle n'est pas le moindre des paradoxes marseillais. Alors que la ville et son aire métropolitaine sont parsemées de friches et d'une stratification complexe d'espaces productifs du XIX° siècle à nos jours, elle cultive essentiellement, et de mille et une manières, l'image du port et de l'échange avec les horizons lointains ; une image que l'opération Euroméditerranée ne modifie pas fondamentalement. Or, les représentations comptent, retenant l'attention des géographes (Roncayolo, 1990) comme des historiens (Chastagnaret, 1997; Chastagnaret, Mioche, 1998). Ce retour à Marseille est donc, dans un premier temps, une période de tâtonnement, mais aussi d'ouverture à de nouvelles problématiques (Marseille, la Méditerranée, l'Europe) sous un angle pluridisciplinaire.

En 1997, la préparation des journées géographiques de la Commission « Industries et Emplois » est pour moi l'occasion d'un nouveau départ. La redéfinition des activités industrielles, qui est à l'ordre du jour, vient cristalliser un débat correspondant à des préoccupations personnelles d'une grande acuité. L'industrie, qui était apparue comme un élément structurant de l'espace puis de polarisation, est de moins en moins lisible dans le paysage, davantage associée aux activités tertiaires, à la mondialisation... Sa place et son rôle sont à redéfinir. Dans le périmètre de reconversion des Houillères du Bassin de Gardanne, la microélectronique a pris un essor privilégié et devient pour moi un terrain d'expérimentations nouvelles me redonnant le goût inégalé de retrouver le chemin de l'industrie et de l'entreprise, par le biais cette fois des nouvelles technologies et en intégrant plus qu'auparavant le concept de territoire. Dès lors, s'enchaîne une série de travaux à partir de cette filière riche en problématiques et en entreprises, sur le terreau fertile des nouveaux espaces productifs. Une stratégie de recherche s'élabore peu à peu, comprenant l'échelle locale des sites et des territoires et l'échelle globale de la mobilité des acteurs et du pouvoir décisionnel. Mes pratiques s'enrichissent par l'approche généalogique des tissus d'entreprise et l'approche biographique des acteurs de l'industrie. A la question du « quoi ? » : quels investissements, quelles localisations..., la question complémentaire du « qui ? » : quels acteurs, en fonction de quel itinéraire..., est devenue de plus en plus essentielle à mes yeux, celle qui offrait le plus de réponses à mes interrogations sur le comportement des acteurs dans leur rapport à l'espace.

Dans le même temps, partageant avec d'autres chercheurs un grand intérêt pour la culture scientifique et technique, la mémoire, le patrimoine et l'identité industrielle, je participe en 1995 à la création d'une association « Mémoire-Industrie-Patrimoine en Provence » dont la revue *Industries en Provence Dynamiques d'hier et d'aujourd'hui* est parvenue aujourd'hui à son treizième numéro. Mon intuition s'est trouvée confortée lorsque le monde de la microélectronique a exprimé maintes fois, au cours de mes enquêtes, le sentiment, qu'en région Provence-Alpes-Côte-d'Azur, il y avait une sous-représentation de la microélectronique et de ses perspectives chez les acteurs publics comme dans les instances de développement. Plus généralement, pour les industriels se posait un problème d'insertion dans l'identité collective régionale, imprégnée de mythes et d'une sur-représentation des perspectives touristiques. A travers ces expériences, j'ai donc renouvelé ma conviction que le chercheur, l'universitaire peut jouer un rôle intellectuel et social dans la recomposition des territoires et de ses représentations.

La pratique de nouveaux terrains, et l'ouverture à de nouveaux champs théoriques sont en définitive le fruit d'un parcours qui s'inscrit dans la durée et qui n'a pas toujours été méthodiquement préconçu. Ce long cheminement rencontre, certes, des opportunités, mais aussi des obstacles qui sont des moments de découragement ou de lente maturation. Ce cheminement s'inscrit dans une géographie humaine qui a désormais plus d'un siècle (Robic, 1991), faisant du fait industriel une géographie sociale et culturelle autant qu'économique. Il est tout autant ouvert et attentif aux autres sciences humaines et sociales comme l'histoire, l'économie et la sociologie. Du reste, les appartenances disciplinaires et nationales ne peuvent apparaître comme des frontières dans le grand mouvement de circulation des idées à travers l'espace et le temps. Ainsi, Alfred Weber (1868-1958), considéré comme le fondateur de la théorie des localisations industrielles, est à l'origine sociologue, proche de l'école historique allemande, comme son frère aîné Max Weber (1864-1920), tourné quant à lui vers l'étude des comportements économiques. Leur fraternité génétique et disciplinaire, alliée à leur divergence épistémologique, est tout à fait frappante. Tous deux ont légué un héritage important à la communauté scientifique. Un siècle plus tard, le post-modernisme se développe aux Etats-Unis, nourri de la pensée de philosophes français (Foucault, Derrida, Deleuze...), contre les prétentions universalistes et positivistes de la science ; et c'est finalement le géographe américain marxiste Richard Peet (1997) qui stigmatise le retour à Weber (Max), dans le débat sur « la géographie économique face à la question culturelle »[1]. Cet exemple, par sa forme de boucle dans l'espace et le temps, illustre à mes yeux la nécessité de nourrir la pensée avec un horizon pluridisciplinaire et international.

Le plan de cet ouvrage s'articule logiquement autour des trois mots clés du titre, mais sans s'y limiter. La première partie s'interroge sur la fin proclamée de l'industrie. Elle approfondit la notion de rupture qui sépare les « vieux espaces » et les « nouveaux territoires » productifs, comme l'ancien et le nouveau mode de production. Cette réflexion conduit à nuancer l'idée de rupture et introduit la dimension culturelle de l'industrie sous l'angle de la territorialité. La seconde partie s'intéresse aux fondements théoriques de la culture industrielle et à sa signification. La recherche s'appuie sur des travaux antérieurs, replacés dans une perspective nouvelle : la notion de culture est, en effet, au premier rang des débats sur la performance économique. L'objectif est de préciser l'apport d'une démarche géographique, au sein d'un débat largement pluridisciplinaire. La troisième partie étudie le passage *« d'une géographie des coûts à une géographie de l'organisation »* (Veltz, 1993), à travers l'évolution du concept d'industrie au sein de la géographie. La réflexion est centrée sur la relation entre industrie et territoire. L'articulation de ces deux concepts apparaît comme un élément de différentiation de la

[1] L'article de Richard Peet : « The cultural production of economic form » (in Lee R. and Wills J. (eds), *Geographies of Economies*, London, Arnold, 1997, pp 37-46) a été traduit par Céline Barzun et Isabelle Géneau de Lamarlière in *Géographies anglo-saxonnes tendances contemporaines* pp 190-204.

« géographie industrielle » par rapport à la « géographie économique ». La quatrième partie vient éclairer l'intérêt et les limites du territoire, dans le contexte de la mondialisation et de la mobilité des acteurs économiques. L'entreprise occupe alors une place originale entre la dimension locale du territoire et la dimension globale de l'économie. Cette double dimension révèle l'intérêt de la firme en tant qu'objet géographique à localisations multiples.

Première partie

La « fin » de l'industrie ?

Loin de nourrir un passéisme désuet ou de céder à l'évidence, l'effacement des secteurs clés de la première révolution industrielle laisse en suspens un champ multiple d'interrogations quant aux causes, aux modalités et aux conséquences à plus ou moins long terme de leur disparition. Au-delà d'un discours généralisateur sur le caractère inévitable et exogène de la crise des vieux secteurs, il apparaît au contraire qu'ils présentent des enjeux et des caractéristiques techniques, politiques, sociales et territoriales variées, donnant lieu à des trajectoires de mutation, de filiation ou de rupture qui ne sont pas jouées d'avance. Cette première partie entend donc nourrir une réflexion, non seulement sur la crise de l'industrie elle-même, mais aussi sur les discours qu'elle suscite et les analyses qu'elle sous-tend.

1. Fin de l'industrie et fatalité de la crise

La fin de l'industrie : une image trompeuse

Si la fin de l'industrie s'est imposée implicitement dans la presse et les représentations collectives comme un phénomène inexorable et généralisé, c'est une image pourtant relative et, à certains égards, trompeuse. La crise a, certes, frappé en premier lieu les vieux secteurs, ceux de la première révolution industrielle. Mais elle a aussi pris de front les industries de la période fordiste, et concerne également les industries de nouvelles technologies propres et flexibles sur lesquelles planent néanmoins des menaces de délocalisation. Si bien que l'on s'habitue presque, à l'idée que l'Europe ne serait plus une région manufacturière ; seulement une région de matière grise dont les « bras » seraient ailleurs. Une image déjà dépassée par la migration des cerveaux comme par le développement de la conception et de la recherche dans les Nouveaux Pays Industrialisés. En vérité, la fin de l'industrie se pose en terme d'échelle, en lien avec le concept de division internationale du travail. Les entreprises et les secteurs qui disparaissent ici peuvent continuer d'exister ailleurs, du fait de délocalisations qui affectent tout le processus de production, ou de l'exploitation d'autres gisements, dans le cas du secteur minier qui est, par extension, assimilé à l'industrie ou à ses représentations. Mais pour la petite ville ou le bassin de main-d'œuvre, quand un secteur ou une entreprise disparaît, s'est bien sur le moment un sentiment de mort qui domine, un sentiment de condamnation même, « la casse » selon l'expression des syndicats.

Parmi les explications de ces disparitions, deux grands types de facteurs émergent : la substitution de nouveaux matériaux ou produits et la question des coûts relatifs à un moment donné : coûts des matières premières, coûts de la main-d'œuvre..., et de plus en plus coûts de la matière grise qui fait les beaux jours de nouveaux pôles d'attraction comme Bangalore. La question des coûts de transport semble avoir disparu avec la révolution des transports et les navires à grand tonnage. Mais on sait que le faible coût des transports maritimes est parfois atteint au prix de l'utilisation de « navires poubelles », d'une surexploitation éhontée des équipages et du non respect des règles environnementales. La question du coût s'avère donc une donnée des plus relatives. Elle est aussi fonction de la dose de règles et de taxes que l'on veut bien lui incorporer et de la valeur que l'on veut bien attribuer au travail et aux hommes qui le fournissent. La question du coût renvoie en définitive à une question de choix, au vu d'enjeux et d'intérêts stratégiques circonstanciés, au vu d'un ensemble de représentations et de valeurs. La « loi » du marché n'est pas naturelle, éternelle, universelle. Elle est bien un choix qui en élimine d'autres et qui nous ramène au grand débat de la théorie standard et d'un *homo œconomicus* qui n'agirait qu'en vertu d'intérêts « rationnels », comme si la même rationalité s'imposait à tous.

La question du charbon, en France et en Europe, en est un exemple significatif. L'énorme déficit de Charbonnages de France a récemment été souligné dans un rapport de la Cour des Comptes[1]. Mais le chercheur qui suit, au-delà du territoire local, l'ensemble des mécanismes qui conduisent à une décision de fermeture peut souvent constater que, lorsque la décision est prise, et plus tardivement encore annoncée, les jeux sont faits depuis longtemps. Si la question du charbon est forcément singulière dans son contenu, elle a néanmoins une valeur plus générale dans certains de ses mécanismes. Il convient par conséquent d'exprimer ici les éléments d'une démarche critique, attentive aux contradictions du processus décisionnel, et d'une certaine manière plus proche des lieux de pouvoir. Cette démarche, qui bénéficie aujourd'hui d'un plus grand recul, ne vise pas seulement à éclairer un passé qui semble révolu. Elle vise aussi à revenir sur une problématique de crise, demeurée récurrente, et sur ses représentations. Dans la quête du chercheur pour parvenir à des explications complexes, la déconstruction du discours compte autant que l'analyse des faits.

La fin du charbon en Europe : une décision européenne ?

En revenant sur la question du charbon, mon hypothèse de travail a été d'emprunter un cheminement « par le haut ». Au lieu de partir de l'échelon local et d'aller ouvrir la fenêtre des explications globales, je suis partie des perspectives de fermeture apparemment convergentes des bassins européens pour m'interroger sur le poids des contraintes communautaires dans la dynamique du processus. Il s'agissait de mieux cerner l'échelle effective du pouvoir décisionnel entre nations et institutions supra-nationales. La fin du charbon en Europe est-elle une décision européenne ? L'intégration européenne est-elle cette petite mondialisation qui nous impose une uniformisation rampante ? Les réponses ont finalement été plus nuancées que je l'imaginais au départ.

Les positions européennes et leur évolution

La fin du charbon en Europe n'en finit pas d'être annoncée, mais dans le reste du monde l'exploitation se poursuit, principalement dans des mines à ciel ouvert, avec des prix de revient bien plus faibles. Si l'Europe a « sauvé » la sidérurgie européenne (Mioche, 2005), il n'en est manifestement pas de même pour le charbon. Pour des raisons naturelles, tenant au coût de l'exploitation souterraine ? Sans doute,

[1] 5MM d'Euros en 2002 ; 233 MM de francs de subventions ont versés entre 1971 et 2000 d'après le rapport de la Cour des Comptes du 11 décembre 2000.

mais pas seulement. La divergence des destins contrastés de la sidérurgie et du charbon relève, certes, de multiples données structurelles, mais aussi d'un long processus historique qui prend naissance avec la création de la Communauté Européenne du Charbon et de l'Acier (CECA) en 1951 et s'achève presque avec la fin dudit traité le 23 juillet 2002.

A la fin des années 1950, alors que le charbon s'accumulait sur le carreau des mines face à l'offensive des compagnies pétrolières, la Haute Autorité n'a pas proclamé l'état de « crise manifeste ». Les pouvoirs supranationaux dont disposait la Haute Autorité n'ont jamais été pleinement exercés, *« les Etats membres ont préféré ignorer les faits plutôt que de laisser appliquer les procédures prévues »* (De Carmoy, Brondel, 1991). Il faut attendre juillet 1973 pour qu'apparaissent, dans le cadre énergétique communautaire, les premiers mécanismes anti-crise, vis-à-vis cette fois de la crise pétrolière. Un organisme consultatif est créé pour coordonner les mesures prises dans chacun des Etats. C'est ainsi que la Communauté a défini des objectifs pour réduire la dépendance pétrolière. Au cours des années 1980, d'autres priorités sont apparues comme la protection de l'environnement et le développement de la recherche.

L'adoption de l'Acte Unique de 1986 marque une nouvelle étape. Les aides à la production de charbon font l'objet d'une décision positive du conseil qui doit expirer à la fin de 1993, date de l'ouverture du marché unique. Elles sont acceptées dans la mesure où *« elles sont destinées à assurer la survie de la production indigène face à la concurrence du pétrole ou du charbon importé des pays tiers ; elles ne faussent donc pas les échanges entre les Etats membres »*[1]. Mais dès 1992, la Commission essaie de chiffrer les gains économiques escomptés du marché unifié. Dans un rapport intitulé *« 1992 : la nouvelle économie européenne »*, elle estime que, pour le charbon, la suppression des aides directes des Etats à la production rapporterait 3,3 milliards d'écus[2].

Dans le contexte du traité de Maastricht, la décision du 28 décembre 1993[3], valable jusqu'au 23 juillet 2002, considère que *« la plus grande partie de la production de charbon communautaire reste non concurrentielle »..., « que la tendance à l'augmentation du montant des aides au cours des dernières années est incompatible avec le*

---

[1] De Carmoy, Brondel, p73.
[2] Op.cit, p77.
[3] Décision n°3632/93/CECA de la Commission

caractère transitoire et exceptionnel du régime des aides communautaires ». S'impose donc la nécessité d'une dégressivité des aides s'insérant dans un plan de rationalisation distinguant les unités de production qui seront à même de participer à la réalisation de cet objectif, de celles qui ne pourront pas l'atteindre : *« ces dernières devront s'inscrire dans un plan de réduction d'activité conduisant à la fermeture des installations à l'échéance du présent régime ; seules des raisons sociales et régionales exceptionnelles pourront justifier un report de la fermeture au-delà de l'échéance fixée ».*

Cette décision apparaît en quelque sorte comme un « critère de convergence » tendant à harmoniser la fermeture d'une grande partie des bassins européens à la clôture du traité CECA, sur la base de considérations financières, atténuées par le principe de « cohésion économique et sociale ». Quelques neuf ans plus tard, très précisément à la date du 23 juillet 2002, intervient un nouveau règlement[1], valable jusqu'en 2010. Tout en maintenant l'objectif de dégressivité des aides, ce nouveau règlement fait apparaître des positions plus souples intégrant de nouveaux paramètres :

> « La situation politique mondiale donne une dimension entièrement nouvelle à l'évaluation des risques géopolitiques et des risques de sécurité en matière énergétique, et un sens plus large au concept de sécurité d'approvisionnement »... « il est par conséquent nécessaire, sur la base des paramètres énergétiques observés actuellement, de prendre des mesures qui permettront de garantir l'accès à des réserves houillères, et dès lors une disponibilité potentielle de houille communautaire »... « Le livre vert intitulé *'Vers une stratégie européenne de sécurité d'approvisionnement énergétique'* reconnaît le rôle important du charbon en tant que source d'énergie indigène »... « Le renforcement de la sécurité énergétique de l'Union, que sous-tend le principe de précaution, justifie par conséquent le maintien de capacités de production houillère soutenues par des aides d'Etat »... « Une production minimale de houille subventionnée contribuera en outre au maintien de la position privilégiée de la technologie européenne en matière d'extraction et de combustion propre du charbon, permettant notamment un transfert de celle-ci vers des régions grandes productrices de charbon en dehors de l'Union ».

La fin du charbon en Europe n'est peut-être pas pour demain. En tous cas, l'Europe semble se donner un petit sursis, une possibilité de ne pas refermer totalement les puits et les galeries souterraines, une opportunité de valoriser un savoir-faire qu'elle était jusqu'alors prête à abandonner. Coup de théâtre ou péripétie ? Il est sans doute trop tôt pour le dire. Mais l'inéluctable logique des coûts n'est plus le seul

---

[1] Règlement (CE) n°1407/2002 du Conseil

argument du discours communautaire. Des perspectives de recherche se dégagent pour comprendre les mécanismes et rapports de force qui ont conduit à une telle inflexion, comme pour en mesurer les modalités de mise en œuvre et les conséquences sur les territoires.

Les politiques charbonnières nationales et leur évolution

Après l'étude des textes émanant de la Commission européenne, la seconde étape de la démarche a consisté à suivre leur application sur le terrain des situations nationales[1]. Au début des années 1980, les stratégies des principaux Etats charbonniers communautaires étaient nettement différenciées selon le contexte politique et énergétique national (Daviet, 1990). Vingt ans plus tard, la contrainte communautaire a-t-elle réellement produit de la convergence ? Trois situations nationales seront rapidement examinées : celle du Royaume Uni, de l'Allemagne et de la France.

✓ *Le Royaume Uni*

Le gouvernement du Royaume Uni de Madame Thatcher avait adopté, face au charbon, une démarche essentiellement économique, tout en s'appuyant sur la manne pétrolière de la Mer du Nord. Le sévère programme de restructuration décidé en 1983 (suppression de 50000 emplois et fermeture d'une cinquantaine de sièges) avait provoqué une grève mémorable des syndicats de mineurs de mars 1984 à mars 1985 et affecté la vie de nombreuses communautés minières (Beyon, Hudson, Sadler, 1991). La ligne dure du gouvernement conservateur n'a jamais fléchi. L'enjeu, on le sait, était idéologique autant qu'économique. Ces années sombres pour les « gueules noires » ont donné au cinéma social britannique quelques uns de ses plus beaux films[2]. En 1994, la privatisation du British Coal Corporation s'est accompagnée d'une nouvelle phase drastique de restructurations. Finalement, le Royaume Uni produit en 2001, dans le contexte d'entreprises privées et pratiquement sans subventions, 32 Mt avec 12700 salariés, se plaçant en première position parmi les pays de l'Union à quinze, avec des coûts de production assez proches des prix pratiqués sur le marché mondial. La logique néo-libérale, engagée depuis une vingtaine d'années dans un cadre national, a d'une certaine manière « sauvé » les exploitations les plus prometteuses.

---

[1] Rapport de la Commission sur l'application du régime communautaire des interventions des Etats membres en faveur de l'industrie houillère en 2001, 02/07/2002, 21p.

[2] Par exemple « Les virtuoses », de Mark Herman, 1997.

✓ *L'Allemagne*

A l'opposé, la RFA, qui disposait des plus importantes réserves de la Communauté, s'est longtemps engagée dans la défense du charbon national. Le dispositif de protection reposant sur des garanties de débouchés, au moyen de contrats à long terme avec la sidérurgie et les compagnies d'électricité. Mais le surcoût du charbon allemand a été de plus en plus mal accepté par la collectivité lorsque le *kohlepfennig* (taxe parafiscale sur la consommation d'électricité) est passé à 7,5% en 1982. Cette mesure avait été admise par la Commission européenne car la libre circulation du charbon n'en était pas affectée. Elle est devenue par la suite controversée, dans la mesure où elle faisait obstacle à l'importation en Allemagne d'électricité d'origine nucléaire sensiblement moins chère. Un programme de restructuration a finalement été adopté en 1988, à la veille de la chute du mur de Berlin. En 1997, un accord entre Etat, *länder*, syndicats et producteurs prévoit la réduction des aides, et un objectif de production ramené à 26Mt, pour un effectif de 36000 salariés en 2005. En 2002, les coûts de production sont 2,5 fois supérieurs au prix du marché. L'Allemagne, comme l'Espagne, suit *« une démarche progressive et n'a pas pris de décision définitive »*, précise le rapport de la Commission. Ses efforts de restructuration sont davantage dictés *« par des préoccupations d'ordre social et de cohésion régionale que par une quelconque perspective réaliste ...d'atteindre le seuil d'équilibre économique »*. Finalement, l'Allemagne ne s'est pas précipitée pour appliquer la décision communautaire de 1993. Elle reste, en dépit de contradictions notables, assez fidèle aux bases de la *sozialmarktwirtschaft*, et proche d'une conception de l'industrie comme outil d'aménagement.

✓ *La France*

La France, dont les ressources minières ont toujours été économiquement et territorialement plus limitées, a misé depuis les années 1970 sur le nucléaire. L'idée d'une marche inexorable vers la fin de l'exploitation charbonnière est, peut-être, une construction a posteriori. En réalité, la chronique du processus est faite d'étapes et de discours qui, selon les bassins, laissent entretenir des espoirs, auprès des mineurs et de leurs syndicats, qui s'avèrent à terme illusoires. La relance charbonnière du gouvernement socialiste de 1981 est naturellement très critiquée quelques années après. Mais, la resituer dans son contexte ne la rend pas inconcevable : entre 1978 et 1981, l'indice des prix des produits pétroliers passe de 100 à 155 ; c'est après le pic de 1981 qu'il redescend progressivement, pour rejoindre en 1986 l'indice

100 de 1978. Du reste, par une résolution du conseil de septembre 1974, les Etats membres de la Communauté se sont engagés, entre autre, *« à renforcer la sécurité d'approvisionnement en utilisant les ressources intérieures »*.

L'année 1984 est un tournant dans la politique économique et sociale du gouvernement, marqué dans le domaine du charbon par le plan Hug. La France se présente alors comme le pays du juste milieu entre la logique néo-libérale du Royaume-Uni et la logique sociale allemande. Il en résulte une concentration des efforts sur les exploitations les plus prometteuses. Mais l'avenir de Charbonnages de France (CDF) n'est pas remis en cause. Le Directeur Général encourage au contraire les salariés à *« avoir l'esprit l'industriel »*, *« être une entreprise industrielle rentable »*. Le souci n'est plus de produire *(« il faut renoncer à produire pour produire en accumulant des stocks coûteux »)*, mais de vendre ; non pas un minéral, mais de l'énergie-chaleur. C'est un appel à la mobilisation pour la survie de l'entreprise. L'idée qui sous-tend ce mot d'ordre est que, si des efforts sont consentis, si les comportements évoluent, alors l'entreprise peut être viable. L'avenir de l'entreprise est en quelque sorte entre les mains de ses salariés. Deux ans plus tard, l'effondrement des prix consécutif au contre-choc pétrolier et à la baisse du dollar conduit CDF à donner une nouvelle impulsion à son processus de restructuration. La fermeture de l'ensemble houiller du Nord-Pas-de-Calais et de plusieurs sites du Centre Midi est clairement annoncée. Mais le bassin lorrain et celui de Gardanne, qui disposent « d'un potentiel de progrès », bénéficient d'un plan industriel et commercial axé sur le retour à l'équilibre financier.

Au fil des années, le discours et les objectifs évoluent. Alors qu'en Lorraine il était question de supprimer 2000 emplois par an jusqu'en 1988, les perspectives de fermeture à l'horizon de 2005 sont évoquées dès la fin des années 1980. Tout se passe comme si les décisions françaises avaient anticipé sur les injonctions communautaires de 1993. Il est vrai que les coûts de production sont, en France, quatre fois plus élevés que les prix du marché durant cette période. La fin de l'exploitation sur le territoire national est officiellement engagée en 1994. Mais Mineurs de France[1] continue de titrer dans les mois qui suivent : *« Pacte charbonnier, une chance à saisir pour bâtir l'avenir »*, *« Notre groupe et son avenir »*, *« Dynamique nouvelle pour*

[1] Edition *Centre-Midi*, exemple de numéros entre juillet-août 1994 et novembre 1995

les hommes, avenir assuré pour l'entreprise », *« Projet d'entreprise : l'avenir est entre nos mains »*, *« Le charbon, aujourd'hui et demain »*... Certes, il y a encore un potentiel de compétences et de savoir-faire à valoriser. C'est pour le Président du groupe « la dernière bataille du charbon », ce qui signifie la poursuite d'activités d'ingénierie et de recherche, au-delà de la fermeture. Mais il faut bien le reconnaître, le cœur n'y est plus. Pourtant, cette optique pose le problème intéressant d'une filiation dé-territorialisée. C'est un problème culturel autant que géographique. La France n'a pas de pétrole mais possède une industrie pétrolière. On a cependant du mal, pour des raisons historiques, à imaginer une filière charbon sans exploitation charbonnière sur le sol national.

A la clôture du traité de la CECA, on ne peut pas véritablement parler d'une uniformisation des situations et stratégies nationales, consécutive à l'application des « normes européennes » de 1993. En dépit de contraintes communes, les configurations énergétiques et politiques des pays producteurs ont conservé une certaine vigueur. Pour répondre à la question initiale, la fin du charbon en Europe ne s'explique pas par une décision communautaire, même si l'Europe a encouragé cette décision. Les Etats ont adopté des positions différentes, marquées par une relative indépendance vis-à-vis des injonctions communautaires. Pour la France, les jeux sont faits ; les mesures permettant *« de garantir l'accès à des réserves houillères »*, selon les nouveaux termes du règlement de 2002, n'ont pas été prises. Le Royaume Uni et l'Allemagne poursuivent encore l'exploitation dans des conditions très différentes, mais peuvent plus facilement s'inscrire dans les perspectives minimales offertes par le *livre vert* et les orientations de la Commission européenne.

Fin de l'industrie et développement durable

Deux éléments du débat retiennent encore notre attention, la question du prix et celle de l'environnement. En France, après la montée en puissance du pétrole, le choix du nucléaire a précipité la baisse des débouchés charbonniers. La thèse du phénomène classique et irréversible de substitution d'énergie n'a guère rencontré d'obstacle. La différence de coût entre le kilowatt nucléaire et le kilowatt thermique est une évidence. Mais quel sera le prix du kilowatt nucléaire lorsqu'on y aura intégré le coût du démantèlement de toute une génération de centrales nucléaires à l'horizon de 2010-2020 ? Si dans le reste de l'Europe, les choix ont été sensiblement plus nuancés, le nucléaire a néanmoins bénéficié d'une sorte de préférence communautaire. Dès les années 1980, la « Commission de l'énergie de la recherche et de la technologie » du Parlement européen dénonce le déséquilibre des ressources consacré au charbon et aux énergies non polluantes, par rapport au nucléaire qui absorbe alors près des deux tiers du budget de la recherche énergétique. Le charbon contribue à l'effet de serre, mais tout n'a pas été fait pour réduire davantage les émissions dangereuses et développer les énergies renouvelables. La plupart des rapports semblent indiquer que la part des énergies renouvelables restera marginale. Cause ou conséquence ? Au-delà du paramètre de pollution atmosphérique, le nucléaire, à travers ses déchets, n'est pas davantage une énergie propre. Entre les choix compatibles avec les lois du marché, la nécessité de préserver l'économie et la société des régions charbonnières et les impératifs d'un développement durable qui répond *« aux besoins du présent sans compromettre la capacité des générations futures de répondre à leurs propres besoins »*[1], la question énergétique n'est décidément pas si évidente.

Aux origines du « développement durable »

Pour comprendre ce concept de développement durable (Vivien, 2003), il faut remonter au moins aux années 1960, c'est à dire à l'apogée des Trente Glorieuses et au mouvement de 1968. La contestation qui s'exprime en 1968 est multiple, marquant le mouvement des idées à plus long terme. La remise en cause du système de production connaîtra des prolongements théoriques avec le courant de la régulation ; la remise en cause du mode de consommation[2] connaîtra des prolongements politiques avec le mouvement écologiste. Malgré des liens évidents entre les deux, il y a dualité dans la façon de percevoir et d'aborder le problème. La dualité de 68 est importante, c'est la contestation du fordisme et déjà un jalon du post-modernisme, d'où l'ambiguïté de la géographie radicale anglo-saxonne : tardivement marxiste et précocement post-moderne. Les marxistes classiques se préoccupaient surtout de la dimension « système de production », ils n'ont pas vu venir la vague écologiste parce qu'ils pensaient que le marxisme englobait tout et répondait à tout, et plus fondamentalement

---

[1] Selon les termes du rapport Brundland de 1987

[2] L'explosion du *Pop Art* est sensible dès le début des années 1960 (ex : Andy Warhol, « 210 coca-cola bottles », 1962), le mouvement artistique semble précéder le mouvement social.

parce que le matérialisme dialectique ne met pas en doute la notion de progrès scientifique.

La remise en cause de la société de consommation conduit à toute une palette de postures dont l'étendue rappelle, *mutatis mutandis*, le bouleversement introduit dans la Chrétienté par la Réforme protestante. Les plus extrêmes prônent le renoncement : consommer des objets matériels devient un mal auquel il faut renoncer, comme pour puiser dans ce renoncement une sorte de remède expiatoire. D'où la recherche individuelle et mystique du nirvana sur les chemins de Katmandou, ou plus prosaïquement, un retour communautaire à la terre et à l'artisanat, marquant un schéma historiquement régressif. Plus significatif, non pas en termes de sens mais de représentativité, est l'éventail des courants qui s'organisent entre la lutte militante frontale ou le compromis sur la façon de consommer. Le mouvement écologiste a ses variantes nationales. Son caractère « apolitique » ou marxiste a donné la panoplie de formes et de couleurs que l'on connaît aujourd'hui. Plus « à droite », si l'on peut dire, la version la plus policée des interrogations de la période sur le mode de consommation est finalement celle du *Club de Rome*, fondé de manière symptomatique en 1968, à l'initiative d'un industriel, et dont le premier rapport, *Halte à la croissance*, date de 1971.

Les travaux du Club de Rome

Les travaux du *Club de Rome* ont un grand retentissement au moment de la crise pétrolière des années 1970. La crise est avant tout géopolitique, mais une grande partie du monde développé semble prendre conscience des limites de la planète et de ses ressources fossiles. La nécessité d'économiser l'énergie, de développer les ressources renouvelables devient le *leitmotiv*. L'ère de la « croissance zéro » est arrivée. Un grand débat de société est lancé pour préparer le citoyen à cette nouvelle orthodoxie, qualifiée par ses détracteurs de malthusienne...Pourtant, le contre-choc pétrolier du milieu des années 1980 et la baisse du dollar ont bien vite balayé les « sages » résolutions de la croissance zéro ; un concept suspecté en définitive de faire accepter les temps douloureux de la crise. Mais c'est surtout l'enthousiasme suscité par les nouvelles technologies, et le retour à la croissance qu'elles stimulent, qui permet de renouer avec l'idée d'innovation et de progrès. Une idée toutefois que la catastrophe de Tchernobyl vient de nouveau ébranler. Il est peu probable dans ces conditions de déceler l'ordre du rationnel, des facteurs faisant office de vérités intangibles quand les fluctuations de prix et les revirements idéologiques prennent une telle ampleur en si peu de temps. Les voix de la rationalité et de l'objectivité sont décidément impénétrables.

Le « développement durable » controversé

Même s'il soulève un ensemble de questions pertinentes sur le modèle de production et de consommation de la société industrielle, le concept séduisant de développement durable est donc sujet à des interprétations variables selon les acteurs qui l'utilisent et selon les moments. Pour les tiers-mondistes, il serait l'occasion d'un compromis entre Nord et Sud pour un nouveau partage des richesses. Pour les écologistes, il se limite uniquement à la durabilité d'un modèle de croissance, sans prendre en compte la préservation des écosystèmes et le renouvellement des ressources naturelles. Il fait donc l'objet de débats contradictoires donnant lieu à l'apparition de nouvelles formulations, comme celle de « décroissance soutenable » ou de « croissance sobre »[1]. Enfin, pour certains pays, comme les Etats-Unis, il ouvre une négociation sur le nouveau marché mondial des *« droits à polluer »*... Selon Serge Latouche (2003), le développement durable est donc une véritable *« imposture »*. Il porte en tous cas un enjeu philosophique et civilisationnel.

Théories explicatives et images de rupture

La multiplication des images de rupture se lit dans la littérature scientifique: « fin de l'industrie », « fin des territoires », « fin de la géographie », « fin de l'histoire »[2]... L'impression qui se dégage, à la charnière des XX° et XXI° siècles, est celle d'une lecture millénariste des changements de la société contemporaine. De cette inflation d'images et de mots qui imprègnent les esprits, il résulte *« une survalorisation de la rupture et une simplification des mutations en cours »* souligne Martin Vanier (1997, p.89). Cette remarque est éclairante. D'un côté, la fin des temps approchant nous plonge dans le grand débat sur la post-modernité, le sens de la société et de l'histoire. De l'autre, la *« simplification des mutations en cours »* trouve de nombreux exemples caricaturaux dans le champ de l'industrie et des

---

[1] L'économiste Nicolas Georgescu-Roegen est à l'origine de ce concept.

[2] Depuis « La fin des paysans » de Henri Mendras ; le mot « fin » a été repris dans de nombreux titres d'ouvrages ou de travaux : Badie (1995), *La fin des territoires* ; O'Brien (1992), *La fin de la géographie* ; Fukuyama (1989), *La fin de l'histoire*

politiques de re-développement qui se sont déployées au lendemain immédiat de la crise. Les vieux secteurs n'ont plus d'avenir, il faut se concentrer sur les nouvelles technologies et les technopôles ; les grandes entreprises concentrent les pertes d'emplois, il faut dynamiser le tissu des PME-PMI ; l'industrie n'est pas porteuse, il faut développer les services ; les friches sont des stigmates répulsifs du passé, il faut s'empresser de les raser...Face à la précipitation maladroite, mais compréhensible, d'acteurs plus ou moins désarmés devant l'ampleur du mal et l'urgence des solutions à trouver, peut-on prendre sereinement de la hauteur en se réfugiant sur le donjon des théories scientifiques ?

Poser la question en ces termes n'est jamais que l'aveu, non pas d'une suspicion, mais d'une certaine prudence, en tous cas d'une modestie certaine à l'égard de l'approche théorique en sciences humaines et sociales. L'exigence d'une construction intellectuelle, dont la lumière est indispensable à la réflexion, ne peut pas occulter que les clés de lecture s'inscrivent dans le temps et doivent s'affiner, s'enrichir ou se renouveler, au risque de se transformer en dogmes inopérants. Le chercheur, heureusement, demeure libre d'adopter les lectures théoriques qui lui paraissent les plus éclairantes ou au contraire de ne pas s'en satisfaire et s'engager dans d'autres voies. Le rôle des théories dans les politiques d'aménagent, leurs interprétations et leurs conséquences m'inclinent à redoubler de prudence. De la théorie prometteuse des pôles de croissance on est passé, en quelques années, au désenchantement des « cathédrales dans le désert » et plus tard encore à des appréciations bien moins négatives[1] ; soulignant que l'évaluation des politiques publiques se fait souvent à trop court terme. Le géographe qui dénonce « le jeu des acteurs » ne peut négliger qu'il est appelé lui aussi, en qualité d'expert du territoire, à entrer directement ou indirectement dans le champ de l'action. Tout l'intérêt et le risque des théories qu'il utilise résident dans leur mode opératoire. Mon parti pris dans le débat scientifique sur la crise de l'industrie est de ne pas survaloriser les ruptures, ni les modèles théoriques de sortie de crise, en soulignant les enjeux multiples dont ils sont porteurs. J'en fournirai des arguments, dans les paragraphes qui suivent, de deux manières : à travers l'étude épistémologique du débat sur les districts et l'analyse plus empirique des processus de reconversion que j'ai pu observer.

---

[1] Lieutaud (1992) ; Daviet (2001)

2. Districts et sortie de crise : une approche critique

Dans le débat sur le post-fordisme, l'identification des districts aux « régions qui gagnent » (Benko, Lipietz, 1992), aux territoires de sortie de crise, a orienté les politiques vers des logiques de *cluster*, favorisant parfois une survalorisation du local. En fait, tous les districts n'assurent pas les conditions de leur reproduction et de leur succès sur le long terme. Le vieux district marseillais, basé sur un système industrialo-portuaire, a implosé après la Seconde Guerre mondiale (Morel, 1987, 1999), assimilant par la suite l'image de la ville à celle du déclin (une région qui perd). Le renouveau de Marseille, esquissé à fin du siècle, se fait sur la base d'un système métropolitain dont les germes technologiques ont été pour partie implantés par l'Etat, hors des limites de la ville proprement dite (Daviet, Girard, Morel, 2003).

Ainsi, les grands débats sont souvent, sur la base d'une dialectique entre études empiriques et études théoriques, l'occasion d'une déconstruction/reconstruction de la pensée scientifique. Avant même que les concepts de *districts* et *systèmes productifs locaux* se soient diffusés dans la littérature scientifique contemporaine, nombre d'entre eux avaient, de fait, retenu l'attention des géographes par le biais d'études régionales ou sectorielles. A la fin des années 1970, le succès de la Troisième Italie est le point de départ d'un mouvement de théorisation et généralisation du concept de district. La dimension interdisciplinaire du débat, comme l'évolution du contexte global, conduisent par la suite à nuancer les points de vue. Nous tenterons d'en tirer quelques enseignements.

Les districts «avant la lettre» dans la géographie française

G.Benko et M.Abrantes (2004) rappellent à juste titre qu'au début du siècle, *Le tour de France de deux enfants* s'intéressait déjà aux systèmes productifs locaux, en initiant les écoliers à la variété de l'industrie française, de la soierie de Lyon à l'horlogerie du Jura... Par la suite, la concentration géographique de petits établissements liés autour d'un secteur d'activité n'a guère retenu l'attention, à l'heure où la grande entreprise venait incarner l'image emblématique de la nouvelle croissance. Pourtant, un rapide examen des articles parus dans *Les Annales de Géographie*, au cours des années 1970, témoigne de l'intérêt des géographes pour les phénomènes districaux. Il faut cependant préciser que les travaux recensés partent le plus souvent d'études empiriques et n'emploient pas le terme de district. Les cas rencontrés dans les *Annales de Géographie* portent sur des aires géographiques distinctes ; trois d'entre eux concernent l'Europe : le Mittelgebirge allemand (région de Villingen), la France de l'Ouest (région du Choletais), et l'Italie du Milieu ; le quatrième concerne l'Afrique du Nord à travers l'exemple des médinas de Sfax et Tunis. Seul le cas particulier du Choletais sera approfondi en évoquant d'autres travaux.

L'industrie du cercle de Villingen en Forêt Noire : mutations sectorielles et permanence de la structure entrepreneuriale

L'article de A.Thomas (1971) s'intéresse à un espace industriel comme système territorial, *« fortement enraciné dans la géographie et dans l'histoire »* souligne P. George. Dans cette industrie, issue d'un vieil artisanat, il y a dans le temps mutation sectorielle (de l'horlogerie à l'électronique), mais permanence de la structure entrepreneuriale. Les liens avec les espaces extérieurs, pour la vente et l'exportation, sont mis à jour à travers la tradition des colporteurs[1] et les relations familiales qui favorisent l'ouverture de bureaux de représentation. Le rôle du colporteur n'est pas seulement celui d'un marchand, il participe au processus d'innovation : *« au retour, on apporte des idées nouvelles que l'on exploite immédiatement »*. Cette observation accrédite l'idée que le processus d'innovation est dû à des relations locales comme à des relations avec l'extérieur. Elle se démarque en revanche des travaux de Ph. Aydalot (1986) pour qui l'innovation repose avant tout sur les synergies entre les agents locaux.

Du colporteur à la question des brevets, le thème de l'innovation est donc abordé, sans être toutefois identifié en tant que tel. L'auteur parle de *« patience »*, de *« volonté têtue »* de *« goût de la technique et du progrès »*, de *« recherche de la difficulté »*... Par ces remarques, il porte l'attention sur la culture industrielle de ce territoire, et l'esprit d'entreprise qui y règne. On peut ainsi rapprocher la région de Villingen de la notion de district et de l'atmosphère industrieuse d'Alfred Marshall, tandis que la mutation sectorielle et le rôle des hommes tendent à étayer la thèse de l'entrepreneur schumpétérien. Construit

---

[1] Concernant le colportage, il serait opportun de faire un rapprochement avec la thèse de Bernabe Maestre (1975) sur l'industrie de la chaussure dans la région d'Alicante.

selon un plan des plus classiques qui fait honneur au *«cadre naturel contraignant»*, cet article, novateur par les thèmes et les explications qu'il développe, témoigne de fait d'une entrée dans l'espace par le territoire, en intégrant de multiples dimensions sociales et culturelles dans son analyse.

L'artisanat dans les médinas de Sfax et de Tunis : les dynamiques d'adaptation des artisans-entrepreneurs

Dans l'étude des mutations de l'artisanat à Sfax et Tunis, Paul Lowy (1976) entre lui aussi dans son espace par le biais d'une approche socio-historique, en décrivant l'organisation corporative dans la médina, analogue à celle de l'Occident médiéval. Mais, loin de s'enfermer dans le rôle déterminant de cet héritage commun, son analyse comparative des dynamiques postérieures à la Seconde Guerre mondiale le conduit à montrer l'attitude active et divergente des artisans-entrepreneurs dans les deux cités. Prenant un parti différent des travaux de Pierre Pennec (1964), l'auteur soutient que les artisans de Tunis et de Sfax ne se cantonnent pas dans la résistance défensive face à l'économie concurrentielle. Ils recherchent au contraire une alternative, même si celle-ci s'avère fragile : à Tunis, c'est l'adaptation à une clientèle touristique aux goûts exotiques, à Sfax, c'est un effort de production capable de pallier les carences de l'industrie. Cette notion d'alternative est importante. Et la diversité des alternatives, dans des contextes locaux différents, renvoie à une conceptualisation ultérieure en termes de « développement local », évitant un cadre normatif de réponse à une situation de crise (Benko, Lipietz, 2000 ; Pecqueur, 2000).

La nébuleuse industrielle du Choletais : cohésion sociale, innovation, renouvellement

Avec l'étude du Choletais, conduite par Claude Cabanne (1979), on s'attend naturellement à l'analyse d'un district. L'auteur emploi l'expression de «nébuleuse industrielle» pour rendre compte de l'action d'un capitalisme local animant l'ensemble d'une petite région par la dispersion des localisations industrielles. Mais, l'examen des entreprises demeure le plus souvent générique, sans exprimer le rôle des entrepreneurs ; on ne sent pas l' « atmosphère industrieuse » du district. C'est dans le dernier paragraphe que le mot « esprit d'entreprise » est évoqué lorsque son déclin est constaté. La question du « nouveau produit » est posée dans les cinq dernières lignes.

L'innovation, qui semble se perdre, n'a pas été véritablement étudiée. La géographie des lieux plus que des hommes, qui nous est proposée, ne permet pas d'embrasser toute la réalité du district, alors que ce petit espace sera précisément l'objet de multiples travaux de la part, non seulement des géographes, mais aussi des économistes et des historiens[1].

Dans sa thèse sur l'industrie du prêt-à-porter, S.Montagné-Villette (1987) consacre une quarantaine de pages au Choletais dans une perspective radicalement différente. Qualifiant de dynamiques les régions qui, non seulement connaissent une progression relative de l'activité, mais aussi innovent sous quelque forme que ce soit, elle identifie le Choletais à une concentration exceptionnelle et dynamique de l'industrie de l'habillement, où adaptabilité et combativité apparaissent comme une constante dans l'histoire. Elle constate en particulier *« une fierté d'appartenance à un groupe social industrieux qui dépasse largement les clivages politiques et sociaux habituels »*. Pour éclairer la forte cohésion sociale qui caractérise le Choletais, l'auteur rappelle qu'il n'est pas une entité géographique, ni administrative, très nette. La définition de cet espace repose plutôt sur des fondements historiques : le Choletais s'est affirmé pendant la Révolution française comme le périmètre des guerres de Vendée. Le dynamisme et l'adaptabilité de cette petite région sont illustrés de multiples manières. Partant d'une approche sectorielle rénovée (une industrie de consommation dominée par le concept de mode), cette recherche conduit à une analyse des territoires mettant au centre l'innovation comme clé de lecture de leur compétitivité.

L'industrie spontanée en Italie : une approche spatio-temporelle

Le concept d'*industrie spontanée*, développé par JP Houssel (1990) apparaît comme un complément à la thèse du district[2]. Son approche spatio-temporelle met en relief des étapes du développement. La description qui est faite du système industriel est bien connue: un réseau de PME à base familiale, spécialisées le plus souvent dans des secteurs traditionnels, concentrées sur des petits territoires, présentant les caractéristiques d'une production flexible et une forte coopération entre les acteurs, un travail au noir qui réduit le coût des facteurs de production, une industrie capable d'exporter et de se moderni-

[1] Courlet, Pecqueur, 1992 ; Lescure, 2002.

[2] JP Houssel a consacré une grande partie de ses travaux à cette thématique, cf. Bibliographie

ser...Toutes les caractéristiques du district (italien) et de son mode de développement endogène y sont clairement identifiées.

L'intérêt de ce texte est de conceptualiser l'industrie spontanée en tant que situation intermédiaire sur le plan géographique et chronologique. Sur le plan géographique : la Troisième Italie est un espace intermédiaire entre le triangle industriel du Nord-Ouest et le Mezzogiorno ; on observe une extension de l'industrie spontanée des franges du triangle industriel vers le Centre Nord-Est puis l'axe des Apennins ; changeant d'échelle, l'auteur établit une comparaison avec la péninsule Ibérique, la Grèce, la Yougoslavie et la Turquie, soit un ensemble compris entre l'Europe industrialisée et le Sud méditerranéen ; la conclusion suggère une aire d'application potentielle aux pays en voie de développement. Sur le plan chronologique, une évolution se dessine entre les années d'après guerre (1950/60) où l'industrie spontanée contribue au « miracle italien », et les années de crise et restructuration (1970/80) davantage marquées par l'intervention de l'Etat, des évolutions partielles vers la grande industrie et l'extension de l'industrie spontanée vers le Sud; l'interprétation s'oriente vers une approche en termes de cycle. Selon cette mise en perspective géographique et historique, l'industrie spontanée n'est pas un modèle spatio-temporel stable. Ces points sont à retenir car ils diffèrent de la théorie du district en tant que manifestation de l'accumulation flexible. Pour mieux comprendre cette analyse, il convient de la replacer dans le débat central qui a animé la communauté scientifique au cours des 25 dernières années[1].

Théorisation et succès des districts : un « créneau porteur»

En effet, dès les années 1970/80, le succès de la Troisième Italie a retenu l'attention des chercheurs, à l'heure où les pays de la grande industrie entraient en crise. Faisant le choix d'une lecture chronologique du débat, nous présenterons successivement les premières références à notion de district, les formes de théorisation et d'extension du concept initial, enfin les critiques exprimées à l'égard des théoriciens du district.

---

[1] Deux articles ont notamment précisé les enjeux et l'historique du débat : Benko G., Dunford M., Lipietz A., (1996) ; Benko G., Dunford M., Heurley J., (1997).

L'école italienne et le recours au district Marshallien

C'est Giaccomo Becattini (1979) qui semble le premier à faire le rapprochement entre l'organisation industrielle de la Troisième Italie et le concept de district élaboré par Alfred Marshall. On peut donc rendre hommage à G.Becattini comme à tous les auteurs qui nous ont amenés à lire ou relire l'œuvre d'Alfred Marshall. Il convient de saluer en particulier l'initiative de Georges Benko qui a publié dans la revue *Géographie, Economie, Société* deux passages des écrits du célèbre économiste anglais, dans la rubrique consacrée aux « Classiques revisités »[1]. Le premier est extrait de *Principles of Economics* publié en 1890 (livre IV, chapitre X), le second est extrait d' *Industry and Trade* publié en 1919 (livre II, chapitre VI, section 6). Considérant que la fréquence des références au district marshallien justifie le retour au texte, nous nous appuierons sur les passages publiés par G.Benko

✓ *Les travaux d'Alfred Marshall*

Dans le premier extrait, qui porte sur *« la concentration d'industries spécialisées dans certaines localités »*, A.Marshall développe le concept de division du travail, à travers des exemples portant sur des villages *« qui ne s'adonnent chacun qu'à une seule branche de production, ou même seulement à une partie de cette branche »*. Il donne une vision large du processus industriel, fait de multiples facteurs au centre duquel se trouve l'homme. La signification qu'il apporte à l'action des individus, à travers leurs *« idéals de vie »*, semble faire écho aux travaux de son contemporain, le sociologue Max Weber (1905). C'est plus loin qu'apparaissent les avantages de la proximité : *« le fait d'être près les uns des autres. Les secrets de l'industrie cessent d'être des secrets ; ils sont pour ainsi dire dans l'air, et les enfants apprennent inconsciemment beaucoup d'entre eux »*. Marshall évoque alors la transmission du savoir-faire, la culture de l'innovation, la logique d'imitation et d'émulation, avant de s'interroger sur l'alternative entre les *économies internes* (de la grande entreprise) et les *économies externes* (issues de la concentration d'un grand nombre de petites entreprises dans une même localité). Comme l'indique C.Courlet, qui commente le texte, le district est bien adapté aux premières phases de l'industrialisation naissante ; la mobilisation et l'utilisation des ressources apparaissent en petites quantités ;

[1] Géographie, Economie, Société, Vol.2, n°1, 2000, 123-148.

l'action collective permet de réduire la dimension du saut pour l'entrepreneur individuel.

Le second extrait, publié quelques 29 ans plus tard, s'intéresse non plus aux localisations élémentaires mais aux grandes cités. Les termes d'*industrie localisée* ou de *districts* n'y sont d'ailleurs pas prononcés. Dans ce texte, Marshall oppose en fait deux types d'industries : d'une part les industries lourdes qui cherchent des voies d'accès vers leurs matières premières, et d'autre part les industries légères qui cherchent les grandes cités et leurs alentours. Ces industries légères, associées à *« des ouvriers dont l'habileté nécessite un long apprentissage »*, sont au contraire attachées à leur territoire. C'est dans ce passage que Marshall évoque « l'atmosphère » industrielle de Sheffield et Solingen *« qui procure gratuitement aux fabricants de coutellerie de grands avantages qu'ils ne pourraient pas posséder facilement autre part : et une atmosphère ne peut pas être déplacée »*. Il commente alors les avantages *« des contacts personnels entre acheteurs, commerçants et producteurs* (qui) *ont conduit les grandes villes à devenir les foyers d'industries diverses de tous genres et surtout de produits de premier choix »*. C'est là que se trouve l'effet d'économie externe d'agglomération[1], l'accès à l'information, le face-à-face. On peut considérer que la variété des acteurs est bien plus considérable dans les grandes villes, dont il montre le processus de croissance spatiale (vers la banlieue) et la diversification sociale : *« des banques et des maisons de commerce de toutes sortes prirent beaucoup d'importance. Les employés et les voyageurs pour le compte des fabricants et des marchands en gros se multiplièrent ; et les artisans cessèrent de dominer la ville comme auparavant »*. Il cherche à expliquer tout particulièrement la suprématie d'une ville dans une industrie spéciale et le phénomène cumulatif qui lui est associé : *« l'histoire montre qu'un centre puissant d'industrie spécialisée attire souvent les nouvelles énergies intelligentes qui viennent compléter celles qui existent déjà et qu'il peut, grâce à cela, étendre sa suprématie »*. Commentant ce passage, C.Courlet insiste sur la dynamique de longue durée, la notion d'externalités non transférables, les processus d'apprentissage dépendant d'apprentissages antérieurs.

✓ *La postérité des travaux d'Alfred Marshall*

On peut remarquer qu'à la suite des travaux d'A.Marshall, l'historiographie de la discipline a surtout retenu le concept

[1] Conceptualisé par Walter Isard en 1956.

d'économies externes, qui a constamment été enrichi au cours du XX° siècle. Par contre, jusqu'à la période récente, la notion d'atmosphère industrielle n'a pas retenu l'attention. Renvoyant à des dimensions socioculturelles non marchandes, sa théorisation partielle s'appuie sur des apports successifs extérieurs à l'économie orthodoxe proprement dite, qu'il s'agisse par exemple des travaux de M.Mauss (1873-1950) sur le don, de ceux de K.Polanyi sur la réciprocité (1886-1964), ou plus récemment de ceux de l'école des conventions (Boltanski, Thévenot, 1991).

A partir de ses réflexions marshalliennes et de son analyse de la Troisième Italie, G.Becattini a élaboré plusieurs définitions du district dont la plus synthétique est la suivante : *« une entité socio-territoriale caractérisée par la présence active d'une communauté de personnes et d'une population d'entreprises dans un espace historique et géographique donné »* (1992). I.Géneau de Lamarlière et JF.Staszak (2000) soulignent l'apport de l'école italienne (A.Bagnasco, G.Becattini, S.Brusco) qui met l'accent sur l'atmosphère industrieuse des districts et leur dimension socioculturelle. Les districts italiens ont ensuite été interprétés à travers une grille d'analyse de la crise et des formes qu'allait prendre le nouveau système productif.

Théorisations et généralisations contemporaines

L'analyse qui est faite de la crise est alors dominée par l'école française des économistes de la régulation (Boyer, Saillard, 1995). Ce courant, qui prend naissance dès les années 1970, se répand par la suite vers d'autres disciplines et d'autres pays, en particulier dans le monde anglo-saxon.

✓ *Théorie de la régulation et prise en compte de l'espace*

G.Benko et A.Lipietz (1995) ont présenté les effets de cette théorie sur les sciences prenant en compte l'espace. La théorie de la régulation est un amendement à l'approche structuraliste. Elle s'interroge en particulier sur la permanence des structures et leur stabilité entre deux phases de crise. Cette aptitude à se reproduire repose sur un ensemble de règles, d'institutions et de comportements appelé « mode de régulation ». Les modes de régulation peuvent varier dans le temps et l'espace. Le fonctionnement des structures, relativement stable entre deux crises, est appelé « régime d'accumulation ». L'étude a d'abord porté sur le fordisme, comme mode de développement dominant du capitalisme après la Seconde Guerre mondiale. Le fordisme se caractérisant par une division tayloriste du travail, la redistribution des gains de productivité aux salariés à travers la législation sociale et l'Etat-Providence. Prenant appui sur cette théorie, les Américains M.Piore et C.Sabel (1984) avancent qu'à la production de masse fordiste, rigidement structurée, allait succéder un régime fondé sur la spécialisation flexible dont la forme spatiale serait le district. Au-delà du seul exemple italien, l'ensemble des systèmes industriels localisés et des formes d'agglomération des activités, du plus petit district à la mégalopole, semble donner lieu à des analyses convergentes. Toutefois, le terme de district est employé par le biais d'analyses différentes et à propos d'espaces différents[1].

✓ *La généralisation du concept de district*

Dans les différentes approches du district, ayant recours ou non à la régulation, les travaux cités en référence incluent notamment les recherches de Ph. Aydalot et de « l'école californienne ». Concernant Ph. Aydalot (1986) et l'équipe du GREMI, la notion clé est celle d'autoproduction de territoires locaux et de leur dynamique interne. L'entreprise ne préexiste pas aux milieux locaux, elle est sécrétée par eux. Les interdépendances qui se tissent dans le territoire, le consensus qui y règne, la circulation des informations, les synergies entre les agents locaux se trouvent à la racine de l'innovation. L'école californienne (A.Scott, M.Storper, A.Walker) se penche plutôt sur les formes métropolitaines de districts, en s'appuyant sur la théorie néo-classique des coûts de transaction (R.Coase, O.Williamson)[2]. La flexibilité du système productif favoriserait la désintégration verticale du processus de production et l'agglomération en un même lieu d'entreprises à la recherche de coûts de transaction minimaux. Cette option métropolitaine est notamment explicitée avec beaucoup de clarté par A. Scott (1992) qui définit la ville comme un haut lieu de la division sociale du travail[3] et précise que les districts peuvent exister à des échelles géographiques variées. Selon de nombreux auteurs, la Silicon Valley serait un exemple emblématique de district technologique, comme les technopoles créées par une politique volontariste, tandis que les grandes métropoles seraient des cas particuliers de districts à base d'activités financières et de services (Benko, Lipietz, 1995). Cependant, si l'on suit les arguments percutants fournis par Ann Markusen (2000, p.101), la Silicon Valley ne saurait être qualifiée de district

[1] Benko, Dunford, Lipietz, 1996 ; Benko, Dunford, Heurley, 1997; Géneau de Lamarlière, Staszak, 2000.
[2] Coase,1937 ; Williamson,1994.
[3] Quelques vingt ans plus tôt, la ville était présentée comme un haut lieu de la « reproduction sociale » (Castells, Godard, 1974)

« italianisant »[1] tant la nature de ses réseaux et la culture antisyndicale qui y règne s'éloignent du modèle italien.

La généralisation du concept de district conduit à englober sous un même vocable, des espaces d'échelles variées, caractérisés par des secteurs *leaders* ou non *leaders*, des PME ou la présence significative de grandes entreprises, des phénomènes spontanés ou impulsés par une politique, un mode de développement strictement endogène ou qui articule processus endogènes et exogènes. A cet égard, une certaine confusion est entretenue entre des territoires qui valorisent essentiellement leurs ressources productives propres, tout en étant capables d'exporter (cas des districts italiens originels) et ceux qui ont un très fort potentiel d'attraction de ressources extérieures par le biais du *brain drain* et de connexions multiples avec l'espace global (cas de la Silicon Valley dans sa version actuelle). Il n'est pas certain qu'en changeant d'échelle on ne change pas aussi la nature même des processus. Mais, sans tenir compte de ces « nuances », l'idée qui a prévalu est que le succès des districts, et plus généralement des régions « qui gagnent », serait essentiellement dû à leur dynamique interne. La conséquence théorique de cette « nouvelle orthodoxie »[2] est alors pointée comme une *« rupture avec le structuralisme global et avec la théorie pré-déterministe des étapes du développement à la Rostow »*. L'évolution des districts italiens au cours des années 1980 et 1990, comme le développement des études empiriques ont finalement alimenté la critique des théories avancées. La pluralité des critiques confirmant d'ailleurs la pluridisciplinarité du débat et son caractère international.

Le temps des doutes, la critique des « districologues »

Interrogations sur la redécouverte des districts

Comment expliquer la redécouverte des districts quelques trois quarts de siècle après Alfred Marshall ? Certes, l'évolution du système capitaliste, aux temps du fordisme triomphant, ne correspondait pas aux réflexions marshalliennes. Les districts ont donc été oubliés parce que notre regard, capté par le seul modèle de la grande entreprise, nous a amenés à les négliger. Mais, précisent Benko, Dunford, Heurley (1997), *« depuis que le système productif a connu une mutation pro-*

---

[1] Terme employé, par G.Benko et A.Lipietz dans l'introduction de *La richesse des régions*, dans la mesure où il est en fait passé dans la littérature américaine sur les districts.

[2] Benko, Dunford, Lipietz, 1996, p 120.

fonde, et que la logique économique a imposé la désintégration verticale des entreprises, les districts industriels resurgissent dans les programmes de recherche depuis le milieu des années 1970...Le territoire devient une composante essentielle du développement de l'industrie moderne ». Ces explications soulèvent, malgré tout, diverses questions. Le territoire devient-il une composante du développement ou le découvre-t-on ? N'y a-t-il pas confusion, ou risque de confusion, entre réalité et représentation ?

Repenser les districts sur le temps long

L'entrée en scène des historiens dans le débat constitue une ouverture permettant de se dégager du seul dialogue transatlantique entre géographes et économistes. Les historiens s'engagent ainsi à revisiter la notion de district à travers un regard sur le passé. C'est notamment la démarche adoptée par M.Lescure (2002) dans l'étude du Choletais pendant la première moitié du XX° siècle. Ce texte s'insère dans une réflexion portant sur le temps long. L'un des apports de ce travail est de souligner que le territoire du district ne se confond pas toujours avec celui de la ville et que nombre de districts en Europe ont un caractère fortement rural. Se référant à la démonstration faite par G.Becattini, M.Lescure recherche dans les mécanismes du crédit local les pratiques signalant un ancrage des firmes dans leur territoire. A Cholet, les banques locales ont joué le rôle principal. Mais ce rôle est allé en se rétractant. Dès l'entre-deux-guerres, le territoire de la banque locale ne s'identifie plus qu'à la partie rurale du système productif local. Gagnée par les grands établissements de crédit, la ville lui échappe, et avec elle, la meilleure clientèle. Il convient alors de s'interroger sur le fonctionnement du district après que les banques locales aient disparu.

La présence de districts, entre la période marshallienne et les années 1970, suscite donc un certain nombre réflexions théoriques. Le vide, qui court entre le district marshallien et les années 1970, serait un vide d'intérêt plutôt qu'un vide réel. La permanence de districts sur le temps long va dans le sens de leur stabilité, mais pose la question du mode de développement auquel ils sont rattachés. S'ils sont toujours rattachés à un mode de production flexible, ce dernier court aussi sur le temps long, ce qui amènerait un regard plus nuancé sur le passé comme sur le présent. La période fordiste en particulier aurait vu coexister des modes de production différents et des modèles de développement variés, remettant en cause la thèse d'un modèle unique.

Du temps long aux évolutions les plus récentes : quelques questions sur la théorie des districts

Pour Jean-Claude Daumas (2000), l'histoire est le point faible de la théorie des districts. S'intéressant « *aux analyses historiques que les districologues développent pour illustrer ou justifier la thèse du district* », il désigne parmi les théoriciens contemporains G. Becattini comme chef de file. De son article riche d'interrogations et de critiques nous retiendrons ici quatre points particuliers. Premièrement, une référence à l'histoire longue (une filiation avec l'Italie pré-capitaliste ?) dépourvue, selon J.C. Daumas, de véritable argumentation, et l'absence de travaux sur les conditions d'émergence des districts, au regard de l'histoire récente. En second lieu, J.C. Daumas relève la carence du cadre étatique dans la théorie des districts, alors que l'Italie aurait eu une politique globalement favorable à la petite entreprise. Prenant le contre-pieds des districologues, il se demande même si le micro-capitalisme, dont témoigne la Troisième Italie, ne serait pas une création politique. On peut ainsi établir un lien avec les travaux de Mendras (2002) ou de C.Crouch et al. (2001) qui abordent les systèmes productifs locaux dans l'optique de la diversité des capitalismes (M. Albert, 1991), présentant la Troisième Italie comme le prototype d'un capitalisme réticulaire. La question du micro-capitalisme, posée par J.C. Daumas, n'est donc pas isolée et trouve des échos dans d'autres travaux. La troisième grande critique retenue ici porte sur le fonctionnement des districts au travers des « variables invisibles ». J.C. Daumas considère la pluralité des agents qui règnent dans le district (grandes entreprises, PME, artisans, travailleurs à domicile, donneurs d'ordre) entre lesquels existent des rapports de domination, soit à l'amont, soit à l'aval, il en déduit qu' « *à privilégier les relations de concurrence-coopération comme source de compétitivité, les districologues font l'impasse sur l'organisation interne des entreprises et le coût des facteurs* ». Enfin, s'intéressant à l'évolution récente des districts, il évoque la formation de grandes entreprises qui développent une organisation verticale, la délocalisation d'unités de production dans le Mezzogiorno et l'Europe de l'Est, la prise de contrôle par des multinationales étrangères de nombreuses unités locales. Autant de constatations témoignant que les districts n'ont pas un fonctionnement autarcique et que leur cohérence apparaît menacée de l'intérieur comme de l'extérieur. L'évolution des districts italiens dans les années 1990 a effectivement été un élément important de l'évolution du débat. Les travaux réalisés notamment par

B.Harrison (1992, 1994)[1] mettent en cause l'idée de districts stables s'appuyant sur leur seule dynamique interne.

Revenir sur la portée du modèle ?

Le scepticisme sur l'unicité des modèles (fordiste et post-fordiste) gagne du terrain (Benko et al.1996, 1997). Hier, la grande entreprise n'était pas seule et les secteurs organisés autrement étaient nombreux. De même, dans la période actuelle, les districts ne sont pas seuls au monde et la grande entreprise conserve son importance, s'adaptant au mode de production flexible en intégrant les nouvelles technologies. On s'oriente donc vers une vision plurielle : la diversité des « mondes de production » ayant des logiques territoriales différentes. Les études empiriques sur plusieurs cas de districts dans les Nouveaux Pays Industrialisés et les pays en développement poseraient *« en termes nouveaux et encore peu connus les modalités du décollage des pays en développement »*[2]. N'en revient-on pas aux orientations proposées par J.P. Houssel (1990) ?

Avancées et déconvenues

Certains enseignements de ce débat peuvent se retrouver dans les réflexions de C.Lacour (1996) qui ne se satisfait plus de *« formules magiques »*, soulignant que *« les débats sont devenues plus sérieux, plus modestes aussi quant à leurs prétentions à construire un nouveau champ épistémologique : le fordisme résiste bien, la formule du local-global doit être revue... »*. Le temps a fait sont œuvre et les excès d'une théorisation hâtive sont à présent dénoncés.

La prise de conscience de la pluralité des facteurs

Parmi les avancées, on notera la prise en compte, par les économistes, de facteurs non économiques, soit la nécessité de réintroduire les facteurs culturels, sociaux, religieux, historiques. L'aveu des économistes ne laisse pas de surprendre (Lacour, 1996, p33) :

> « L'ambition de mieux expliquer des phénomènes économiques impose la reconnaissance que des facteurs apparemment non économiques, jouent un rôle essentiel, mais peut-être non bruyant, non repérable, non conceptualisé au sens classique. Le culturel, le politique, le social aussi, deviennent de plein droit des

[1] Cités dans Benko, Dunford, Heurley,1997.

[2] Op.cit. Benko et al., 1997

'facteurs agissants' que l'on peut théoriser directement, sans les laisser à la porte, inaptes et indignes de rentrer dans le champ scientifique économique ».

Le débat aura eu le mérite d'entreprendre une « déconstruction » d'un paradigme économique dominant et de légitimer en quelque sorte la pluridisciplinarité. Lacour, du reste, n'hésite pas à affirmer que cette perspective permet un autre dépassement : *« La prise en compte de la dynamique chaotique 'supprime les frontières entre disciplines scientifiques'(Gleick, 1991, 20) »*. Mais, si l'on peut se féliciter de la découverte des économistes, peut-on pour autant parler d'une révolution scientifique digne de Thomas S.Kuhn ?

Vers une lecture plus complexe de l'espace

Il serait pourtant injuste de s'en tenir à ces conclusions. Sur le fond, la réflexion a avancé. Le retour à Marshall, s'il fut un vecteur nécessaire, n'est pas un retour à la case départ. Trois types de constats permettent de dessiner des avancées. Premièrement, la multiplicité des disciplines qui s'intéressent au territoire et à ses processus enrichit la réflexion. Deuxièmement, les temporalités et la diversité des aires géographiques concernées posent avec acuité la question des rythmes et des échelles du raisonnement. Troisièmement, l'indifférence à l'égard de la taille des entreprises et des secteurs considérés se réalise au profit d'une attention plus grande aux interrelations entre les agents.

Sur les points demeurés litigieux (la temporalité du mode de production flexible, l'échelle des districts, la formule du local/global), A.Scott avance des issues (1999). Il synthétise les trois phases d'industrialisation en montrant que celle des ateliers permettait une production diversifiée mais limitée en volume, celle du fordisme a libéré l'industrie des contraintes quantitatives mais aux dépens de la variété, celle des systèmes de production flexible permet de réaliser une production diversifiée tout en engendrant des économies d'échelle. Dépassant l'échelle du district, il montre que le nouveau système favorise l'émergence de régions en tant que foyers dépositaires d'un savoir-faire spécialisé. Dans le débat local/global, il prend acte des différents niveaux hiérarchiques d'organisation : niveau global, blocs multinationaux, Etats souverains, et c'est l'échelon régional qu'il vise dans sa réflexion prospective, comme dans son ouvrage *Les régions et l'économie mondiale* (2001).

La conclusion que je défends à la suite de ce long cheminement est ponctuée de trois remarques. Le district, pas plus que la ville ou la région, ne constitue une catégorie spatiale nouvelle. La pluralité des processus à l'œuvre ne semble pas non plus une nouveauté. L'élément novateur vient plutôt d'une théorisation de ces processus, comme de leur intégration dans la théorie économique. Le débat s'inscrit désormais dans une articulation des échelles prenant en compte le fait que l'espace lui-même est à la fois globalisé et différencié.

Le rôle des représentations

Le succès des districts, ne s'explique donc pas seulement par des conditions objectives, c'est à dire l'évolution du système productif (Benko, 2000). Les représentations mettant l'accent sur la nouveauté des districts et leur dynamique interne peuvent trouver d'autres explications. Les hypothèses avancées prennent en compte les auteurs porteurs de ces représentations et s'intéressent à leurs espaces de références, voire à leurs idéaux. La première démarche consiste à s'interroger sur la perception de nouveauté et d'unicité des modèles. On peut se demander si le monde scientifique américain, du fait sa place centrale au cœur du fordisme, n'a pas davantage insisté sur l'unicité du fordisme et la nouveauté des districts, tandis que le monde scientifique européen serait davantage marqué par la complexité des héritages et le poids de la diversité ? La deuxième démarche consiste à interroger la survalorisation de la dynamique interne. L'hypothèse est ici idéologique. Elle considère que la dynamique interne cristallise des idéaux démocratiques par un rapprochement du pouvoir de décision et d'action. Par ailleurs, le modèle de la Troisième Italie, ses structures familiales et de proximité, valorise des relations non marchandes et de réciprocité. La charge plus égalitaire de ce modèle, par rapport aux relations marchandes, a pu jouer positivement pour tous ceux qui se sont penchés sur l'économie avec un idéal d'équité sociale et spatiale et une forte tradition anticapitaliste.

Face à ces possibles mécanismes d'identification, il faut toutefois souligner l'envers du décor. Ainsi, à trop magnifier la réussite des districts technologiques, comme la Silicon Valley, on oublie qu'elle repose sur un contre-modèle social et environnemental. Enfin, le débat n'est pas clos puisqu'à la thèse de la dynamique interne, pour expliquer l'agglomération des activités, s'oppose par ailleurs celle de l'économie d'archipel (Veltz, 1996). On ne peut, par conséquent, présenter les districts comme des modèles de sortie de crise, sans risques de confusion. L'analyse de ce débat confirme ainsi la relativité du concept de rupture.

3. Des vieux secteurs aux nouveaux territoires

Après la réflexion théorique, c'est vers l'étude empirique qu'il convient à présent de se tourner pour évaluer la notion de rupture. La crise de l'industrie amène à examiner de plus près ses conséquences territoriales. La crise des territoires et leur devenir s'inscrivent dans des trajectoires multiples. Les exemples étudiés sont pris dans la région marseillaise, sans l'intention de l'analyser dans sa globalité. L'intérêt se focalise sur les territoires de la vielle industrie et les nouvelles dynamiques émergeant entre ruptures et filiations, pour dégager les principes d'un nouveau maillage (Fig.1). Enfin, l'attention est portée à la dimension sensible et culturelle du territoire, à travers la recherche des anciennes et nouvelles territorialités de l'industrie.

Les territoires de la vieille industrie

Le concept de territoire qui se diffuse à partir des années 1980 peut naturellement avoir des applications rétrospectives. Les exemples étudiés montrent que les territoires de la vieille industrie se conçoivent à des échelles différentes selon les secteurs : pour le charbon, c'est l'échelle du bassin ; pour les activités industrielles maritimes, c'est l'échelle régionale ; pour les vieux secteurs déchus de l'industrie marseillaise, c'est l'échelle de la ville. Ces échelles traduisent des différences dans la nature de la relation ville-industrie.

Individualisation et phagocytage du bassin houiller de Gardanne

L'extraction du lignite dans les Bouches-du-Rhône commence véritablement sous le Premier Empire, avec l'apparition des usines de soude et l'investissement de plusieurs industriels de la chimie dans des concessions minières. Dans l'entre-deux-guerres, l'activité minière est valorisée par l'installation des usines d'alumine grandes consommatrices de charbon. Au lendemain de la Seconde Guerre mondiale, la production connaît une forte expansion avec des chiffres supérieurs à 1,5Mt et un effectif qui dépasse les 6000 mineurs en 1948. Les principaux clients sont les industries marseillaises, l'usine d'Alumine de Gardanne, les cimenteries et les foyers domestiques. Mais la production d'électricité, qui a démarré au début du siècle, prend son essor en

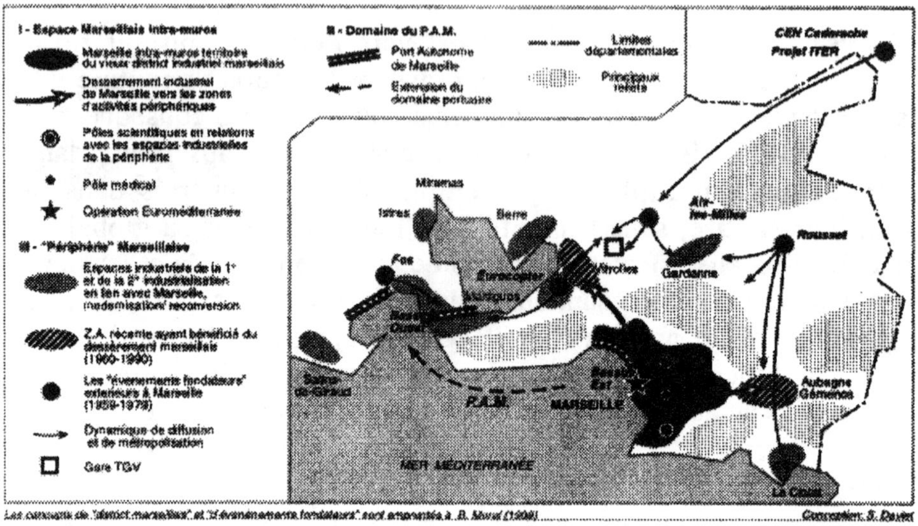

Figure 1 : L'Aire Métropolitaine Marseillaise, héritages et dynamiques industrielles

1953 avec la centrale de Gardanne et deviendra rapidement le débouché principal. Sur le plan industriel et social, le bassin s'individualise. Ce n'est pas à proprement parler un bassin mono-industriel, en raison de la présence de l'usine Pechiney (Mioche, 1994) qui introduit une dualité dans l'identité locale, venant se surimposer à la tradition agricole. Mais au-delà du carreau des mines et des terrils qui marquent le paysage, le statut du mineur, la participation à la « bataille » de la Reconstruction, les formes de l'encadrement social, le logement du mineur, la culture du fond et du danger, la culture ouvrière avec ses rites et ses mythes, l'espace même du mineur-paysan... sont bien les signes principaux de l'identité de ce territoire. Dans sa dimension est-ouest, il va du pays d'Aix aux limites du Var. Situé cependant entre Aix-en-Provence et Marseille, il devient, à partir des années 1960 et 1970, un espace majeur de la péri-urbanisation des Bouches-du-Rhône (Ferreira, 1988). Sillonné d'autoroutes et de voies rapides, couvert progressivement de lotissements, peuplé de citadins travaillant dans l'aire métropolitaine, le territoire du bassin houiller est peu à peu phagocyté par l'urbanisation. La compétition entre terres agricoles et nouveaux espaces industriels se joue à l'est, dans le périmètre de Rousset. A l'heure de la fermeture en 2003, ce qui était autrefois un bassin d'emplois et d'activités minières, fait d'une multitude de communes, tend de fait à se réduire à l'îlot politique et social de la commune de Gardanne. Seule la centrale thermique à lit fluidisé circulant est, en termes industriels, l'héritière de la mine.

Le complexe régional d'activités industrielles maritimes

La crise de la construction navale présente un tout autre retentissement dans l'économie régionale. Il ne convient pas ici de retracer sa longue histoire, ni d'expliquer l'effet des conjonctures mondiales et des décisions nationales ou européennes qui ont conduit à sa disparition. L'essentiel est de montrer que la fermeture des chantiers navals de La Ciotat et La Seyne-sur-Mer en 1987, affecte, au-delà des deux communes concernées, la structure même de l'économie et de la société régionales (Garnier, 2000). De Toulon à Port-de-Bouc, en passant par la Seyne, La Ciotat et Marseille, s'était constitué depuis la fin du XIX° un milieu intégré par des relations techniques, organisationnelles, financières et sociales, comprenant l'ensemble des acteurs de la construction et de la réparation navale. La famille Terrin, fondatrice d'un petit atelier à Marseille en 1890, contrôlait en 1969 plus de la moitié de la réparation navale, après avoir dirigé les chantiers de La

Ciotat. Des coopérations techniques s'étaient par exemple établies entre les chantiers de La Ciotat, la réparation navale marseillaise et l'arsenal de Toulon, qui partageaient en outre le même tissu d'entreprises sous-traitantes, générant un marché du travail spécialisé sur tout le littoral. L'ensemble des salariés du secteur partageait des valeurs et des attitudes communes. On comprend mieux que l'onde de choc des fermetures ait atteint, non seulement les villes-chantiers, mais aussi tout un complexe économique et social à l'échelle régionale. Il faut toutefois souligner que ce complexe s'était diversifié dès les années 1960, faisant émerger de nouvelles activités comme l'*offshore*.

Système industrialo-portuaire et « district marseillais »

La crise des vieux secteurs de l'industrie marseillaise, au temps de sa splendeur, révèle encore un troisième type d'échelle et de fonctionnement. Ce sont les travaux de B.Morel (1997, 1999) qui conduisent à insérer le système indusrialo-portuaire marseillais (Chastagnaret, Temime, 1991) dans l'hypothèse du district. Sa base territoriale est celle de la cuvette marseillaise, avec son port ouvert aux marchés extérieurs et son négoce industrialisant (Pierrein, 1975). Ses secteurs sont les corps gras (huiles et savons), mais aussi la sucrerie, la semoulerie, la chimie, la tuilerie, la réparation navale et la construction mécanique ; autant d'activités liées au port. Son milieu entrepreneurial libre-échangiste est fait de *« patrons moins industriels que spéculateurs, et chefs de famille autant que d'entreprise »* (Zalio, 2001). La description de ce milieu et des valeurs qu'il véhicule laisse entrevoir les revers qu'il va subir, en restant replié sur les activités traditionnelles et les capitaux familiaux. Il ne s'intéresse guère aux questions ouvrières et urbaines ; les établissements de petite taille sont dispersés sur le territoire urbain et la main d'œuvre immigrée, en constant renouvellement, est faiblement qualifiée.

L'innovation et l'investissement technique et scientifique, qui ont fait la grandeur de Marseille au XIX° (Raveux, 1998), s'étiolent vite dès le début du XX° siècle. Marseille apparaît alors comme un centre secondaire dans l'enseignement supérieur des sciences. Le secteur des corps gras, en particulier, est incapable de se moderniser. D'où l'échec de l'Institut Technique Supérieur qui devait contribuer au progrès technologique de l'industrie des corps gras dans l'entre-deux-guerres (Lambert, 1995). Un immobilisme qui coûtera cher lors des grands changements de conjoncture, surtout après la Seconde Guerre mondiale. Quelques grandes figures plus audacieuses et éclairées, comme Edouard Rastoin (1895-1994), ne parviendront pas à enrayer le processus. L'idée qui prévaut, pour expliquer la crise marseillaise, est bien celle de causes essentiellement internes, d'où le terme « d'implosion » employé par B.Morel.

En vérité, les liens entre les différents secteurs du système industriel régional se traduisent par l'articulation de trois types d'espaces : le port avec son littoral, la ville de Marseille, et un arc industriel allant de Fos à Saint-Raphaël, intégrant les sites miniers et chimiques de l'arrière pays, dans un ensemble territorial et entrepreneurial hétérogène mais déjà en réseau (Daumalin, 2005).

Les modalités concrètes de disparition des vieux secteurs

Les modalités concrètes de disparition des vieux secteurs constituent un second élément de différenciation. Pour le charbon, il s'agit d'un déclin progressif, mais méthodiquement anticipé, pour prévenir les risques de crise sociale et régionale. Pour les chantiers navals, il s'agit d'une crise brutale, laissant soudain des milliers de travailleurs sans emploi et des communes exsangues. Pour le district marseillais, c'est une mort lente et presque invisible, masquée par la croissance démographique des années d'après guerre et l'arrivée des rapatriés des colonies perdues ; une croissance qui donne l'illusion d'une bonne santé économique, alors que tout le système est en faillite. C'est donc selon des modalités et des temporalités différentes que se dessinent de nouvelles dynamiques, entre ruptures et filiations, tant sur le plan sectoriel que géographique.

Les nouvelles dynamiques entre ruptures et filiations

« De la houille noire aux salles blanches »

Dans le bassin houiller de Gardanne, comme dans l'ensemble des bassins houillers français, les dispositifs et les principes de reconversion sont les mêmes, pilotés par les pouvoirs publics via les Charbonnages de France et leurs houillères de bassins. Dès la fin des années 1950, la *« fonte »* des effectifs s'est faite généralement sans licenciements, en particulier par non remplacement des départs en retraite, parallèlement à l'amélioration de la productivité. C'est à la fin des années 1960, avec l'accélération du processus de déclin, que la

SOFIREM[1] est créée pour « l'industrialisation » des régions minières, c'est à dire le développement de nouvelles activités industrielles appelées à prendre la relève. Pendant la crise pétrolière et la relance de 1981, ces dispositifs sont en sommeil, puis réactivés dès 1984. S'y ajoutent des fonds d'industrialisation, dès 1984 pour la Lorraine et en 1994 pour Gardanne. Le second élément est marqué par un zonage qui prend en compte l'aire traditionnelle du recrutement des mineurs, même si celle-ci s'est singulièrement rétractée au cours des vingt dernières années. Cette aire concerne 17 communes allant de Bouc Bel Air à Trets et de Rousset à Peypin, dans le bassin de l'Arc et ses bordures. Gardanne n'est pas au centre mais à l'ouest, dans la partie la plus urbanisée et la plus proche des agglomérations d'Aix et de Marseille. Le périmètre aidé bénéficie de la Prime d'Aménagement du Territoire, puis, à partir de 1994, du zonage *objectif 2* de l'Union européenne, destiné aux régions en déclin industriel et en reconversion. Dans le contexte d'une aire métropolitaine en plein essor, d'une excellente desserte autoroutière, de la qualité remarquable des espaces et des paysages au pied de la Sainte Victoire, de la présence d'eau (canal de Provence), de zones aménagées dès les années 1960, et de la manne financière des aides disponibles..., « l'industrialisation » n'a pas eu beaucoup de mal à se faire. Elle trouve sa dynamique propre de développement à partir d'un nouveau secteur, la microélectronique. Il faut ajouter que la reconversion des mineurs eux-mêmes, qui au demeurant ne sont pas très nombreux, n'est pas un objectif en Provence, contrairement à ce qui s'est produit en Lorraine. Statistiquement, la reconversion de mineurs actifs dans le bassin de Gardanne n'a concerné qu'une centaine de personnes.

Au cours de la quinzaine d'années ayant précédé la fermeture, les houillères de Gardanne ont supprimé 2000 emplois et en ont aidé 6000[2]. Mais les nouvelles activités et les nouveaux emplois se sont surtout développés à l'est du bassin, en premier lieu dans la commune de Rousset et selon des logiques techniques et sociales en rupture complète avec le monde de la mine : entre «la houille noire» de Gardanne et «les salles blanches» de la microélectronique à Rousset, on ne peut pas trouver de véritable continuité (Rychen, Zimmermann, 2000). Partie de Rousset, la microélectronique déborde rapidement du

[1] Société Financière pour la Reconversion des zones Minières.
[2] Source CDF, « Entretien avec Gérard Chelu du Service Industrialisation du Bassin Minier de Gardanne », Aix-en-Provence, *Industries en Provence Dynamiques d'hier et d'aujourd'hui*, n° 11, 2003, p. 33-35.

périmètre du bassin. En revanche, sur le plan industriel, la commune de Gardanne proprement dite a très peu bénéficié de la reconversion du bassin de Gardanne[1]. Son isolement politique, en dehors de la Communauté d'Agglomération du Pays d'Aix dont Rousset fait désormais partie, n'arrange pas ses perspectives financières. Seule l'implantation en cours d'une école de microélectronique, émanant de l'école des Mines de Saint Etienne, lui apporte une certaine compensation. Le site du puits Yvon Morandat n'a pas encore trouvé d'affectation définitive. La mairie soutient pour l'heure un projet de Centre Régional de l'Entreprise et du Monde du Travail initié par l'association MIP-Provence. L'avenir de la ville et de son usine Pechiney est incertain.

Construction navale, plaisance, offshore

A la fermeture des chantiers, ce qui fait office de dispositif officiel de reconversion est en réalité assez pathétique. A La Ciotat, les difficultés économiques ont commencé dès 1978 où 1100 salariés ont été licenciés. A la Seyne, les premiers effets de la crise sont apparus en 1982, date de la séparation du secteur naval et du secteur terrestre. Le secteur naval, sous la pression de l'Etat, a fusionné avec les chantiers de La Ciotat et de Dunkerque pour former la NORMED. Cette décision n'a rien changé aux difficultés des trois chantiers qui, en 1984, ont fait partie des 15 pôles de reconversion créés par le gouvernement Mauroy. La NORMED s'est séparée d'environ 3000 emplois par le biais d'un premier plan social (1984-86) touchant principalement La Seyne. En 1986, la NORMED déposait son bilan. Parmi les salariés des deux chantiers, 72% ont choisi la prime de capitalisation et 28% le congé de conversion (Martins Dias, Tixidor, 2000). Globalement, le bilan du dispositif est négatif pour la reconversion des anciens salariés qui n'ont que rarement trouvé un emploi dans les zones d'entreprises créées pour développer de nouvelles activités.

✓ *Les zones d'entreprises*

Sous le ministère d'Alain Madelin, deux zones d'entreprises défiscalisées voient le jour. La zone de Provence (206 ha), scindée en deux unités distinctes, bénéficie principalement à l'extension des zones existantes d'Aubagne et Gemenos, et secondairement à La Ciotat (zone Athélia 80 ha). La zone du Var-Côte-d'Azur (257 ha) est en

[1] Même si, en termes financiers, elle occupe la deuxième place après Rousset pour la répartition géographique des interventions du FIBM depuis 1993.

réalité constituée de quatre ensembles disjoints, répartis sur cinq communes allant de Signes à Toulon. A la fin de 1992, si l'on suit le bilan de ce formidable « produit d'appel » que constituaient les zones d'entreprises, il s'avère que le nombre d'emplois créés est sensiblement égal au nombre d'emplois perdus. Le seul terme de « produit d'appel », abondamment usité par les acteurs locaux, indique une logique de marketing territorial « attrape tout » plus qu'une véritable logique de développement économique dont on aurait du mal à trouver la cohérence. Avec le recul du temps, les seules entreprises emblématiques qui donnent un sens à ces espaces relèvent encore de la microélectronique, puisqu'il s'agit en particulier de Gemplus, qui tire son nom de Gemenos et crée, quelques années plus tard, un second site à La Ciotat. Ce n'est en tous cas pas dans ces dispositifs de conversion qu'il faut trouver la trace d'une filiation.

✓ *Les destins contrastés de La Seyne et La Ciotat*

Dans les communes sous le choc des fermetures, la rupture est profonde et durable. Leur éligibilité au programme européen *Objectif* 2 apparaît comme un épiphénomène. La question de fond est celle de l'enjeu que constituent ces sites remarquables en bord de mer, et par voie de conséquence, des projets contradictoires qu'ils nourrissent. A la Seyne, le site est rasé en 1992 avec les fonds européens de Renaval. Le projet Marepolis échoue, laissant pour longtemps le terrain en friche et une population orpheline qui n'arrive pas à faire son deuil. A La Ciotat, les anciens salariés occupent avec acharnement le site. Leur rêve de redémarrage d'une activité navale, avec maintien en l'état de « l'outil de production », paraît des plus irréalistes. Pourtant, il finit presque par se réaliser. Après l'accord de 1994, entre les différents partenaires locaux, un projet de construction et maintenance des navires de haute plaisance voit le jour (1999). Il semble désormais en bonne voie et pourrait s'inscrire dans une relance des activités maritimes. Si son développement se confirme, il pourrait être un des rares exemples de filiation technique à l'emplacement du territoire initial. Car les filiations, quand elles existent, ne s'inscrivent pas forcément dans le continuum du territoire initial, ni dans celui des acteurs de l'industrie.

✓ *Le secteur offshore*

Les prémisses du secteur *offshore* apparaissent avec la diversification des activités maritimes dès les années 1960 (Garnier, 1989). L'initiative part des entreprises de la construction navale et se développe pendant la crise des chocs pétroliers. Mais elle tourne court avec le contre-choc pétrolier et la fermeture des chantiers. Le secteur de l'*offshore* trace tout de même son sillon par une autre voie, lorsqu' Henri-Germain Delauze crée la Comex à Marseille en 1961 (Girard, 2003)[1]. Henri Delauze n'a pas de liens avec la construction navale. Ingénieur de l'Ecole des Arts et Métiers d'Aix-en-Provence, il découvre la plongée professionnelle en scaphandre dans le cadre d'un chantier de barrage et se joint pour quelques temps à l'équipe du commandant Cousteau, tout en poursuivant sa carrière d'ingénieur. Après un séjour au centre océanographique de San Diego, il entre au CNRS où il dirige le laboratoire des bathyscaphes de Marseille. En créant la Comex, il participe à l'exploitation du pétrole *offshore* d'Afrique et du golfe persique, faisant de son entreprise le numéro un mondial des travaux sous-marins au service de l'industrie pétrolière. La Comex se diversifie et étend son champ d'activités à la robotique, par le biais d'essaimages comme Cybernétix fondé en 1983 sur le Technopôle de Château Gombert. En 1992, Henri Delauze est contraint de vendre ses activités pétrolières au groupe norvégien Stolt Nielsen, mais son initiative a permis la création d'une activité industrielle nouvelle porteuse d'avenir. Un maillage d'entreprises se développe dans l'ingénierie industrielle qui, par ses marchés, se lie à d'autres secteurs et à d'autres entreprises. Le groupe Comex lui-même continue de se diversifier en 1994 avec la création de Comex-Nucléaire et de Comex-Environnement. La relève des nouveaux secteurs semble en route.

Marseille, « les cinq événements fondateurs » sont extra-muros

Pourtant, l'impression générale qui prévaut est que, dans l'ensemble, les germes porteurs de renouveau ne sont pas dans Marseille et ne relèvent pas d'initiatives marseillaises. Face au déclin marseillais, le renouvellement de sa périphérie paraît autonome et se fait, selon B.Morel, par le biais d'un Etat qui prend en main le développement du sud français dans les années 1960 et 1970. Il identifie cinq « événements fondateurs » qui sont tous extra-muros et qui relèvent pour partie d'initiatives étatiques. Fos : un projet marseillais pris en main par l'Etat et qui échappe aux acteurs locaux ; l'aéronautique liée aux politiques d'Etat, le Centre d'Etudes Nucléaires de Cadarache, le Centre d'Etude Technique de l'Equipement

[1] Fiche biographique in *Du Savon à la puce, histoire de l'industrie marseillaise du XVII° à nos jours* (Daviet, Girard, Morel, 2003) p 233.

d'Aix-les-Milles. Enfin, m'écartant de la liste établie par B.Morel, j'ajouterai, comme cinquième élément, non pas le centre commercial de Plan de Campagne, mais la création d'Eurotechnique en 1979 à Rousset. En effet, cette création s'inscrit dans le droit fil de ce que B.Morel appelle *« la politique gaullo-colbertiste fondée sur la rencontre et la mise en synergie de la politique publique et de logiques privées »*[1]. On est, certes, en période de transition post-gaullienne, mais le processus est analogue : la politique d'Etat est représentée par le « plan composants », les logiques privées par l'association de Saint-Gobain-Pont-à-Mousson et National Semiconductor (Daviet, 1999). Vingt cinq ans après, l'essor de la microélectronique est bien un événement fondateur de la nouvelle économie marseillaise, et même au-delà, de la nouvelle économie régionale[2]. A partir de ces éléments extra-muros, c'est l'image de la déconnexion qui s'impose, ou plutôt d'une inversion des rapports de force entre Marseille et sa périphérie. Une image donc de rupture, de dysfonctionnement. Mais il ne faudrait pas en rester à cette image, car avec le temps se dessine un nouveau maillage métropolitain.

Les principes d'un nouveau maillage

Il s'agit tout d'abord de retravailler ce concept de rupture et sa relativité, pour mieux comprendre les recompositions territoriales qui s'opèrent. La rupture revêt plusieurs dimensions. Elle s'inscrit dans le temps, entre l'ancien et le nouveau. Elle s'inscrit entre l'espace libre de porter de nouveaux projets et l'espace occupé, porteur des héritages anciens. Elle s'inscrit entre dynamique interne et dynamique externe. Mais entre ces entités opposées, on peut voir des frontières, des zones de friction, ou au contraire des zones de contact et des vecteurs de circulation. La filiation indique un lien, mais un fil au départ ténu. Le maillage montre des fils qui se tissent entre les hommes, les entreprises, les espaces. Si l'on en revient au cas marseillais, il y a apparemment autonomie dans la genèse des processus entre l'intra et l'extra-muros, mais je voudrais pour ma part souligner les liens puissants qui les relient. La crise des vieux espaces alimente, en flux de toutes sortes, les nouveaux espaces qui ont besoin de ressources.

---

[1] Morel, 1999, p95.

[2] Les entreprises recensées au sein de la filière comptent près de 10 000 emplois en 2003 à l'échelon de la région PACA, essentiellement dans les Bouches-du-Rhône et les Alpes-Maritimes.

Juxtapositions et frictions entre anciens et nouveaux territoires

Reconstruire à la marge relève d'une double nécessité : besoin de territoires neufs pour accueillir les nouveaux projets, et proximité de la ville pour les faire fonctionner. En effet, les nouvelles dynamiques se greffent souvent à la périphérie des noyaux initiaux, et cela semble vrai à plusieurs échelles. Le noyau dur des espaces en crise est rarement celui qui, le premier, est porteur de renouveau. L'espace manque, l'argent manque, l'image de l'extérieur est répulsive, de l'intérieur l'identité y est trop forte. Les nouveaux projets ont des contraintes spatiales, techniques, culturelles même, qui s'inscrivent mal dans les vieux tissus. La recherche de nouveaux territoires traduit, implicitement ou explicitement, la volonté d'échapper aux héritages conflictuels ; c'est aussi une stratégie d'évitement. Mais il faut prendre la mesure du temps qui est essentielle.

Sur les collines dominant le port de La Ciotat, la zone d'entreprises Athélia, où se trouve le second site de Gemplus, n'a pas été perçue par les ciotadins comme un nouvel espace dans lequel ils pouvaient se reconnaître et reconstruire leur identité. Pour les entrepreneurs de la zone, la poursuite des manifestations dans le centre ancien n'a pas facilité les relations avec la ville. C'est une période de friction entre les deux espaces. Il a fallu quinze ans pour qu'un nouveau projet, destiné à la haute plaisance, voit enfin le jour sur le site des anciens chantiers et accueille des entreprises qui donnent un nouveau sens à cet espace. Dans ce long processus, les luttes sociales peuvent donner lieu à des lectures contradictoires, mais traduisent une question de survie ; le refus de la mort n'est pas qu'un archaïsme. La mémoire et le patrimoine comptent. La Seyne qui a rasé ses chantiers n'a pas avancé plus vite. L'identité industrielle, comme toutes les identités, reste ambiguë, elle peut être repli, fermeture, ou au contraire porteuse de renouveau.

Les flux entre anciens et nouveaux territoires

Par ailleurs, et pas seulement à Marseille, *« il ne faut pas croire que les territoires de la nouvelle économie étaient des territoires du vide »*[1]. Les nouveaux espaces ne sont pas des créations *ex nihilo* déconnectés de leur environnement. Ils puisent des ressources à proximité des villes qu'ils contribuent à développer. Des ressources humaines, en attirant de nouveaux habitants ; des ressources en com-

[1] Morel, p 129

munication en utilisant les infrastructures de transport ; des ressources scientifiques en ayant recours aux universités et centres de recherche... Les « événements fondateurs » ont généré de nouveaux pôles d'activités qui concentrent la taxe professionnelle. Ils posent, par rapport au vieux centre marseillais, un problème de gestion politique et fiscale plus qu'un problème d'organisation spatiale. Ces nouveaux pôles d'activités sont aussi des lieux de vie ; ils peuvent être considérés comme de nouvelles « centralités » incomplètes et spécialisées. Ils n'ont de sens que dans la lecture d'un espace métropolitain, pris dans son ensemble, et vers lequel ils redistribuent à leur tour de nouvelles ressources.

La régénération urbaine, économique et sociale du vieux centre urbain marseillais s'effectue dans un temps beaucoup plus long (Fig.2). Elle possède des contradictions et des logiques qui lui sont propres, mais n'est pas indépendante de l'ensemble métropolitain. Le retour au centre de populations et d'entreprises se fait par le biais de dynamiques locales et de logiques plus globales encore peu étudiées. L'opération Euroméditerranée a donné lieu à de nombreuses publications sur ses aspects politiques, urbanistiques et ses incidences sur les populations des quartiers centraux directement concernées (Bertoncello, Rodriguez Malta, 2001). Mais les perspectives de recherche s'ouvrent plus largement pour analyser, dans la durée, les processus de gentrification et la dynamique des nouveaux secteurs d'activité[1]. Cette opération sera-t-elle à terme un nouvel événement fondateur, générateur de liens plus que de fractures nouvelles ? Nul ne peut encore l'affirmer avec certitude. Cela ne dépend pas du seul territoire marseillais, fut-il métropolitain. Le rôle euro-méditerranéen de Marseille sous-tend des articulations plus larges, prenant en compte la façade euro-méditerranéenne, ce qu'il est convenu d'appeler l'Arc Méditerranéen[2].

Le changement d'échelle dans la lecture de l'industrie

Ce qui est important, c'est le changement d'échelle dans la lecture de l'industrie. Certes, les territoires de la vieille industrie, étudiés à des échelles variées, s'inscrivaient déjà dans un ensemble plus vaste en réseau. La métropolisation renforce la pertinence d'une lecture

[1] Moralia B. (2004), Naissance et premières dynamiques géographiques et économiques du projet Euroméditerranée, DEA de géographie, Aix-en-Provence, 137 p.

[2] Daviet, (1994), « L'arc latin histoire et problématique d'un concept », Aix-en-Provence, *Méditerranée*, n°1/2, p. 3-6.

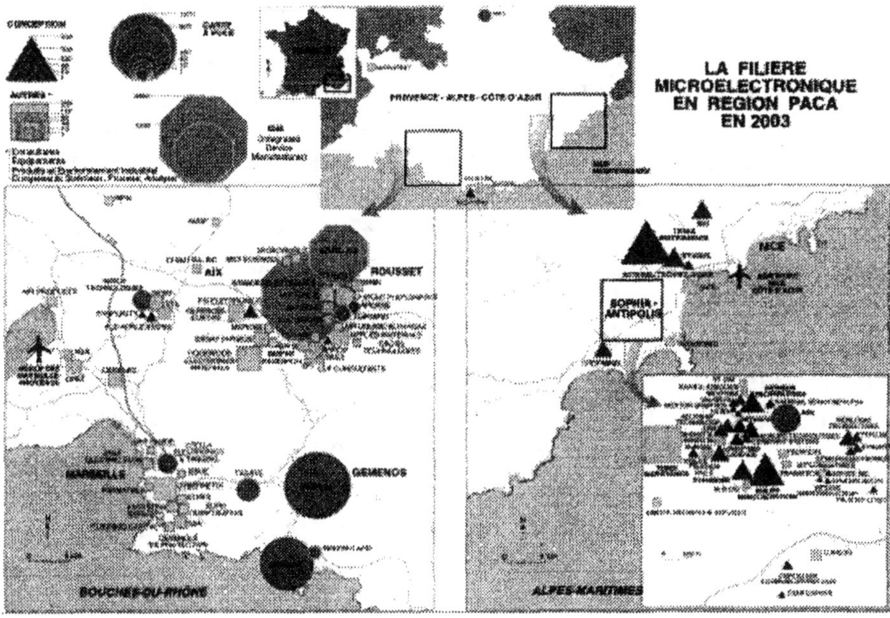

Figure 2 : Réhabilitation des fiches industrielles à Marseille
Photo S.DAVIET ; montage E.CARROLL

L'ancien bâtiment des Rizeries franco-indochinoise, situé près du centre-ville et en bordure de l'autoroute nord, témoigne du passé commercial et colonial de la cité phocéenne. Après avoir fonctionné de 1888 à 1968, il est abandonné. Il est réhabilité au cours des années 1990 et accueille, depuis le début de l'année 2000, l'entreprise Avenir Telecom.

nouvelle, dans une relation dialectique entre l'industrie et la métropole. C'est, en d'autres termes, ce qu'indique B.Morel : *« La métropolisation devient la seule forme de territorialisation des activités économiques parce qu'elle assure une disponibilité de ressources humaines stratégiques sur le long terme et le support relationnel indispensable... »*[1]. Par delà ce nouveau maillage, l'appartenance de Marseille au sud français a fortement pesé sur les dynamiques à l'œuvre. Les dispositifs de reconversion ont renforcé un effet *sunbelt* non négligeable. D'où la thèse du « retournement spatial », débattue dans de nombreux travaux en France, en Europe et aux Etats-Unis[2]. Soulignons qu'ils posent fondamentalement des questions de même nature : quelles relations entre l'ancien et le nouveau mode de production ? Entre les vieux territoires en crise et les nouveaux espaces productifs ? Ces questions sont posées par le biais d'hypothèses et de méthodologies différentes. C.Manzagol (1999) fait partie des auteurs qui révisent la perception de rupture. Prolongeant les analyses antérieures d'Amy Glasmeier (1986), il atteste que l'opposition manichéenne *Frostbelt-Sunbelt* n'est pas si forte qu'on l'avait cru et que ces deux aires sont elles-mêmes très hétérogènes. Mettant en évidence l'ampleur et les limites du phénomène *high-tech*, il montre que les grands foyers technologiques de l'accumulation flexible se sont mis en place durant l'ère fordiste. De même, G.Benko et C.Demazière (2000, p.460) soulignent qu'un nouveau régime d'accumulation s'articule avec le précédent.

Anciennes et nouvelles territorialités

Ce tableau serait incomplet si l'on n'allait pas plus loin dans l'analyse des changements de valeurs qui émergent entre anciens et nouveaux territoires. Car le passage du concept d'*espace* à celui de *territoire* indique bien un changement de sens. De manière simplifiée, on peut dire qu'il traduit le passage d'un *espace contenant* à un *espace contenu*. Mais les contenus sont multiples et doivent être précisés : politique, social, économique... Chacune de ces versions renvoie à des formes d'appropriation et d'identité. Le territoire lui-même serait le résultat des interactions qui se nouent entre le *contenant* et ses différents *contenus*, constituant une véritable *matrice*. Mais il y a une

---

[1] Morel, op.cit., p199.

[2] Aydalot, 1984 ; Uhrich, 1987 ; Savy, Veltz, 1993 ; Berger, 1993 ; De Los Santos, 1993 ; Alvergne, 1997 ; Manzagol, Jourdenais, 1999...

dimension souvent négligée dans l'approche du territoire : celle de l'*espace vécu* fondateur d'un rapport sensible et culturel au territoire, autrement dit d'une *territorialité* spécifique.

Ce concept d'espace vécu, développé par A.Frémont (1976) et repris par P.Claval (1995), a très peu été utilisé en géographie industrielle. L'espace vécu dépasse les inventaires objectifs de la discipline pour s'intéresser au sujet individuel ou collectif, à ce qu'il perçoit à travers ses sens. L'ensemble de ces sens mobilisés dans un lieu quotidiennement fréquenté crée un rapport spécifique au lieu, souvent partagé par une même communauté. L'espace vécu peut devenir opératoire en l'adaptant aux territoires de l'industrie. Existe-il une territorialité du travail et de l'industrie ? Peut-on préciser les linéaments d'une *territorialité rompue* et rechercher les fondements d'une *territorialité nouvelle* ?

Les territorialités rompues

Partant de cette hypothèse, on peut facilement imaginer que la territorialité n'était pas la même dans le bassin houiller, la construction navale ou la vieille industrie marseillaise. Mais respectivement, dans chacune de ces industries, un même espace vécu a sûrement joué un rôle intégrateur, entre les habitants installés de longue date et les nouvelles générations d'immigrants.

✓ *La territorialité de la mine et du charbon*

Essayons, tout d'abord, de restituer l'espace vécu de la mine et du charbon. Une même territorialité réunit, de fait, l'ingénieur des mines et l'ouvrier mineur dans un même bassin. Au *jour*, ils n'ont pas les mêmes logements, ni les mêmes cités, mais habitent dans le même territoire. Au *fond*, ils n'ont pas les mêmes fonctions, mais partagent également le même espace vécu. Il n'y a pas à proprement parler une *territorialité populaire* distincte d'une *territorialité d'élite*. Jusqu'à présent, on a insisté sur les ségrégations sociales et spatiales entre les uns et les autres ; il ne s'agit pas de les gommer, mais de souligner la communauté d'espace et de destin qui les unit. On ne comprend pas l'univers de la mine sans cette dialectique du *jour* et du *fond*. Même mécanisé et modernisé, l'espace vécu du fond reste sombre et minéral. Un univers hostile et dangereux qui mérite des compensations, qu'elles soient matérielles ou se manifestent par d'autres signes de reconnaissance. L'exploitation se situe toujours dans les entrailles de la terre. Pourtant, le mineur s'inscrit en faux contre le récit de Zola qui lui renvoie l'image dévalorisante d'un prolétariat inculte et misérable.

Il a besoin de s'inscrire dans une image positive : celle du temps de la Reconstruction, où il était au cœur de la Nation, est terminée. Jamais plus on n'écrira sur les affiches : *« Mineur, le sort de la France est entre tes mains ».* La situation s'est inversée, son sort est, à la veille de la fermeture, entre les mains des fluctuations du marché, de la politique énergétique de l'Etat et de l'électricien EDF. Il lui reste la fierté de ses luttes pour sa dignité, et celle d'une exploitation qui a évolué, devenant avec le temps plus sophistiquée en intégrant de nouvelles technologies. C'est aussi cela la territorialité, un univers professionnel unique en son genre, constitué autour d'un vécu et d'exploits partagés, constitué aussi autour d'un produit et d'un imaginaire ; cette territorialité se construit à partir d'un récit qui cimente. On a abandonné le vieux concept de *genre de vie*, que l'on avait conçu pour dire la vie du paysan et du pêcheur. Mais ce concept n'est pas si démodé; il se rapproche beaucoup par nature de l'espace vécu d'autres métiers qui ont aussi leurs rythmes, leurs paysages et leurs imaginaires; il se rapproche finalement du concept plus moderne de territorialité.

✓ *La territorialité de la construction navale*

S'agissant des salariés des chantiers navals, J.Garnier nous parle, avec beaucoup de finesse et de sensibilité, d'un autre espace vécu, avec cette fois la mer pour horizon : *« Industries de l'objet marin massif, unique et généralement sophistiqué, elles étaient empreintes par un imaginaire professionnel constitué autour de l'exploit technique et de la fierté qui lui est liée. Ces représentations, valeurs et attitudes constituaient la trame d'un tissu relationnel qui traversait les positions hiérarchiques et organisationnelles et qui participait lui aussi, par sa cohérence, au système local de régulation »*[1]. La territorialité de l'industrie transcende là aussi, pour partie, les classes sociales. Elle parle d'imaginaire, d'exploit technique, de fierté. Et cela est essentiel. Perdre son emploi est sans doute considérable, mais perdre le fondement de son imaginaire et de sa fierté est susceptible d'ébranler plus profondément encore les structures constitutives de la personne. La privation de cet imaginaire fait naître un sentiment de condamnation et le déchaînement d'une colère compréhensible, mais jugée parfois excessive et irrationnelle. Il y a bien cependant une forme de rationalité dans cette colère. On pourra peut-être retrouver un emploi. Retrouvera-t-on jamais un tel imaginaire, une telle source

[1] Garnier, 2000, p31.

de fierté qui valorise l'existence et qui lui donne son sens ? Dans la construction du bateau et sa mise à l'eau, il y avait aussi une part de rêve. La mise à l'eau du bateau était un moment fort dans la construction navale, un moment de célébration et de spectacle aussi (Domenichino, 1989), marqué par l'image de la vague qui semblait inonder le port. L'imaginaire est un concept riche de sens. Partant de l'image du produit et de l'espace vécu qui l'a fait naître, il porte à la fois une part de rêve et de fierté pour toute une population.

Dans l'industrie, on peut dire que la *territorialité* soude une communauté à un *espace vécu*, à travers un produit, un même univers professionnel et un imaginaire.

✓ *La territorialité de la vieille industrie marseillaise*

La territorialité de la vieille industrie marseillaise était sans doute différente. Les nouvelles lectures en termes de district apportent des éclairages, mais ne répondent pas à toutes les questions. Une des différences entre le district marseillais et les secteurs précédemment cités réside dans le fait que l'emploi y était plus précaire, et le patronat, comme nous a dit P.P.Zalio, ne s'était guère intéressé aux questions sociales et de logement. Du reste, réfugié à l'écart dans ses belles bastides, il ne partageait pas vraiment la même territorialité que ses ouvriers. Pour ces derniers, la territorialité était probablement moins structurée par le travail et l'entreprise; une entreprise qui, au demeurant, était souvent de plus petite taille et se fondait dans le tissu urbain. Le « savon de Marseille » a-t-il fondé un imaginaire qui transcendait les positions hiérarchiques ? A défaut de pouvoir l'affirmer, on supposera que la territorialité se fondait davantage sur le décor marseillais lui-même et l'imaginaire de ses horizons lointains. Ces imaginaires déchus et ces territorialités rompues étaient-ils caractéristiques des vieux secteurs ? De tels mécanismes peuvent-ils concerner les secteurs modernes du fordisme triomphant ou de la nouvelle économie virtuelle ? Y aurait-il rupture là aussi ?

Quelles territorialités pour la deuxième révolution industrielle et le « fordisme » ?

Il n'y a probablement pas de vide entre anciennes et nouvelles territorialités, mais la question n'a guère été étudiée. L'industrie marseillaise fut longtemps perçue comme « pré-fordiste », en raison de la place majeure et spécifique de la première révolution industrielle, sur laquelle s'est concentrée l'essentiel de l'historiographie.

La deuxième révolution industrielle existe, mais elle est encore spécifique, dominée par des secteurs de première transformation, à peine exhumées par l'historiographie récente, à savoir l'alumine (Mioche, 1994, 2000), et la chimie (Mioche, 1998 ; Mioche, Daumalin, 2001 ; Daumalin, 2003). Ces secteurs éloignées du territoire marseillais sont pourtant en lien avec lui et sont toujours présents : le pétrole n'a-t-il pas littéralement envahi l'étang de Berre ?

Les travaux sur la seconde industrialisation fournissent des pistes intéressantes. L'exemple de Solvay à Salin-de-Giraud, a priori marginal parce qu'il est lointain et concerne un petit territoire, est pourtant édifiant pour notre problématique. L'usine de Salin-de-Giraud, nous dit Ph. Mioche, résulte de la rencontre d'un marché (le savon de Marseille) et d'une innovation (le procédé Solvay). Il faut y rajouter un troisième élément : Ernest Solvay lui-même. Ernest Solvay n'est pas qu'un industriel chimiste, mais aussi *« un théoricien de la question sociale »*, fondé sur *« un positivisme extrême »*. Ainsi, *« il bâtit de toute pièce une véritable cité-usine »*, avec ses logements (hiérarchisés), son économat, son médecin, son école... Comme dans une cité minière en somme. Cette architecture sociale lui permet de fixer sur un même espace Français, Italiens, Grecs...dans un endroit isolé et inhospitalier. Certes, cela était une nécessité, mais la nécessité n'était pas seule en cause. L'espace vécu de la communauté au travail se fonde ici sur le décor camarguais, avec ses salinières, l'innovation et le projet social d'un entrepreneur belge. N'y a-t-il pas les bases d'une territorialité ? Dans ce cas original, l'entrepreneur n'est pas inconscient des valeurs qu'il porte. Le positivisme d'Ernest Solvay n'est pas intériorisé, il est théorisé. Reste à savoir pour la communauté au travail si un imaginaire s'est malgré tout construit à partir du sel ; si un imaginaire du sel et l'idéal de Solvay se sont rencontrés en transcendant les positions hiérarchiques ?

Par ailleurs, les industries phares du fordisme sont des industries de construction mécanique, au premier rang desquelles se trouve l'automobile. Mais l'aventure automobile marseillaise a échoué avec la disparition de Turcat-Méry en 1929 (Lambert, 1995, 1998). Reste l'aéronautique, la seule grande industrie fordiste de l'Aire Métropolitaine Marseillaise, devenue une industrie de haute technologie. Eurocopter, avec plus de 4000 salariés, est le plus grand établissement de la région marseillaise et structure le tissu. Existe-t-il une territorialité de l'aéronautique à Marignane ? Potentiellement oui, si l'on suit l'exemple toulousain où, des premiers Latécoère à l'A380, l'avion a bien forgé un milieu professionnel, avec ses aventures, ses exploits et son imaginaire. Il n'est qu'à voir l'engouement suscité par Concorde pour tous ceux qui ont participé à sa création, et au-delà, pour tous ceux qui sont venus le voir s'élancer dans le ciel. Cet exemple stigmatise de manière emblématique le sens de cette industrie depuis les temps épiques de Clément Ader et les premiers jours de l'aéropostale... Cette industrie, comme bien d'autres, participe de l'aventure humaine, c'est une épopée.

Les nouvelles territorialités

De nos jours, la virtualité de l'économie et sa métropolisation auraient-elles supprimé les valeurs et les imaginaires de l'industrie, sa capacité à forger un univers professionnel autour d'un produit en s'inscrivant dans un espace vécu symbolique ? Cette hypothèse ne tient pas et la microélectronique en donne un bel exemple. Ne parle-t-on pas de la « Silicon Vallée provençale » ?

✓ *Les imaginaires de la Silicon Vallée provençale*

Avec son univers des salles blanches hyper-sophistiquées (Fig.3), son image d'industrie *high-tech* et de prouesses technologiques, ses puces magiques et ses objets intelligents, ses lieux symboliques : Rousset, Gemenos, Sophia-Antipolis, ses *success stories* (parfois en danger), ses grandes et ses petites entreprises, ses créateurs de *stat-up*, ses personnalités charismatiques, son milieu professionnel qui s'organise, ses syndicats aussi qui manifestent ; son imaginaire enfin de Silicon Valley..., la microélectronique provençale offre un excellent exemple de nouvelle territorialité de l'industrie. Ici, l'objet de référence n'est pas massif, il est même infiniment petit. Invisible ? Virtuel ? Même le virtuel s'incarne dans la matière, et cette matière, pour l'instant, c'est le silicium. Vous n'entrez pas dans une entreprise sans voir dans une vitrine ou sur un bureau un disque de silicium, encore vierge ou déjà gravé. Encore faut-il ouvrir les yeux sur ce sens de l'industrie.

L'imaginaire de Silicon Valley peut sans doute être critiqué lorsqu'on songe au contre-modèle social et environnemental que constitue la Silicon Valley californienne. Mais il serait faux de ne voir dans ce mythe qu'un imaginaire d'argent et de succès facile. Si l'on regarde, si l'on écoute, on peut voir et entendre d'autres choses. Par exemple, la complexité d'une *Fab* et des nouvelles technologies a quelque chose de fascinant. Les ingénieurs disent parfois que *« construire une*

Figure 3 : Salles blanches de l'usine STMicroelectronics à Rousset
Photo : STMicroelectronics, Service de presse ST France

Dans la région marseillaise, le secteur de la microelectronique compte plus de 6000 emplois. Il s'est développé en premier lieu dans la commune de Rousset et la vallée de l'Arc, à proximité d'Aix-en-provence, avant de se diffuser dans plusieurs zones de l'Aire Métropolitaine Marseillaise. Eurotechnique fut en 1979 la première entreprise de la filière dans les Bouches-du-Rhône. Reprise par Thomson-Semiconducteur puis intégrée au groupe franco-italien STMicroelectronics, elle a connu plusieurs phases d'extension dont la dernière est la création de l'unité 8'' inaugurée en 2000. La production de circuits intégrés s'effectue dans des salles blanches où l'air ambiant doit contenir moins de 10 particules inférieures à 0.5 µ par volume de 28 litres (pour une salle blanche de classe 10).

nouvelle fab, c'est une véritable religion »[1]. Entrerait-t-on dans « les ordres » de la création ? Et il faudrait creuser davantage pour définir les sens et valeurs de cette industrie, qui subissent des inflexions selon l'espace considéré. Avec la micro-électronique, la Provence bénéficie sans doute d'un nouveau secteur capable de fonder une nouvelle territorialité par l'industrie, le travail et l'entreprise. Mais ces nouveaux secteurs sont-ils assez nombreux et puissants pour prendre le relais et marquer l'identité régionale, comme à Grenoble ou Toulouse qui font en France figure d'exemples dans l'imaginaire des territoires phares du progrès industriel et technologique ? Quelles nouvelles territorialités se dessinent à l'échelle métropolitaine ?

✓ *Une territorialité de la « métropolité » ?*

Le concept de territorialité appliqué à la métropole est développé par J.P. Ferrier et P.Donaint (2001). La métropolité est ainsi définie par l'urbanité qui entoure les lieux. Quel est l'impact sur la métropolité des changements qui s'opèrent dans la sphère de l'économie et du travail ? Outre la tertiarisation de l'économie et la taylorisation de l'emploi tertiaire (un néo-fordisme ?), les mutations générales de l'activité elle-même contribuent à la baisse de territorialité et de socialisation par le travail : pertes d'emplois, emplois précaires, télétravail, travail à temps partiel, interruption dans le contrat de travail, mobilité inter-entreprise, uniformisation des zones d'activité et des lieux de travail... Face à ces évolutions, de nouvelles identités se développent fondées davantage, non pas sur le travail, souvent fragilisé et dévalorisé, mais sur l'espace lui-même : l'espace de la périurbanisation, de la mobilité métropolitaine que l'on parcours quotidiennement, celui des nouveaux lieux de socialisation par la consommation, les loisirs, la culture... Cette nouvelle territorialité métropolitaine se construit sur d'autres valeurs et d'autres imaginaires qui tendent parfois à rejeter l'activité productive. P.Veltz (2000, p.221) qui s'intéresse à la « centralité du travail » s'interroge aussi sur les changements qui s'opèrent: *« Comme dans toutes les périodes précédentes, l'univers du travail est en relation réciproque, mais non mécanique, avec les autres aspects de l'existence ».*

[1] Yves Leduc de Texas Instruments est plus précisément l'auteur de cette phrase, le 2 juillet 2003 à Sophia Antipolis, lors d'une réunion du groupe SAME.

Le fil conducteur de ce questionnement sur la rupture a finalement été fécond. La fausse « fin » de l'industrie ouvre de nombreux champs de réflexion sur les recompositions territoriales et la pluralité des facteurs qui sont à l'œuvre dans la mutation des activités. La dimension culturelle permet de définir l'industrie par rapport au produit, aux valeurs qu'il véhicule et aux histoires qu'il fait naître. Le produit peut symboliser bien plus qu'un objet marchand et standard dénué de sens. Entre la large communauté partie prenante de l'œuvre productive, et le produit lui-même, se noue une relation singulière comme entre le créateur et sa créature. Dans l'exploitation minière, la construction navale, l'aéronautique ou la microélectronique..., la communauté humaine se mesure aux grands éléments de l'univers : la terre, l'eau, l'air, l'infiniment petit de la matière. L'hypothèse d'une territorialité de l'industrie conduit vers de nouvelles pistes.

Deuxième partie

La dimension culturelle de l'industrie

En géographie industrielle, l'approche culturelle de l'industrie n'est pas véritablement nouvelle (Lafferère, 1960 ; Battiau, 1976 ; Holz, 1977 ; Montagné-Villette, 1987), mais les travaux portant sur sa conceptualisation ont été peu nombreux[1]. Précisons tout d'abord que la notion de communauté culturelle n'exclut pas les conflits d'intérêts et la reconnaissance des luttes sociales. L'être humain en société s'intègre conjointement à plusieurs types de communautés et d'espaces qui donnent des sens variés à son existence. Il ne s'agit pas davantage de réduire le fait culturel à l'image qu'en donne l'entreprise elle-même ; comme l'indique P.Veltz (2000, p 21) : « *Le monde 'post-taylorien' n'est sûrement pas le paradis promis par les nouveaux gourous du management* »

L'hypothèse d'une *territorialité de l'industrie,* par le biais de *l'espace vécu,* nous amène, non pas à un détour, mais à un retour à la géographie culturelle. C'est donc vers les concepts précurseurs de la géographie culturelle que nous nous tournerons, avant de s'interroger plus largement sur la place et l'évolution du concept de culture dans le champ de l'économie.

---

[1] On peut citer notamment, au sein du laboratoire *Espace et Culture*, les travaux de Michel Chevalier (1989) sur l'innovation, mais leurs liens avec l'industrie ne sont que partiels.

1. Genèse et enseignements de la géographie culturelle

Dans la première moitié du XX° siècle, la géographie pré-culturelle s'est fortement intéressée aux techniques, puis s'en est détournée avec le développement de la société industrielle. Pourtant, la géographie culturelle s'appuie sur des méthodes qui peuvent s'appliquer au monde de l'industrie. En s'intéressant aux savoir-faire et à leur transmission, aux processus d'innovation et aux mythes fondateurs de la culture, elle éclaire en plusieurs points le comportement des acteurs économiques.

Le rôle des techniques dans la genèse de la géographie culturelle

Culture et « genres de vie »

La genèse et l'évolution des approches culturelles en géographie sont nées de la diversité des techniques, des genres de vie et des paysages. Dans la première moitié du XX° siècle, le concept de *genre de vie* est développé par l'école française de géographie. Paul Vidal de la Blache s'intéresse à l'ensemble des techniques et outillages mis en œuvre par les sociétés humaines pour transformer le milieu. L'élaboration des paysages reflète l'organisation sociale du travail. Dans la construction et l'aménagement des paysages, l'attention est portée aux façons d'habiter des différentes civilisations. La notion de techniques et de genre de vie se charge de valeurs et confère une identité. Les genres de vie introduisent dans la géographie française une dimension culturelle et un intérêt pour l'étude des comportements. Des préoccupations humanistes se manifestent chez Jean Brunhes qui accorde autant d'attention aux éléments concrets, liés à la mise en valeur de l'environnement, qu'à ceux dont la valeur est plus symbolique. L'association des techniques et des valeurs se poursuit avec Pierre Gourou.

Culture et « techniques d'encadrement »

Etudiant les *genres de vie* dans le Delta du fleuve Rouge, Pierre Gourou (1936) s'intéresse aux relations que les paysans entretiennent avec la terre, soulignant le rôle du riz et de toutes les techniques qui lui sont liées. Mais il va plus loin, en développant une approche que l'on pourrait qualifier aujourd'hui d'« institutionnaliste ». La réussite d'un système, qui permet l'accumulation de hautes densités dans des milieux difficiles à maîtriser, s'appuie sur un ensemble d'institutions comme la famille et la communauté dans son ensemble. Ces institutions assurent et coordonnent les disciplines indispensables au contrôle de l'eau, à l'aménagement de canaux, à l'irrigation et au drainage. Les conséquences épistémologiques des travaux de Pierre Gourou sont importantes. Elles modifient l'interprétation naturaliste des genres de vie, qui ne traduisent pas seulement l'effort d'adaptation des groupes aux milieux locaux, mais reposent sur des faits de civilisation. La culture cesse de s'analyser en termes de relations homme-milieu pour devenir une variable autonome :

> « La recherche révèle bien vite que les faits humains ne sont pas dans un rapport simple avec leur socle naturel ; ils en tiennent compte sans être expliqués directement par lui. Comprendre le paysage va exiger le recours à l'ensemble des techniques par lesquelles nous vivons le monde qui nous entoure ...L'homme, ce faiseur de paysages, existe seulement parce qu'il est membre d'un groupe, qui est lui-même un tissu de techniques. Quel que soit le paysage, ces éléments humains sont des faits de civilisation... L'existence du moindre groupe exige des règles du jeu, des techniques d'encadrement. Cette somme de liaisons et de techniques, c'est la civilisation » [1]

Malgré la richesse de ces analyses, les pistes tracées par Pierre Gourou ne semblent guère être suivies. Après la Seconde Guerre mondiale, l'étude des techniques et des genres de vie ne paraît plus adaptée au développement de la société industrielle ; elle est abandonnée. Il est alors nécessaire de se tourner vers les travaux de Paul Claval (1995) pour comprendre l'évolution de la géographie culturelle.

La géographie culturelle se détourne des techniques

Diversité et complexité des techniques de la société industrielle

Les géographes se sont tout d'abord intéressés aux faits de cu lture, en étudiant la diversité des sociétés et des campagnes. Le développement de la société urbaine et industrielle change la donne. Pourtant, à l'heure où parallèlement émerge le concept d' « *American way of life* », une question se pose : l'instrument genre de vie, est-il fondamentalement inadapté au monde urbain et industriel ? Pourquoi ne pas étudier les rythmes de vie et les techniques de la société industrielle ?

---

[1] Gourou P., (1973), *Pour une géographie humaine*, p 9-10.

Cette voie pertinente a bien été recherchée, mais a rencontré diverses difficultés, en raison-même de la diversité et de la complexité des techniques. Claval (1995, p 35-36) explique très bien que la procédure de description du genre de vie rend alors correctement compte de la partie de l'existence menée en famille, mais que le temps passé à travailler échappe aux simplifications : *« les tâches des ouvriers, des contremaîtres, des techniciens ou des ingénieurs sont très variées ; on ne les comprend qu'en les replaçant dans le cadre des fabrications auxquelles ils participent et en notant comment chacun contribue aux transformations en cours. La vie de bureau est apparemment plus uniforme mais, là aussi, la description des horaires qu'elle respecte laisse ignorer l'essentiel, le but de l'activité, les personnes auxquelles elle est destinée et les relations qu'elle entraîne. Dès les premières années de l'après guerre, Max Sorre (1948) et Pierre George (1951) soulignent ces limitations. Ils n'essaient pas de les surmonter»*. Il a semblé difficile de franchir la porte des usines et des bureaux, pour étudier les tâches des ouvriers, techniciens et ingénieurs, le but de l'activité et les relations qui en sont issues. La géographie s'est ainsi détournée, pour partie, du sens et de la culture du travail industriel.

L'impression d'une uniformisation

De manière assez paradoxale, alors que les techniques sont variées, l'impression qui domine est celle d'une uniformisation. Trois types d'explications peuvent être avancés pour comprendre cette apparente uniformisation. Premièrement, l'urbanisation et la part croissante de la population active dans les secteurs secondaires et tertiaires semblent effacer la diversité de la société rurale traditionnelle. Deuxièmement, l'industrialisation des fabrications et la standardisation de nombre de produits ont occulté l'extraordinaire complexité des techniques mises en œuvre dans l'industrie. Troisièmement, le fordisme a pour le moins érodé le sens du travail ; dans l'organisation taylorienne, qui se développe aux Etats-Unis puis dans l'Europe de l'après guerre, l'ouvrier ne *« contribue pas aux transformations en cours »*. Il n'intervient pas de façon autonome dans l'organisation du processus productif, il est privé de ce pouvoir d'intervention. Mais ce modèle d'organisation ne couvre pas l'ensemble des activités industrielles, ni des catégories socioprofessionnelles. Pourtant, la lecture qui est faite alors stipule au contraire que : *« Les techniques sont devenues trop uniformes pour retenir l'attention ; ce sont les représentations négligées jusqu'alors qui méritent d'être étudiées »* [1]

La question des présupposés

Au-delà des raisons objectives, qui ont favorisé ou défavorisé l'étude des techniques, des raisons subjectives se sont manifestées. Dans un premier temps, l'étude des genres de vie et des techniques d'encadrement semble associée à des présupposés positivistes. Dans un second temps, leur abandon au profit des représentations et du fait religieux est au contraire associé à des présupposés inverses. Les propos de Paul Claval permettent d'éclairer cet arrière plan philosophique :

> « Le parti pris positiviste détournait au début du siècle les géographes des représentations- même lorsqu'ils y prêtaient personnellement une grande attention par suite de leurs convictions philosophiques ou de leur foi. Il était pourtant difficile d'ignorer le fait religieux »[2]
>
> « Les préoccupations de certains philosophes contemporains...attachent beaucoup de poids au rôle du discours dans la vie collective et en font leur sujet préféré d'étude. On assiste ainsi, de Roland Barthes et de Michel Foucaud à Jacques Derrida, au développement d'une nouvelle épistémologie. En mettant l'accent sur la langue et sur la manière dont les gens parlent du monde ou parlent le monde, elle offre à ceux qui critiquent le néo-positivisme la possibilité de faire un travail rigoureux, mais sans imposer au réel des cadres qui le trahissent »[3].

Il est intéressant de souligner que, progressivement, à partir des années 1970, la nouvelle géographie culturelle qui s'affirme se construit en réaction à diverses formes de matérialisme et au postulat de l'homme rationnel, critiquant les sciences sociales qui se sont efforcées de gommer les aspects subjectifs de la réalité :*« Voilà que les théories bâties à grand renfort de statistique et de mathématiques par les économistes se révèlent inaptes à expliquer les transformations en cours et à proposer des mesures efficaces pour conjurer le marasme et sortir de la récession»*[4]. Cette réaction explique, pour une large part, la montée des préoccupations humanistes qui s'appuient sur la phénoménologie, en insistant sur le sens des lieux, l'importance du vécu, et le poids des représentations religieuses.

---

[1] Op.cit. p 37.
[2] Op.cit. p 32
[3] Op.cit. p 40
[4] Op.cit. p 43.

L'approche culturelle du fait industriel apparaît comme la double « victime » de ce contexte épistémologique. Elle ne retient pas l'attention de ceux qui étudient l'économie par le biais d'une approche théorique et modélisée, tournée vers l'étude des lieux plus que des hommes. Elle ne retient pas davantage l'attention de la nouvelle géographie culturelle, qui se détourne des techniques et du monde matériel de l'économie, au profit des représentations. Pourtant, en élargissant ses horizons et ses méthodes, la géographie culturelle n'est pas obligatoirement condamnée à se recentrer sur un nouvel objet d'étude qui disqualifierait le précédent. Ses méthodes sont au contraire précieuses et peuvent s'appliquer à d'autres objets que ceux auxquels elle est apparemment destinée.

Les méthodes de la géographie culturelle et l'industrie

L'espace vécu et l'approche biographique

La géographie culturelle s'appuie sur des méthodes. L'espace vécu, l'approche biographique, l'analyse du discours sont des méthodes conceptualisées par la géographie culturelle pouvant s'appliquer à l'industrie. L'*espace vécu* d'Armand Frémont naît de travaux sur le sens des lieux à travers la littérature, il nous révèle l'univers mental d'un paysan pauvre du bocage, au cours de la première moitié du XIX° siècle. Dans *La région espace vécu* (1976), A.Frémont développe son approche méthodologique de l'espace vécu, en s'appuyant notamment sur la biographie, l'enquête et l'entretien. La biographie inventorie les lieux fréquentés par une personne et restitue les valeurs qui s'attachent à chacun d'eux (Frémont, 1976, p.78).

Dans le monde de l'industrie, ces méthodes sont précieuses. Etudiant le parcours professionnel d'un ingénieur, il est possible d'identifier les entreprises et les espaces qui ont forgé les éléments fondateurs de sa culture technique et managériale ; ces éléments sont utilisés par la suite dans un autre contexte pour développer de nouveaux projets. Nombre de dirigeants de la microélectronique européenne ont constitué autour d'eux des équipes cohérentes, à partir de deux éléments : d'une part, une expérience commune partagée quelques années plus tôt aux Etats-Unis, d'autre part, de nouveaux projets dont l'Europe était désormais le centre (Daviet, 2005). Les parcours respectifs des fondateurs d'Eurotechnique, Gemplus ou STMicroelectronics soulignent des caractéristiques biographiques communes ayant eu des conséquences importantes d'un point de vue industriel et territorial. L'approche biographique des dirigeants et l'étude des entreprises permettent de mettre en regard la notion de trajectoire entrepreneuriale avec la gestion des espaces, et plus généralement la notion de mobilité avec les transferts de savoir et la formation de réseaux (Daviet, 2004). Dans le monde de l'industrie, l'approche biographique est essentielle, mais ne prend tout son sens qu'en lien avec l'étude des entreprises et des technologies qu'elles mettent en œuvre.

L'étude du discours

Dans le même registre, Paul Claval (1995, p.40) évoque l'analyse du discours parmi les méthodes de la géographie culturelle. Il rejoint les apports de l'ethnologie et cite les travaux de Clifford Geertz et de la *thick desciption : « L'ethnologue donne la parole aux gens observés et note leurs discours et leurs réactions dans diverses circonstances. »*. La notion de discours renvoie sans doute à des réalités diverses, comprenant des entretiens minutieusement préparés ou des conversations plus spontanées, les interviews que les acteurs de l'industrie (patrons ou syndicalistes) peuvent accorder à la presse et les discours officiels donnés lors de l'inauguration de nouveaux sites. Il y a toujours dans ces discours une part de représentation que les acteurs veulent donner d'eux-mêmes, mais aussi une part d'authenticité où se livrent des motivations plus profondes. L'hypothèse d'une territorialité de l'industrie qui soude une communauté à un espace vécu, à travers un produit, un même univers professionnel et un imaginaire se trouve plutôt confortée par les méthodes de la géographie culturelle.

La culture, sa transmission et ses mythes fondateurs

La transmission de l'expérience collective

La géographie culturelle n'est pas seulement utile par les méthodes qu'elle propose, elle l'est aussi dans la définition et la conceptualisation de son objet d'étude : le mode de formation de la culture, sa transmission et ses mythes fondateurs. Le thème des savoir-faire et de l'apprentissage est actuellement au cœur de l'analyse économique et du concept de proximité (Gilly, Torre, 2000). La géographie culturelle rejoint ces préoccupations, mais par des voies différentes. Paul Claval renouvelle l'idée que les savoir-faire techniques et les valeurs sont associés dans une même expérience collective. Cette expérience s'inscrit dans le temps et l'espace, mais elle n'est pas figée une fois pour toute, elle est dynamique :

« La culture est la somme des comportements, des savoir-faire, des techniques, des connaissances et des valeurs accumulés par les individus durant leur vie, et, à une autre échelle, par l'ensemble des groupes dont ils font partie. La culture est un héritage transmis d'une génération à la génération suivante. Elle a ses racines dans un passé lointain qui plonge dans le territoire...Ce n'est pourtant pas un ensemble clos et figé de techniques et de comportements. Les contacts entre les peuples de différentes cultures sont parfois conflictuels, mais ils constituent une source d'enrichissement mutuel. La culture se transforme aussi sous l'effet des initiatives ou des innovations qui fleurissent en son sein » (p 46)...

La transmission des savoir-faire repose sur des systèmes de communication et des codes divers : la parole, le geste, l'écrit, les média interactifs. Elle a besoin de mémoire, de rituels et de représentations collectives. Dans les notions de « systèmes de communication » et de « codes », il y a deux niveaux d'informations qui circulent : des contenus informationnels explicites et d'autres qui sont davantage implicites, qu'on les intègre inconsciemment ou qu'il faille les décoder. Ceci met bien en évidence les enjeux et les difficultés de l'apprentissage.

Expérience collective et comportements individuels

La géographie culturelle souligne la relation dialectique qui s'établit entre la transmission de la culture et l'individu : « *La culture n'existe qu'à travers les individus auxquels on l'a transmise, et qui l'utilisent, l'enrichissent, la transforment et la diffusent à leur tour...La culture est indispensable à l'individu sur le plan de son existence matérielle. Elle lui permet de s'insérer dans le tissu social. Elle donne une signification à son existence et à celle des êtres qui l'entourent et forment la société dont il se sent membre.* »[1] La vie professionnelle joue un rôle important dans la structuration de la personne, à travers les savoirs, la pratique des langues ou le sens des responsabilités. Les comportements individuels sont marqués par des stratégies compétitives de singularisation et d'accomplissement personnel, très bien décrites par P.Claval, que l'on observe dans les milieux innovateurs, comme dans le monde de la grande entreprise. L'impact de la mobilité professionnelle et géographique sur le comportement des individus est également sensible à travers l'expérience

[1] Claval P. (1995), p 68

du relativisme et la formation des élites. Dans le cas du *brain-drain* et des cadres expatriés vers les sites lointains d'une entreprise, l'expérience du relativisme est un élément important de leur formation et de leurs capacités d'action.

La question de l'innovation

Le concept de culture permet d'analyser un ensemble d'acquis, d'aptitudes à l'action, de procédures pour faire face à des situations variées. Il permet d'éclairer des comportements d'imitation ou d'innovation, en fonction de l'idée que les acteurs économiques se font de leurs responsabilités. Il permet de préciser en particulier les conditions de la naissance et de la diffusion d'une innovation : l'existence de sociétés ouvertes, des acteurs doués d'autonomie mais aussi capables d'être en phase avec la société : *« Dans tous les cas, il se trouve des gens pour remettre en cause les idées reçues, proposer de nouvelles règles, inventer de nouveaux savoir-faire... mais leur message ne rencontre un écho favorable que s'il répond à des inquiétudes latentes et résout des difficultés que les gens éprouvent comme telles : l'innovateur est bien souvent l'interprète de la société. »*[1]

L'innovation s'inscrit dans une perspective historique. La notion de finalité est importante ; elle introduit un élément, un « paradigme » supplémentaire, par rapport à l'analyse économique classique des processus d'innovation. La conduite des industriels est largement déterminée par « la vision » qu'ils ont des technologies et des marchés à un moment donné, bien au-delà de ce qu'en disent les bureaux d'étude : lorsque le Boston Consulting Group a décrété que la carte à puce n'avait pas d'avenir, Marc Lassus a aussitôt créé Gemplus.

Culture et vie sociale

La culture est un élément de la cohésion sociale. Les lieux de transmission de la culture sont multiples. Au-delà de la famille, l'individu s'inscrit dans d'autres formes de communautés. Dans le milieu industriel, trois formes de communautés peuvent être identifiées : le milieu innovateur et sa dynamique d'essaimage ; l'entreprise qui associe des membres unis par un projet commun ; une population d'entreprises qui cohabitent sur un même territoire. Au sein d'une entreprise, la communauté productive, constituée schématiquement de

---

[1] Op. cit., p 83-84.

cadres, techniciens et ouvriers, n'est pas animée seulement par des intérêts, mais aussi par un ensemble de valeurs, définies notamment par l'exactitude, la conscience professionnelle, la compétence et le goût du travail.

Mythes fondateurs et leaders charismatiques

Les notions d' « imaginaire » et de « mythe » (mythe de *Silicon Valley*), évoquées dans la première partie, ne sont pas que des formules. Ces notions sont des concepts de la géographie culturelle. Paul Claval signale que la culture institue un ordre à la fois descriptif et prescriptif, incluant des valeurs éthiques et esthétiques. L'individu n'est pas enfermé dans le seul espace du réel, il nourrit en lui un imaginaire qui s'apparente à une autre spatialité et à une forme d'idéal. C'est ainsi que Paul Claval introduit la notion de sacré, l'univers de la fable et des mythes fondateurs : *« L'imagination porte l'esprit au-delà de ce qui borne la vue...L'espace que fréquentent les hommes ne se limite jamais à celui de l'observation réelle : il s'accompagne de doubles auxquels on prête volontiers des vertus et des charmes supérieurs à ceux de l'environnement familier »* (p.111). Cette argumentation tend donc à conforter le concept d'imaginaire qui avait été pressenti sur la base d'observations empiriques. En lien avec cet imaginaire et cette autre spatialité, Paul Claval ajoute un autre élément : celui du « *leader* » ou du « visionnaire » au pouvoir charismatique : *« Les sociétés ont besoin, pour fonder les interprétations symboliques qu'elles proposent, d'individus capables de percer les mystères de l'univers. Les systèmes normatifs reposent sur le témoignage de visionnaires qui ont accès aux ressorts profonds du monde. ...C'est aux leaders charismatiques que revient la responsabilité de bâtir le système de valeurs sur lequel repose la société... »*[1]. Ce passage est très intéressant. Paul Claval a bien imaginé qu'un *leader*, plus ou moins charismatique, pouvait être un intellectuel. Dans le monde de l'économie, le *leader* charismatique peut aussi exister. Il s'incarne parfois dans la figure du chef d'entreprise, car il existe aussi des chefs d'entreprise exceptionnels, des personnages hors du commun, qui bâtissent un système de valeurs sur lequel repose le succès de leur « société ». Ces imaginaires et ces visionnaires, donnent un sens à la société, favorisent l'engagement des individus pour une cause à laquelle ils croient.

---

[1] Op. cit. p 123.

Parmi les chefs d'entreprises étudiés au cours de mes recherches, s'il en est un qui puisse incarner cette image du *leader* charismatique et visionnaire, c'est incontestablement la figure et le parcours de Pasquale Pistorio qui s'impose. Pasquale Pistorio s'est affirmé comme un *leader*, non seulement de son entreprise STMicroelectronics, mais aussi de la microélectronique européenne. Après plus de 10 ans passés à Motorola, en particulier à Phœnix (Arizona), il revient en Italie, en 1980, pour redresser le groupe public italien SGS alors en difficultés. Il conduit la fusion avec Thomson-Semiconducteurs en 1987, et fait progresser le nouveau groupe rebaptisé STMicroelectronics, du 14° rang mondial au 3° rang mondial en 2002, dans un contexte de mondialisation et de mise sur le marché boursier des deux tiers des actions de l'entreprise. Ces résultats s'inscrivent dans une stratégie européenne de structuration de la profession, à laquelle Philips et Infineon participent : *« L'Europe des semiconducteurs est déjà un miracle ! Il y a 15 ans tous les industriels, tous les gouvernements étaient prêts à laisser tomber, à renoncer, à déclarer la bataille perdue. Aujourd'hui il y trois groupes européens parmi les dix premiers mondiaux : Philips, ST et Siemens-Infineon ...Les programmes Jessi et Medea ont favorisé les coopérations et donné de la visibilité à cette industrie, moins il est vrai qu'aux Etats-Unis où lorsque le SIA (Semiconductor Industry Association) parle, le Président l'entend... »*[1].

Le côté visionnaire de Pasquale Pistorio se traduit, au cours des 25 ans passés à la tête de SGS et ST, par ses capacités d'anticipation et sa façon d'inscrire sa stratégie par rapport à « l'horizon de 2015 », date où le secteur des semi-conducteurs devrait atteindre sa maturité. Sa vision à long terme est associée à une vision mondiale qui s'est affirmée, tout en essayant de préserver les sites européens ; ces derniers représentent encore 45% d'un effectif total de plus de 40 000 salariés, en tenant compte de la fermeture du site de Rennes annoncée à la fin du mois d'août 2003. La dimension charismatique de Pasquale Pistorio se traduit par la forte cohésion qu'il a su maintenir au sein du groupe, à travers la fusion et le maintien du capital humain, en dépit des secousses cycliques qui affectent régulièrement le secteur. Il est perçu comme un homme chaleureux et d'une compétence exceptionnelle. Il a su conquérir la sympathie et l'admiration de nombre de salariés et collaborateurs de l'entreprise. Son action a probablement été influencée par sa culture familiale et méditerranéenne. On peut

---

[1] Entretien de P.Pistorio dans Compact, n°11, novembre 1999, p4, journal édité par le Sitelesc.

naturellement supposer que son départ est préparé, mais ce départ inévitable laisse planer des inquiétudes. Dans le contexte de la financiarisation des entreprises, et d'une actualité marquée par le scandale de PDG peu scrupuleux, la figure de Pasquale Pistorio incarne un type d'entreprise où la culture de l'ingénieur est restée, jusqu'à ce jour, dominante. S'il est évident que la culture des hommes et de leur espace d'origine imprègne profondément celle des entreprises, la façon dont cette culture se forge, se transmet et exerce une influence offre encore de nombreux champs à la recherche. En transposant des concepts de la géographie culturelle au monde de l'industrie, il est possible de renforcer les arguments permettant d'étayer l'hypothèse d'une territorialité de l'industrie et d'une approche culturelle de l'économie.

Deux conclusions peuvent se dégager de ces réflexions. Premièrement, la culture apparaît bien comme une des clés du comportement économique ; et comme une clé relativement autonome de l'économie elle-même. Deuxièmement, ce qui paraît intéressant dans cette approche, c'est sa capacité à rétablir un paradigme finaliste là où le paradigme dominant (celui de l'approche « normale », purement économique) est d'ordre mécaniste. L'introduction du fait culturel dans la lecture de l'industrie et de l'économie tend donc à introduire un changement de paradigme. Cela ne signifie pas, que l'approche mécaniste doit être abandonnée, mais qu'il faut sans doute la relativiser. Il reste à voir si, même de façon empirique, d'autres géographes de l'industrie et de l'économie ont emprunté des voies analogues.

2. La question culturelle en géographie industrielle et économique

La culture industrielle dans la géographie industrielle française

« Lyon, ville industrielle... »

Michel Laferrère est un des premiers représentants de cette dimension culturelle de l'industrie. Il en a témoigné dans sa thèse : *Lyon ville industrielle Essai d'une géographie urbaine des techniques et des entreprises* (1960). Bien qu'une quarantaine d'années nous sépare de ses recherches, la modernité de ses travaux est tout particulièrement frappante. D'une part, elle incline à la plus grande humilité dans nos prétentions à découvrir quelque chose de nouveau. D'autre part, elle conforte l'idée qu'on ne produit pas que pour vendre, mais que cet acte de produire renferme et exprime une *« intelligence rusée »*[1] et un ensemble de valeurs des plus précieuses. Certains passages de cette thèse sont donc analysés, avant de dégager les éléments d'une conceptualisation. La thèse de Michel Laferrère se caractérise par une approche districale en terme de réseau et s'intéresse à l'esprit d'entreprise. Mais à côté de ces notions, l'apport le plus significatif porte sur la définition et la signification du produit.

✓ *Citation préliminaire*

L'ouvrage de Michel Laferrère (1960) commence par une citation de J.Michelet :

> « ...Et pourtant, ni Paris, ni Rome n'a sur moi ce pouvoir de fascination mystérieuse
>
> Non, c'est une autre ville
>
> Ville bien secondaire, en comparaison de ces capitales de l'histoire, ville de monuments médiocres, ville presque partout noire et sombre, vaste atelier où le travail scindé, isolé, n'a rien du grandiose des Babylones industrielles du Nord, où la variété immense des efforts partiels donne à l'observateur du détail une impression de fatigue, au spectateur d'ensemble, une indéfinissable tristesse.
>
> Cette ville, c'est Lyon »

Cette citation signale que les géographes de l'industrie s'intéressent aussi au sens des lieux dans la littérature. La référence à la littérature de Jules Michelet présente un intérêt particulier. Michelet est connu comme historien, écrivain engagé, poète et amoureux de la Nature. Mais c'est un romancier qui, par ses origines, est capable de sentir le monde du travail et de l'entreprise. Il n'a jamais oublié qu'il était le fils d'un imprimeur ruiné, et qu'il avait travaillé dès l'âge de douze ans dans l'atelier paternel : *« Avant de faire des livres,* dit-il, *j'en ai composé matériellement ; j'ai assemblé des lettres avant d'assembler des idées».*

✓ *Approche « districale » et « esprit d'entreprise »*

Le pouvoir de fascination qu'exerce Lyon vient de son industrie, de ses techniques et de ses entreprises. Dès l'avant propos, Michel Laferrère, avec le talent et la finesse d'un Alfred Marshall[2], montre qu'il a su flairer l'atmosphère lyonnaise et sa *fascination mystérieuse.* L' « esprit » d'entreprise et l' « atmosphère » industrielle renvoient par définition à une réalité impalpable qui imprègne les lieux comme

---

[1] L'expression est de P.Veltz (2000), p 17.

[2] Cependant, les travaux d'Alfred Marshall ne figurent pas dans la bibliographie de sa thèse.

par magie. Nous retrouvons chez cet auteur nombre d'éléments de l'analyse marshallienne, bien que le terme de district soit rarement employé. M.Laferrère évoque le fonctionnement du *« complexe industriel »* (district) et les valeurs qui l'accompagnent dans une logique de *«rapprochement »* (proximité) :

« Le travail industriel lyonnais est divisé en une multitude d'entreprises de toutes dimensions, entre lesquelles les échanges de services sont continuels. Ainsi l'agglomération lyonnaise présente certains aspects du « complexe industriel », c'est-à-dire d'un rassemblement d'entreprises grandes et petites, dont les spécialités s'épaulent les unes les autres pour élaborer quelques produits nobles du genre tissus de nouveauté, machines spéciales, gros véhicules, matières plastiques, etc... »

« Sans négliger d'autres éléments, qualification de la main-d'œuvre, coût des transports et de l'énergie, il faut souligner que le rapprochement des fournisseurs et des clients est le principe essentiel de la géographie des industries lyonnaises »...[1]

Dans la mesure où Michel Laferrère ne cite pas les travaux d'Alfred Marshall, on peut se demander sur quels apports il se fonde. Ces apports sont tout simplement ceux de la géographie humaine, permettant à l'auteur de citer les maîtres (André Gibert dans une Géographie des textiles, Maurice Le Lannou dans La Géographie Humaine) qui l'ont formé en rappelant comment *« l'esprit d'entreprise bouleverse les données naturelles et domine n'importe quel obstacle »*[2]. Il témoigne ainsi d'une tradition de la géographie française qui étudie l'industrie, non seulement d'un point de vue spatial, économique, mais aussi d'un point de vue humain. Cette tradition se serait-elle perdue ? Les manuels de géographie économique ou industrielle proposent-ils aujourd'hui d'étudier « l'esprit d'entreprise » comme un concept de base de la spécialité ? Il faudra revenir sur les représentations que la géographie, science des sociétés et de l'espace, construit du monde de l'industrie et de l'entreprise à travers ses manuels.

Les différents contenus économiques et humains de l'industrie lyonnaise sont explicités dans l'étude de ses différents secteurs. Celui de la soierie a été choisi car il permet d'aborder un autre produit que ceux précédemment évoqués. L'accent est mis sur l'ensemble des notions évoquées par l'auteur de manière implicite ou explicite.

---

[1] Laferrère M. (1960), avant propos p X-XI.
[2] Op. cit. p X.

✓ *La notion de label*

L'introduction est consacrée à la griffe *soierie lyonnaise* qui *« confère à un tissu une valeur commerciale incontestable ».* M.Laferrère parle de *label*, de « made in » pourrait-on dire aujourd'hui. La *fabrique* de soierie est une entreprise originale ; une « entreprise sans usines » dont les ateliers sont intra et extra muros : *« on peut être fabricant de soierie sans posséder de tissage, ni d'atelier de teinture, marchand de fils sans commanditer nécessairement filatures et moulinages ; des bureaux lyonnais, stéphanois ou parisiens, d'une dizaine de personnes, passent des ordres à des usines et à des ateliers indépendants parfois éloignés ».* (p 88-89)

✓ *Milieu et coordination*

L'étude est abordée à travers les concepts très actuels de *milieu* et de *coordination*. Le milieu professionnel s'organise autour des « bureaux de Lyon », il est fait d' « artisans et usiniers », en « ville et campagne », de « donneurs d'ordres et façonniers » et de « négociants ». Au sein de ce milieu, Michel Laferrère étudie « la mobilité professionnelle » et la « coordination urbaine ». La mobilité professionnelle apparaît en lien avec le mode de fonctionnement de cette entreprise virtuelle aux frontières bien mouvantes et fluctuantes ; de ce fait, les fonctions assurées par les acteurs ne sont pas stables, inclinant à une forte flexibilité. L'étude ne se focalise pas sur la division des tâches car, même divisées, les tâches doivent être articulées pour constituer une organisation productive conduisant à la réalisation du produit. C'est tout le processus d'industrialisation et de coordination qui est mis en valeur. Une place centrale est accordée aux hommes, car la coordination n'est pas un processus simple et mécanique, rodé une fois pour toute, mais nécessite au contraire des ajustements permanents et un talent particulier. On est décidément loin de cette image d'uniformisation qui s'est pourtant imposée comme le paradigme dominant de la période. Le rôle de la ville et de la coordination urbaine sont soulignés, en lien avec la division du travail et la désintégration verticale conduisant à la multiplication des entreprises: *« Dans cette industrie, la division du travail est donc poussée à l'extrême sous le double aspect du foisonnement des entreprises spécialisées et de la dispersion géographique de l'outillage, et l'on comprend qu'il soit besoin de toute la puissance technique, financière, commerciale de villes telles que Lyon ou Saint-Étienne pour coordonner des unités de travail aussi hétérogènes, aussi dispersées et aussi mouvantes »*[1].

✓ *L'étude du produit et son imaginaire*

L'intérêt de cette thèse est aussi d'insister sur l'étude du produit qui est généralement plus en retrait dans l'analyse marshallienne classique. M.Laferrère décrit « les fils et tissus de Lyon » avec un luxe de détails, reprenant le vocabulaire professionnel et restituant les règles de l'art qui définissent toutes les qualités du produit. Après avoir montré que le fil artificiel et synthétique s'est déjà substitué à 90% à la soie naturelle, il réalise tout un travail sur la définition, le sens et l'imaginaire du produit. La question de la matière première ou de la mode compte moins, dans ce cas, qu'une représentation symbolique du produit, liée à des usages et coutumes hérités de l'histoire. Le produit est chargé de sens, il n'est pas qu'assemblage de matières ou effet de mode, renvoyant à l'éphémère du temps présent. Il renvoie aussi au passé et à ses signes. Le passé est révolu mais les signes esthétiques qu'il a forgés parviennent jusqu'à nos jours. Ces signes relient le passé au présent. Le produit a donc un sens en termes de culture, de valeurs esthétiques transmises, et de civilisation : *« Pour la soierie lyonnaise, l'essentiel n'est donc pas de rester fidèle envers et contre tout à une fibre ou à une mode, mais bien de garder le goût de ces étonnantes virtuosités textiles auxquelles l'ont lentement initiée la soie naturelle, fibre noble par excellence, et les coutumes de l'Occident, où le tissu de soie est moins destiné au vêtement de caractère utilitaire qu'à l'habit, signe d'élégance et de distinction »*[2]. Michel Laferrère évoque, par ailleurs, le rythme de la profession, ici c'est la collection, et tout le rythme du travail s'organise autour de cette notion de collection. On s'affaire dans le présent de la collection et de la mode, tout en étant relié aux signes esthétiques du passé.

Le concept d'une mode ancrée exclusivement dans le présent et d'une autonomie de la demande par rapport à l'offre sont implicitement remis en cause. En indiquant que le technicien oriente la mode[3], en montrant la relation entre les ordres « reçus » et « inspirés », Michel Laferrère introduit une vision dialectique de l'offre et de la demande qui s'appuie sur sa lecture culturelle et territoriale de l'industrie. Une lecture qui se fait au plus près de la réalité économique à l'œuvre: celle des hommes, des techniques et des entreprises.

---

[1] Op. cit. p 99.
[2] Op. cit. p 102.
[3] Op. cit. p 235.

✓ *Le contenu des variables invisibles*

Enfin, Michel Laferrère n'oublie pas ce que nous appelons « les variables invisibles » et la « concurrence/coopération », en précisant son contenu. Il évoque la solidarité qui lie les acteurs de l'industrie, à travers les contrats oraux qui sont partie prenante des structures professionnelles. Dans la même optique, il définit le « carrefour lyonnais » à deux niveaux : celui de l'espace réel où l'on s'active, et celui plus invisible du monde des affaires, des ententes et des règles non écrites : *« Ce carrefour invisible est constitué par des contrats de forme orale ou écrite, des ententes de plus ou moins longue durée entre des maisons indépendantes pour des fabrications en grande série de fils ou de tissus, pour la prospection commune de nouveaux marchés ou la non-concurrence sur des articles dont les prix sont déjà gâchés ».*[1]

Il est clair que les variables invisibles dont il est question sont tous les arrangements qui contre-balancent les règles habituelles du marché pour assurer, lorsque c'est nécessaire, la survie des entreprises. La loi du marché n'est pas la seule loi qui fasse fonctionner l'économie territoriale, elle n'est pas interprétée dans un sens absolu et dogmatique : on peut produire ensemble, tout en étant compétiteurs, on peut prospecter ensemble, on peut même ne pas se concurrencer. On peut établir des règles communes, réguler le marché autrement que par le marché lui-même. On admet que le marché n'est pas autorégulateur. On admet qu'en l'absence d'arrangements, les entreprises pourraient ne pas survivre. Quand le marché est capricieux (irrationnel), il faut le rationaliser ; la raison, le bon sens veulent que la survie des entreprises prime et soit assurée par ces formes de coopération, et le cas échéant de non concurrence. C'est un amendement à la loi du marché que le territoire introduit, un moyen de surmonter son incertitude. C'est une vision moins rigide du marché qui est permise par la proximité. La proximité introduit-elle en définitive d'autres valeurs ? Michel Laferrère reste prudent et réservé, il se positionne explicitement dans l'optique actuelle du réseau.

✓ *Ancrage territorial et réseau*

Dépassant les notions d'espace et de paysage, M.Laferrère s'oriente vers une approche en termes de territoire et de réseau : *« Ce type d'enracinement assez particulier apporte la preuve qu'une géographie économique doit être en partie débarrassée des notions assez*

---

[1] Op. cit. p 109-110.

vulgaires et inexactes d'espace et de paysage. Dans l'expression courante, soierie lyonnaise, il n'y a ni contenant ni contenu. C'est la ville de Lyon tout entière, avec le réseau de ses relations proches ou lointaines, - et non pas seulement un quartier, une banlieue, une région urbaine, - qui doit apparaître en filigrane d'une étude de la soierie ».[1] Ce faisant, il s'engage déjà beaucoup et prend énormément de risques en parlant *« des notions assez vulgaires d'espace et de paysage ».* Il s'écarte, à la lettre, des concepts de références quasi-sacrées de la géographie classique. Mais, l'esprit d'une vision géographique globale est bien là. Il lui fallait, pour avancer davantage, emprunter l'image du *réseau.* Le temps du *territoire* n'est pas encore arrivé. Manifestement, l'idée de donner un *contenu* à l'espace n'est pas mûre. Je dirais que, pour ne pas s'engager dans un débat trop envenimé, Michel Laferrère renvoie dos à dos le « contenant » et le « contenu » et trouve une issue dans l'image plus neutre du réseau. A-t-il renoncé pour autant à la notion de contenu ? Je dirais que non en me référent à sa conclusion où son analyse de l'activité renvoie à l'agencement des réseaux dans le territoire : *« Leur agencement complexe, dont il faudrait approfondir davantage l'étude, exprime aussi la solidarité professionnelle des principales branches d'activité de la soierie lyonnaise »*[2]. L' « agencement complexe » qui se réalise dans le « réseau » des relations enracinées dans le territoire (c'est-à-dire tous les arrangements du carrefour invisible), exprime « la solidarité professionnelle » des principales branches d'activité. Si ce n'est l'aveu d'un contenu, cela lui ressemble fort. Ce contenu n'est pas abstrait, il est dans les branches d'activité. Cette notion d' « agencement complexe » évoquée en 1960 par M.Laferrère, de façon empirique, se trouve aujourd'hui au cœur de la théorie économique des conventions (Boltanski, Thévenot, 1991 ; Orléan, 1994).

✓ *Valeurs esthétiques et mythe fondateur*

Les valeurs du produit et son mythe fondateur jouent un rôle central dans la proximité des agents. La branche de la chimie, qui produit les fibres nouvelles et qui est apparemment « éloignée » de la soierie traditionnelle, recherche des formes de « proximité », réelles ou fonctionnelles avec la soierie lyonnaise pour se rapprocher de son « esprit de perfection ». Cette proximité géographique ou fonctionnelle est le maillon d'une proximité historique avec le tissage canut dont la soierie

---

[1] Op. cit. p 111.
[2] Op. cit. p 235.

lyonnaise est l'héritière. Le tissage canut est ici le mythe fondateur à partir duquel l'héritage de beauté de la soie naturelle a pu se transmettre. Cet héritage de beauté constitue un idéal esthétique que l'on cherche encore à atteindre : *« On comprend que les filateurs de fibres nouvelles, tout chimistes qu'ils sont, attachent tant d'importance à la prospérité de l'ingénieuse Fabrique lyonnaise, fidèle à l'esprit de perfection du tissage canut et à l'héritage de beauté de la soie naturelle »*.[1]

« Lyon, ville industrielle... ». Essai de conceptualisation

Les concepts de *culture industrielle* et de *territorialité* ne sont pas explicites, conceptualisés en tant que tel, mais sont pour ainsi dire contenus dans les analyses de Michel Laferrère. Je m'efforcerai de synthétiser dans un premier temps la *territorialité*[2] de la soierie lyonnaise, et, dans un second temps, la notion plus générale de *culture industrielle.*

✓ *Territorialité de la soierie lyonnaise*

Le produit est représenté ici par les *« Fils et tissus »* de la soierie lyonnaise ; son univers professionnel est constitué par ses techniques, ses professions et ses bureaux. Le produit est chargé d'un imaginaire qui rassemble cet univers professionnel autour de l'héritage de beauté de la soie naturelle et de l'ensemble des savoir-faire qui lui sont liés. Cet héritage de beauté, qui est transmis à travers des savoir-faire, se perpétue et se renouvelle en s'adaptant à de nouvelles fibres. L'espace vécu, lieu de transmission de cet héritage commun, comprend deux niveaux. Le niveau visible du territoire lyonnais et le niveau invisible de l'ensemble des agencements, contrats et ententes qui rendent cette communauté solidaire. Le concept de « solidarité » est bien une valeur éthique ; celui de « beauté », une valeur esthétique. Quant à la référence à *« l'esprit de perfection du tissage canut »*, elle renvoie au « mythe fondateur » de la soierie lyonnaise.

L'étude n'évoque pas de personnages charismatiques. Dans le cas de la soierie, Michel Laferrère s'en explique très bien dans la conclusion générale de son ouvrage : *« La soierie connaît sans doute les carrières les plus spectaculaires, mais elles sont le fait d'un homme, puisque l'entreprise de Fabrique consiste à galvaniser les investissements des façonniers en évitant toute immobilisation ; dès que la*

---

[1] Op. cit. p 241.

[2] Définition p. 53

pensée meurt, l'affaire meurt aussi et personne ne s'aperçoit de sa disparition. En soierie, les grandes entreprises sont souvent des feux d'artifice sans lendemain » (p.500). C'est peut être davantage dans les entreprises structurées, au sens classique et dans la durée, que l'on retrouve les visionnaires, les personnages charismatiques, parce que l'entreprise structurée est aussi un haut lieu de la transmission des savoir-faire et d'une culture industrielle spécifique qui devient la culture de l'entreprise. Dans le système de la fabrique, à défaut d'entreprise structurée et d'immobilisation du capital, c'est par le territoire que se transmet la culture.

✓ *La culture industrielle*

De manière plus générale, c'est bien de la *culture industrielle* dont nous parle Michel Laferrère. Pour qu'il y ait culture, il faut qu'une communauté soit réunie autour des mêmes valeurs et autour d'un même objet : le produit. La communauté industrielle est constituée par ceux qui partagent la même foi dans le travail et la profession d'acteurs de l'industrie. La culture proprement dite est constituée par l'ensemble des savoir-faire et des valeurs éthiques et esthétiques qui se tissent autour du processus de production, de l'acte productif et du produit lui-même. Dans l'industrie, de manière générale, la transmission de cette culture, à partir d'un mythe fondateur, se fait selon deux voies possibles. La première est celle de la coordination urbaine, c'est à dire du territoire. La seconde est celle de la coordination interne, c'est à dire de l'entreprise qui peut être représentée par un *leader* charismatique. La transmission de ces valeurs n'apparaît pas comme un simple élément connexe et accessoire à la production, mais contribue à donner un sens à l'acte productif et à définir ses finalités.

La culture industrielle représente les savoir-faire et valeurs que la communauté productive exprime autour d'un produit. Sa transmission, à partir d'un mythe fondateur, se fait par la coordination urbaine (le territoire) ou la coordination interne (à l'entreprise). Elle contribue à donner un sens à l'acte productif.

A la suite de cette étude, il est possible d'affirmer que l'approche culturelle de l'industrie n'est pas un phénomène inexistant dans la géographie industrielle et répond à des problématiques d'une grande actualité. Mais cette approche se manifeste à des périodes différentes, à propos d'espaces différents. D'une part, elle semble antérieure aux travaux de M.Laferrère. D'autre part, elle a été reprise, ultérieurement, par d'autres auteurs. J.M. Holz (1977, 2002) s'y intéresse à partir de l'industrie allemande; S.Montagné-Villette à partir de l'industrie du prêt-à-porter (1987) ou du phénomène du Sentier (1990) ; L.Carroué (2002) signale le rôle de la culture dans son étude de la mondialisation et des résistances qu'elle suscite. La dimension culturelle appréhendée, pour un temps, de façon relativement marginale, semble reprendre de la vigueur depuis la dépression des années 1970, et se manifeste dans la géographie économique anglo-saxonne, comme dans l'ensemble des disciplines tournées vers l'industrie et l'économie. Il est par conséquent utile de s'intéresser à l'aspect international et pluridisciplinaire de la problématique, en s'appuyant cette fois, non pas sur des thèses mais sur des articles.

La dimension culturelle dans la géographie économique anglo-saxonne

L'objet de ce paragraphe n'est pas de développer tous les enjeux de la géographie anglo-saxonne et de son tournant culturel (Barnes, 2001). Les travaux publiés par un collectif de géographes français (Staszak et al., 2001), *Géographies anglo-saxonnes tendances contemporaines,* fournissent cependant des éclairages intéressants. Il convient d'ailleurs, comme l'indique J.F. Staszak[1], d'employer avec précaution le terme de « géographie anglo-saxonne », qui apparaît spécifiquement français, et dans lequel les géographes de langue anglaise et de nationalités variées ne se reconnaissent guère.

La géographie économique anglo-saxonne, basée à l'origine sur le concept d'homme rationnel, ne s'est guère préoccupée de questions culturelles jusqu'à la période récente. Sa prise en compte de l'enchâssement des faits économiques dans le tissu social s'appuie sur les apports de la sociologie, en particulier sur les travaux du sociologue américain Marc Granovetter (1985). Le terme emblématique qui incarne, dans la littérature scientifique américaine, l'encastrement de l'économie dans le tissu social et culturel est celui d'« embeddedness ». Marc Granovetter est du reste associé aux travaux des économistes français de la régulation et des conventions (Orléan, 1994), au sein d'un débat devenu international.

Le choix est de présenter deux exemples d'ouverture de la géographie économique américaine à la question culturelle. Le premier, proche de l'école californienne, intègre la notion de culture dans

[1] Staszak J.F., (2001), « Les enjeux de la géographie anglo-saxonne », in *Géographies anglo-saxonnes tendances contemporaines*, textes réunis par Staszak et al., Paris, Belin, p 8.

l'analyse du système industriel localisé. Je me réfère aux travaux de la géographe américaine Anna Lee Saxenian sur la Silicon Valley. Son étude comparative *Regional Advantage : Culture and Competition in Silicon Valley an Route 128* (1994) a récemment été reprise en français, dans un chapitre de *La richesse des régions* (Benko, Lipietz, 2000). Le second exemple fait référence au tournant postmoderne de la géographie radicale anglo-saxonne. Je m'appuierai alors sur l'article de Richard Peet (1997) « la production culturelle de formes économiques », traduit en français par Céline Barzun et Isabelle Géneau de Lamarlière dans *Géographies anglo-saxonnes tendances contemporaines* (2001).

L'avantage culturel de la Silicon Valley

A.L.Saxenian critique l'appel aux économies externes pour expliquer les avantages propres au regroupement des activités. Comparant la Silicon Valley et la Route 128 dont les évolutions divergent depuis les années 1980, sa démonstration repose sur l'alternative du *réseau.* Le concept d'économies externes ne saurait à lui seul expliquer le déclin de la Route 128, symbolisé par les difficultés de Digital Equipment Corporation, et le renouveau de la Silicon Valley, symbolisé par le dynamisme d'Intel et Hewlett-Packard. La distinction entre économies internes et externes repose, en effet, sur l'hypothèse que l'entreprise est une unité de production aux frontières clairement définies. L'auteur propose d'abolir cette distinction, considérant que les entreprises sont sensibles à leur environnement et ancrées dans des réseaux de relations sociales et institutionnelles qui conditionnent -et sont conditionnés par- leurs stratégies et leurs structures. La perspective des réseaux met au contraire en lumière les relations entre l'organisation interne des firmes et leurs rapports réciproques avec les structures sociales et institutions propres à leur localité. Les différences entre la Silicon Valley et la Route 128 révèlent l'importance des déterminants sociaux et industriels locaux dans l'adaptation industrielle.

La Silicon Valley californienne présente un système industriel régional en réseau, qui valorise l'apprentissage et l'ajustement mutuel entre producteurs, dans un ensemble de technologies connexes. La densité des rapports sociaux et le caractère ouvert du marché du travail encouragent l'esprit d'entreprise et d'expérimentation. Les firmes se font une concurrence intense, tout en apprenant les unes des autres, grâce à des systèmes de communication informels et des pratiques collaboratrices. La structure, relativement libre des équipes, encourage une communication horizontale entre les divisions à l'intérieur des firmes, comme avec les fournisseurs externes et les clients. Ainsi, dans un système en réseau, les fonctions intra-firmes sont définies de manière vague, et les frontières entre firmes et institutions locales (associations, universités...) sont poreuses.

La région de la Route 128, dans le Massachusetts plus conformiste, est au contraire dominée par des entreprises autarciques qui rassemblent, dans une même unité, une large palette d'activités productives. Les relations entre firmes, clients, fournisseurs et concurrents sont régies par le secret et la loyauté envers l'entreprise, renforçant une culture régionale qui prône stabilité et autonomie. Les hiérarchies à l'intérieur de l'entreprise ont pour principale fonction de perpétuer une autorité centralisée. L'information a tendance à circuler verticalement. Dans ce système de firmes indépendantes, les réseaux techniques et sociaux demeurent en grande partie internes à la firme, et les frontières entre firmes et institutions locales sont bien plus marquées. L'avantage compétitif de la Silicon Valley sur la Route 128 repose donc sur des systèmes culturels régionaux différents.

La production culturelle de formes économiques

Tandis que la démarche d'A.L.Saxenian rejoint les préoccupations de la géographie industrielle française, celle de Richard Peet relève d'une tendance plus « déroutante » nous dit JF.Staszak. Cette démarche pourtant nous interpelle ; Richard Peet reprend le concept d'*imaginaire* déjà évoqué. A travers la question du sens et du retour à Weber, il trouve aussi des échos dans les réflexions de Pierre Veltz (2000) sur *Le nouveau monde industriel.*

Eclairons tout d'abord l'approche de Richard Peet et son contexte. La géographie radicale anglo-saxonne, d'inspiration marxiste, se développe à la fin des années 1960, à partir d'une critique idéologique et politique de l'analyse spatiale. Au cours des années 1980 et 1990, les radicaux sont les premiers à poser la question de la postmodernité en géographie (Géneau de Lamarlière, 2001, p.169). Le courant postmoderne remet en cause le projet scientifique hérité des Lumières. Il se manifeste par un relativisme culturel et la déconstruction du discours. De même que la nouvelle géographie culturelle française s'est construite en réaction au postulat de l'homme rationnel, en se détournant de l'économie, le postmodernisme se détourne de l'économie tout en la questionnant.

Dans son article, Richard Peet (1997) étudie le processus historique d'industrialisation de la Nouvelle-Angleterre. Il établit une relation dialectique entre les personnes, en tant qu'identités socialement et culturellement construites, et les logiques économiques qui prennent des formes géographiques spécifiques. La société qui bâtit la Nouvelle-Angleterre repose sur la double base de la religion (le puritanisme) et de la raison (la Nouvelle-Angleterre est un foyer des Lumières). Ces valeurs sont « réinvesties » dans le développement économique et l'éducation : pas un village sans sa bibliothèque. L'éthique protestante cherche à moraliser le capitalisme et l'industrie :

« De telles caractéristiques culturelles régionales donnèrent naissance au caractère de l'entrepreneur américain, honnête sur le plan moral et travailleur, recherchant intensément le profit, innovateur et ouvert à la mécanisation, conservateur mais conscient de la question sociale, éclairé par les lumières de la raison mais religieux : un entrepreneuriat cultivé, croyant de façon radicale à l'égalité grâce à la chance laissée à chacun ».

Les entrepreneurs cherchent à éviter les conséquences sociales de la révolution industrielle britannique, en développant, dans un premier temps, le modèle des villages de fabriques. Cette forme socio-spatiale permet aux valeurs préindustrielles d'être conservées à l'âge industriel. Peet démontre ainsi que la culture agit en interaction avec l'économie pour produire l'espace. Il propose de lire l'idéologie de la Nouvelle-Angleterre *« avec un esprit bienveillant »*, car cette idéologie n'est pas fondée que sur des justifications a posteriori, mais aussi sur des croyances profondes et une quête existentielle du sens. Ces croyances s'auto-renforcent par la construction d'un « imaginaire » associé aux concepts de « *leader* », de « mythe » et d' « épopée » : *« Ils imaginaient une économie et s'inventaient des personnalités de leaders économiques et politiques, dans un système qui était encore aux mains d'individus ou de petits entrepreneurs. Les mythes encore vivants de la liberté et de l'esprit d'entreprise américains furent créés culturellement, par la constante répétition de l'épopée des Puritains et de l'histoire des colons de la Nouvelle-Angleterre ».* La lecture critique de R. Peet révèle l'écart entre l'imaginaire et la réalité, à travers le problème des Amérindiens. Elle propose par conséquent de lire l'économie en déchiffrant l'ordre culturel qui se trouve en arrière-plan : les logiques économiques ne sont pas créés par la seule économie, mais découlent plutôt des identités des agents et des imaginaires issus de leur culture comme de leur époque.

Les précisions apportées par R. Peet éclairent la spécificité du sentiment religieux (l'unitarisme) et de l'idée de raison (les lumières de la Nouvelle-Angleterre renvoient à un rationalisme extrême) auxquels il fait référence. Aux Etats-Unis, ces idéaux prennent des formes différentes de celles connues en Europe. Si l'étique protestante et l'esprit des Lumières sont, à l'origine, communs à l'Europe et aux Etats-Unis, les arguments fournis par Peet montrent, à quel point ces valeurs ont acquis une dimension idéologique spécifique, dans le contexte historique et spatial du peuplement des Etats-Unis. A la suite de ses propos, il est possible d'imaginer que le postmodernisme américain se construit avant tout en réaction contre un rationalisme très américain qu'il est difficile d'assimiler sans nuances à l'esprit des Lumières européen.

Cette réflexion rejoint les hypothèses avancées sur les districts et leurs représentations[1]. Bien que nous ayons, de part et d'autre de l'Atlantique, des objets d'étude communs, les idées que nous produisons sont différentes parce que les espaces de référence et les systèmes de valeurs qui leurs sont associés sont différents. Mais plutôt que de rejoindre le concept postmoderne de « relativisme », je préfère m'en tenir à la notion de relativité.

3. Culture et économie dans le débat pluridisciplinaire

Il s'agit à présent d'évaluer la place des approches géographiques dans le débat pluridisciplinaire actuel qui précisément introduit ou réintroduit la culture dans l'économie. Je donnerai, tout d'abord, un bref aperçu des références les plus connues. J'orienterai, par la suite, la réflexion sur deux types de travaux : l'un sur la culture du district, à partir d'un article de l'économiste Giacomo Becattini (1992), l'autre sur la culture d'entreprise, à partir d'un colloque publié par P.J. Bernard et J.P. Daviet (1992), respectivement économiste et historien.

La notion de culture dans l'industrie et en économie

La notion de culture dans l'industrie se manifeste dans l'ensemble des sciences économiques, humaines et sociales. Des recherches se

---

[1] cf. première partie

sont orientées sur les valeurs du produit, du point de vue de la consommation et du consommateur, en s'interrogeant sur les « signes » du produit pour celui qui l'achète (G.Tarde, J.Baudrillard). Du point de vue de la production et du producteur, des travaux existent également mais à des niveaux différents. Il est utile de préciser leur rythme et leur espacement dans une chronologie. La période récente semble témoigner d'une intensification de ce type de travaux.

A la fin XIX° et au début du XX° siècle, on trouve les ouvrages déjà cités d'A.Marshall et M.Weber. Dans la première moitié du XX°, les travaux de Mauss : *Essai sur le don* (1924), montrent que les échanges revêtent aussi une dimension symbolique. L'approche substantiviste de Karl Polanyi dans *La Grande transformation* (1944) met à mal l'utopie du marché autorégulateur et s'interroge sur « l'encastrement » de l'économie dans les faits sociaux et culturels ; la réciprocité et la redistribution introduisent d'autres valeurs et d'autres dimensions. Mais c'est surtout à partir des années 1970 que la fréquence des travaux semble s'intensifier. Je n'en citerai que quelques-uns. Celui de Philippe d'Iribarne : *La logique de l'honneur, gestion des entreprises et traditions nationales* (1989) s'intéresse en particulier aux valeurs de l'entreprise française, à partir du groupe social des ingénieurs. Celui de Luc Boltanski et Laurent Thèvenot : *De la justification des économies de la grandeur* (1991), s'intéresse aux « impératifs de justification » et aux « opérations » mises en jeux par les acteurs face à un accord (question de l'accord et de la discorde). Plus récemment, Salais et Storper dans *Les mondes de production* (1993, p10) associent la notion de production à celle de l'identité : *« les différentes régions et nations font des choses différentes et le font selon des façons différentes »*. Ces différentes entrées peuvent s'articuler avec l'approche géographique. Plusieurs tentatives existent déjà, celle de Xavier Long (1999) se rapproche du produit en empruntant la voie des « conventions » des économistes et des sociologues. Dans le monde anglo-saxon, outre les travaux des géographes A.L. Saxenian (1994) et d'A.J. Scott (2001), il faut signaler, en histoire économique contemporaine, ceux de J.Zeitlin et G.Herrigel (1998) sur l'américanisation des firmes et ses limites en Europe et au Japon après la Seconde Guerre mondiale.

Un complément à la thèse du district ?

La réflexion socioculturelle s'est manifestée tout d'abord, chez les économistes, dans le débat sur les districts ; c'est donc par cet exemple que nous commencerons. L'article de G.Becattini (1992), *Le district marshallien, une notion socio-économique,* témoigne d'un chercheur prudent qui a hésité à publier ses travaux, en ayant conscience d'un travail inachevé. Un peu comme C.Lacour, qui s'interroge sur tous ces facteurs que les économistes ont laissés « à la porte », G.Becattini souligne l'intérêt d'une approche interdisciplinaire pour enrichir la pensée sociale dans son ensemble. Il se montre soucieux des réalités du terrain, mais rencontre une *« dualité »* qu'il juge insatisfaisante entre l'unité socioculturelle de son objet d'étude et la rigueur de l'analyse économique. Bien qu'une bonne partie du débat porte sur des systèmes de valeurs, il reconnaît que (dans son article) *« le poids des relations économiques reste très important, et peut-être même disproportionné par rapport à celui des relations socioculturelles ».* Du reste, le titre de l'article et la définition qu'il donne du district ne comportent pas de référence explicite à la « culture ». Il convient, cependant de se focaliser sur cette dimension culturelle que nous livre Becattini, en relevant les points les plus avancés de ses propositions et ceux qui paraissent en retrait.

La communauté locale, son système de valeurs, ses institutions

G.Becattini définit *« La communauté locale »* par son système de valeurs et de pensée relativement homogène, expression d'une certaine éthique du travail, de la famille et de la réciprocité qui conditionne les principaux aspects de la vie. Cette communauté locale est également définie par l'ensemble des institutions qui propagent les valeurs du district. La vision du triptyque entre communauté, valeurs, et institutions est importante. G.Becattini s'interroge sur le caractère ouvert ou fermé de cette communauté. Il hésite quelque peu sur le diagnostic : *« Tout ceci pourrait ressembler à une communauté fermée... ».* Sa capacité d'assimilation d'éléments extérieurs semble relative. Il montre la force des règles et la fierté qui la caractérisent, sans prononcer le mot « d'identité » qui semble toutefois latent. Il évoque les relations de parenté dans le monde des affaires de manière assez ambiguë : d'un côté, il y voit *« un obstacle réel à la grande souplesse des relations socio-économiques que le district exige »,* de l'autre, l'existence de ces relations *« s'accorde très bien avec les interactions profondes entre la communauté et le processus productif »*. G.Becattini a-t-il le souci d'éviter une interprétation ethnique du district ?

La population d'entreprises et ses ressources humaines

L'évolution historique semble fonder la spécificité du district. G.Becattini ne fait pas appel au secteur pour fonder cette spécificité. La question du secteur est évoquée en terme générique, tout en mentionnant une nécessaire diversité des secteurs pour offrir des emplois variés à la population. Il met l'accent sur l'intense mobilité professionnelle du district. Elle n'est pas seulement le résultat de la contrainte du marché, mais aussi d'une émulation et d'une aspiration des individus à une amélioration de leur situation qu'il désigne par « *le couple espoir-insatisfaction* ». Cette mobilité a un double impact sur le district : elle est un facteur de transmission des compétences acquises et un multiplicateur du processus relationnel. C'est ainsi qu'il en déduit la supériorité des informations issues du réseau informel, par rapport au réseau formel.

G.Becattini accorde une grande place à « *l'entrepreneur pur idéal* ». Ce dernier établit le contact et la coordination entre l'extérieur (le marché mondial) et l'intérieur (le district et ses ressources). Cet entrepreneur est en quelque sorte doué d'une double culture, mais le juste équilibre entre l'extérieur et l'intérieur est difficile à tenir. Si l'entrepreneur penche trop du côté de l'extérieur, « *il peut perdre ses racines et se laisser 'cosmopoliser'* ». Lorsque G.Becattini précise les qualités et missions de cet « *entrepreneur pur idéal* », ce sont finalement trois éléments qui ressortent car entre la capacité à percevoir les tendances du marché et celle à puiser dans les ressources du district, la réalisation du « *projet produit* » constitue l'élément central. Le rôle de l'entrepreneur est de traduire toutes les potentialités contenues dans l'héritage historique du district en autant de produits commercialisables. L'héritage historique du district est défini par son « *symbole unificateur* », par exemple les faïences de Sassuolo. A cet instant précis, Becattini pose la question du « mythe fondateur ». Mais « *il faut qu'il existe autre chose derrière le symbole unificateur* »[1]. Cet « *autre chose* », c'est la capacité à réactualiser le produit symbole pour en faire un produit commercialisable qui réponde aux tendances du marché. Tout l'intérêt du « *projet produit* » est dans cet acte de coor-

[1] Op. cit. p 45.

dination. La coordination est double : elle s'inscrit dans le temps, entre le *« symbole unificateur »* hérité du passé et le produit actuel ; elle s'inscrit dans l'espace, entre le monde extérieur du marché global et le monde intérieur du district. Le marché global n'est pas seulement le lieu de la vente, c'est aussi le lieu où l'on va prospecter les tendances actuelles pour s'en inspirer. La recherche des fabricants se fait dans le marché local du district qui est un marché du travail. L'entrepreneur effectue sa recherche grâce à sa connaissance du milieu. Cette connaissance se trouve renforcée au fil du temps, puisqu'il n'a pas toujours recours aux mêmes fabricants. L'*« osmose »* entre l'activité de transformation et le *« marketing du produit final »* suggère le rôle actif des fabricants dans « *le projet produit* ». Il est intéressant de souligner, dans cette analyse, les analogies existant avec les travaux de Michel Laferrère.

Concurrence, solidarité et « contre-valeurs » du district italien ?

Dans le district et son marché du travail, il y a à la fois concurrence et solidarité. Mais les formes de solidarité qui sont présentées laissent l'observateur perplexe. G.Becattini parle de *« solidarité forcée »*. La concurrence n'apparaît pas comme une contrainte extérieure, mais comme le résultat d'une dynamique interne: *« Chacun se bat pour améliorer son statut »*. La solidarité est présentée comme une seconde chance : *« celui qui perd une partie, tout en ayant respecté les règles de la communauté, est autorisé à retenter sa chance »*. Le marché de la machine d'occasion sert d'exemple pour illustrer d'autres formes de solidarité. L'analyse des prix locaux, et leur plus faible variation par rapport au marché international, étayent l'idée d'une stabilité des revenus.

Les *« leaders d'opinion »* sont capables d'anticiper sur les tendances du marché mais ne mettent pas forcément à profit leur capacité d'anticipation pour organiser des formes d'adaptation, de solidarité et surmonter, le cas échéant, la crise. Ils ne semblent pas chercher à préserver le système de valeurs qui apparaît pourtant comme l'essence même des ressources productives. Ils ne font qu'annoncer la crise et, à terme, la « fin » du district : *« Si les leaders d'opinion se mettent à prévoir des difficultés durables, le ratio créations/faillites d'entreprises tombe en dessous de 1, le sous-emploi et le travail clandestin se transforment souvent en chômage. Au-delà d'un certain seuil, les faillites d'entreprises entraînent une réaction en chaîne...le système de valeurs tout comme le réseau d'institutions locales se lézardent »*[1]. Curieusement, c'est sur cette idée que se termine le chapitre consacré à *« l'avenir du district »*. Les travailleurs les plus recherchés quittent le district en direction d'autres districts ou de grandes entreprises. L'avenir serait-il ailleurs ? Dans les grandes entreprises ? Cette perspective soulève une contradiction dans la mesure où l'auteur semble idéaliser le modèle du district par rapport à la grande entreprise présentée comme un contre-modèle.

Le district idéalisé versus la grande entreprise

Le district semble idéalisé par G.Becattini sur trois points particuliers : l'adaptabilité (*« machine sociale du district »*), l'innovation (portée par *« toutes les couches de la population »*) et la cohésion sociale (la notion d'appartenance est perçue comme *« fondement de l'épanouissement individuel et familial »*). Dans ces trois domaines, la grande entreprise se montrerait, au contraire, particulièrement défaillante, par ses tendances naturelles à *« l'immobilisme »*[2], parce que l'introduction d'innovations y apparaît *« douloureuse »*[3], enfin parce que *« le phénomène d'identification »* de l'individu à l'entreprise y serait inexistant[4]. Cette dichotomie semble pour le moins caricaturale. G.Becattini aurait-il identifié de manière générale la grande entreprise à la forme spécifique qu'elle a pu prendre à l'apogée du fordisme ?

Insérer le « coût de la culture » dans l'analyse marshallienne !

En tant qu'économiste admirateur de la pensée d'A.Marshall, G.Becattini recherche *« La forme canonique du district marshallien »*. Pour exprimer le dynamisme du district en termes d'économies internes et externes, il tente de ramener la culture à *« une question purement monétaire »*. Ce projet est-il possible ? Finalement G.Becattini semble en douter lui-même: *« Contrairement à ce qui vient d'être dit, la décision d'externaliser ou de conserver telle ou telle phase d'un processus productif donné... n'est jamais purement économique »*.

Quelques enseignements

Les économies externes n'expliquent pas tout. Le concept de culture, qui n'explique pas tout non plus, peut être un complément

---

[1] Op. cit. p 53-54.
[2] Op. cit. p 48.
[3] Op. Cit.p 48.
[4] Op. cit. p 52.

utile de l'analyse. Il a bien été introduit par A.Marshall, de manière partielle, à travers la notion d'atmosphère. G.Becattini en a précisé certains aspects, avec toutefois des zones d'ombre et des contradictions. Premièrement, Becattini pointe dans sa démarche le territoire (le district) aux dépens du secteur (le produit)[1]. Or, la réalité territoriale est dans son contenu une réalité sectorielle puisque la définition du produit est étroitement liée à la culture du district. Deuxièmement, son approche districale pose en « négatif » la question de l'entreprise. D'après G.Becattini, seul le district aurait les vertus de la dimension socioculturelle. La grande entreprise est présentée comme un élément mécanique dépourvu de ces ressorts. Troisièmement, sa tentative de réduire la culture à *« une question purement monétaire »* ne peut aboutir car l'approche culturelle introduit, comme nous l'avons vu, un paradigme finaliste qu'il est difficile d'intégrer dans la lecture plutôt mécaniste de l'économie néoclassique et de son paradigme dominant.

Culture d'entreprise et innovation

D'autres chercheurs se tournent vers la notion de culture appl i-quée cette fois à l'entreprise. Dans le colloque « Culture d'entreprise et innovation », organisé à l'Ecole Polytechnique en 1990, la problématique centrale est posée en ces termes : *« La notion de culture est aujourd'hui venue au premier rang des débats sur la performance économique ».* Les auteurs (PJ Bernard et JP Daviet, 1992) s'interrogent, tout d'abord, sur le concept d'homo œconomicus : *« Peut-on encore parler d' « Homo œconomicus » ? Si la formule signifie que l'homme poursuit des intérêts, pourquoi pas, mais en remarquant que chacun a une façon particulière de concevoir son intérêt, pas nécessairement dans une perspective très rationnelle »*[2]. Le concept de base de l'économie néo-classique serait-il remis en question ? Les auteurs ne s'aventurent pas sur les conséquences de leur questionnement initial. Pourtant ils ne peuvent que constater un renversement de situation : *« Le risque surgit. La culture ne serait-elle pas un résidu lorsque l'analyse quantitative a épuisé l'ordre des facteurs clairement mesurable ?...Au lieu d'être résidu, elle est source d'explication ».* Ceci nous rappelle que l'analyse « normale » est l'analyse quantitative des facteurs clairement mesurables. Les auteurs

[1] Becattini (1979)
[2] Bernard P.J., Daviet J.P., (1992), dir., *Culture d'entreprise et innovation*. Presses du CNRS, Paris, p 9.

conservent le cadre théorique de l'économie néo-classique tout en l'élargissant au rôle des représentations collectives et de l'identité dans les structures et les comportements économiques. Les représentations collectives s'inscrivent dans un passé qui permet aussi de se représenter l'avenir. La démarche adoptée prend le parti opératoire de prouver le mouvement par la marche en admettant la culture comme une nouvelle *« variable »*.

Dans ce colloque, on observe la participation d'un grand nombre d'économistes, historiens, et sociologues. Michel Lafférrère, alors professeur émérite, est le seul géographe qui y participe. Pourquoi ? Il est un des rares à s'être penché conjointement sur la culture et l'entreprise. La géographie, dans son ensemble, n'apparaît pas comme une discipline de référence sur ce sujet. Cela ne devrait pas manquer d'interpeller les géographes. Les contributions d'universitaires et industriels étant riches et nombreuses, je n'en étudierai qu'une, celle d'un industriel. Jean Gandois[1] évoque sa *« conduite des affaires »* et *« l'expérience qu'il a vécue »*. De cette expérience, il est possible de retenir deux principaux enseignements. Le premier porte sur la conception du chef d'entreprise. Le second porte sur le mode de construction et de transmission de la culture par le produit et le territoire.

> « De ces illustrations des problèmes rencontrés par la politique des entreprises des années 1980, on pourrait déduire que la culture est une force et un poids. Elle mérite une dose de respect, mais il faut y joindre une dose d'interpellation, de remise en cause, si on veut la faire évoluer. Que l'on prenne la sidérurgie belge, la conserverie du Middle West américain, les usines d'aluminium de Pechiney, qui ne sont pas toutes françaises du reste, il est clair que bien des attitudes s'expliquent tantôt par des cultures de métier, tantôt des cultures nationales, voire régionales, parfois par l'accoutumance à analyser les problèmes selon une certaine logique propre à une entreprise. Rien de cela ne peut être totalement bousculé. Néanmoins cet ensemble n'est pas immobile. Il suffit de peu de temps pour que d'autres modes de raisonnement se répandent dans une entreprise, que de nouvelles références soient admises, si elles sont en accord avec une stratégie bien perçue ».[2]

Premièrement, Jean Gandois pose le problème de l'ambiguïté de la culture. Elle peut être une *« force »*, si elle est ouverte, si le capital de ressources et de savoir-faire s'adapte à une situation nouvelle en innovant. Cela permet de se projeter dans l'avenir, par le biais d'une *« stratégie bien perçue »*. Elle est au contraire *« un poids »*, une force

---

[1] Egalement président du CNPF de 1994 à 1997.

[2] Op. cit. p 8.

d'inertie, si la référence aux héritages se replie sur elle-même. On peut alors parler de culture fermée. Le potentiel d'adaptation est bloqué, on ne parvient pas à se représenter l'avenir et l'on se replie sur le passé, comme sur la culture elle-même. Jean Gandois montre que rien n'est joué d'avance. La stratégie bien perçue, celle qui dessine un avenir et donne du sens, permet que l'on accepte de faire évoluer les habitudes. Si un chef d'entreprise joue son rôle de visionnaire, dessine l'avenir, sans bousculer totalement les héritages, avec cette *« dose nécessaire de respect »* pour les hommes, alors il fait avancer son entreprise. Jean Gandois ne se met pas personnellement en avant, mais il est évident que l'élément qui dénoue ce premier défi culturel de l'entreprise, c'est à la fois la stratégie bien perçue et le respect des hommes. Celui qui tient la bonne clé, en percevant le marché d'un côté et en sachant communiquer avec son personnel de l'autre, c'est le « bon » chef d'entreprise. L'entreprise qui marche et va de l'avant est celle qui maîtrise son marché et la cohésion interne de son capital humain. Telle est la philosophie du chef d'entreprise qui se dessine chez Jean Gandois et que l'on ne saurait généraliser.

Le second élément évoqué par cet industriel est le mode de construction et de transmission de la culture, par le produit et par le territoire : *« il est clair que bien des attitudes s'expliquent tantôt par des cultures de métier, tantôt des cultures nationales, voire régionales »*. Par l'expression « cultures de métiers », il montre que les cultures dans l'industrie se construisent autour du produit, chaque produit générant ses métiers et ses savoir-faire spécifiques, voire son imaginaire et son identité. Pechiney est passé du producteur d'aluminium au spécialiste de l'emballage ; chez le producteur l'aluminium, l'identité était fondée sur le métal. Le passage à l'emballage a nécessité une évolution du repère identitaire, parce que l'emballage, en tant que contenant, peut être en aluminium ou en acier... Jean Gandois interprète ce changement de repère comme *« le passage d'une culture technique à une culture marketing »*, et signale les difficultés internes rencontrées par ce glissement. Au-delà du produit, il sait, de par son expérience internationale, que l'on ne produit pas de la même façon dans le Middle West et en France, et dans les différentes régions du territoire français. Les cultures nationales et régionales sont différentes. Les entreprises sont amenées à coordonner des cultures et des territoires différents, c'est un autre défi culturel et non des moindres. La force des entreprises réside précisément dans cette capacité à coordonner, avec plus ou moins de succès, des cultures et des territoires différents. C'est ce qui intéresse tout particulièrement le géographe.

La dimension culturelle de l'industrie exprime l'idée d'une association entre les façons de produire et l'identité des agents. Cette idée n'est pas nouvelle. Elle s'est exprimée dès le début du siècle en géographie, à travers l'étude des techniques, qui était alors associée à l'étude des sociétés rurales. Dans le monde de l'industrie, cette idée a d'abord été occultée par l'image d'uniformisation qui s'est imposée après la Seconde Guerre mondiale. Elle a progressivement été remise à l'ordre du jour à travers l'étude des systèmes industriels localisés puis des entreprises, depuis la crise des années 1970 et les mutations du mode de production. Elle s'impose désormais dans la plupart des disciplines qui s'intéressent à l'industrie et à l'économie. Le positionnement des sciences économiques a joué un rôle spécifique dans cette évolution globale pour deux raisons. La première est liée au rôle dominant des sciences économiques dans les représentations du monde industriel. Les facteurs politiques et socioculturels ont d'abord été considérés comme des variables extérieures au cadre théorique de l'économie proprement dite. Aujourd'hui, le rôle de ces facteurs est reconnu par les économistes qui cherchent à les conceptualiser. Cette reconnaissance influence la dynamique des travaux interdisciplinaires. Mais dans cette dynamique, la place de la géographie est encore en retrait bien que son apport ne soit pas négligeable. La notion de culture dans l'industrie revêt des contenus variés selon les secteurs considérés. Elle s'exprime également en lien avec le territoire et diverses formes de spatialités réelles ou imaginaires. Plus généralement, la dimension territoriale de l'industrie et le besoin de la redéfinir sont à présent au centre de la réflexion et constituent le thème principal du chapitre suivant.

Troisième partie

Redéfinir l'industrie par le territoire

L'industrie n'est pas morte. Si elle a, en apparence, régressé, elle s'est surtout transformée et il faut à présent la redéfinir. Les activités, au tournant du siècle, prennent un nouvel essor dans la dialectique de l'industrie et du territoire. Nombre d'analyses convergent vers l'idée que l'économie devient plus relationnelle. La performance économique semble résulter davantage de la densité et de la qualité des coopérations qui se tissent au sein des firmes et entre les firmes. Cette dimension relationnelle conduit à réintroduire le fait social que les tenants de la *géographie économique* classique avaient quelque peu oublié et que les tenants de *la nouvelle géographie socio-économique* mettent ou remettent plutôt à l'ordre du jour (Benko, Lipietz, 2000). On peut dès lors s'interroger sur les fondements et les conséquences épistémologiques de ce changement. Le temps des vieilles théories de la localisation paraît révolu. Les savants calculs de distance et de coût, les belles équations mathématiques, les poids de Launhardt, les triangles d'Alfred Weber ne sont plus présentés comme les clés de lecture de cette nouvelle économie. L'énoncé du problème semble avoir changé. Dans une formule édifiante, P.Veltz (1993) parle du passage *« d'une géographie des coûts à une géographie de l'organisation »*. Ses travaux mettent notamment en relation la montée des métropoles avec le changement du mode de production :

> « Il existe des liens intimes entre les formes techniques et organisationnelles de la création de richesse et les formes spatiales. Tel est du moins le jeu d'hypothèses que je développerai : les manières de produire (et d'échanger) se transforment aujourd'hui en profondeur, en quittant les paradigmes de la production de masse, sous la pression de l'ouverture des marchés ; cette mutation multiforme et foison-

nante, qualifie différemment les formes de l'économie avec les territoires ; le territoire entre désormais dans le jeu économique comme matrice d'organisation et d'interactions sociales, et non plus, d'abord, comme stock ou assemblage de ressources techniques ; ces changements sont au cœur des nouvelles configurations spatiales et en particulier de la poussée des métropoles. »[1]

Les changements de l'activité et l'essor des nouvelles technologies orientent la réflexion vers les processus d'innovation, les milieux innovateurs… ; la géographie économique redevient plus humaine. La question d'une rupture épistémologique est donc posée. Est-ce le seul changement du mode de production, du fordisme à l'accumulation flexible, qui justifie l'invention ou la ré-introduction du territoire ? Probablement pas. A la fin du siècle dernier, A.Marshall était déjà très proche de cette notion de territoire. En 1960, au cœur des Trente Glorieuses, les travaux de M.Laferrère sur Lyon s'orientaient également vers des analyses en termes de territoire et de réseau. D'autre part, la remise en cause de la « géographie des coûts » atteint relativement peu la communauté des géographes français qui ne l'avaient adoptée et pratiquée que de façon marginale. Pour comprendre les positions en présence, il faut revenir en arrière et suivre sur le temps long l'approche du fait industriel et son articulation avec le concept de territoire, dans la pensée géographique et les sciences voisines, car l'industrie, comme le territoire, ne sont pas la seule propriété des géographes.

Cette troisième partie est donc consacrée à l'étude des concepts de base de la géographie économique et de la géographie industrielle. Les termes de *géographie économique* et *géographie industrielle* sont différents. Ils prennent place dans des contextes spécifiques et renvoient à des cadres théoriques distincts. Je m'efforcerai d'éclairer ces différences et les évolutions qui se dessinent, en fonction des mutations à l'œuvre dans la dynamique des activités. Dans un second temps, je m'intéresserai au projet de la nouvelle géographie socio-économique. Ce chapitre pose aussi le problème de la place et de l'intérêt que les géographes français accordent à l'économie et à l'industrie.

---

[1] Veltz, 1996, p10.

1. Géographie économique et géographie industrielle : histoire d'une bifurcation

Mon but est de montrer que l'approche du fait industriel évolue. Elle s'adapte aux mutations de l'économie, mais il est nécessaire de tenir compte des lieux dans lesquels elle s'inscrit. Elle reflète aussi de grands équilibres géo-économiques et géo-scientifiques. J'observe dans le même temps une interpénétration des courants de pensée qui est aussi le fruit de la circulation des idées, comme de la « mondialisation » des chercheurs eux-mêmes. Je procèderai par étapes en mettant en évidence, sur quelques aspects, la formation et les apports de la géographie économique et de la géographie industrielle, comme leurs influences réciproques.

La géographie économique se développe en France dans le contexte de la *nouvelle géographie.* Paul Claval joue alors un rôle important dans son développement. Ce courant exerce cependant une influence limitée en France. La géographie industrielle, héritière de l'approche plus régionale de la géographie classique, conserve son autonomie et évolue en bénéficiant d'autres influences, en particulier celle du courant marxiste. Les bouleversements du système de production font évoluer ses méthodes et ses définitions. Le concept de territoire y prend une place plus importante, mais avec des nuances qu'il conviendra de préciser.

La géographie économique de Paul Claval et sa filiation

Paul Claval et ses idéaux

Ce paragraphe s'intéresse à la démarche scientifique de Paul Claval. Une démarche originale qui illustre le passage d'un géographe de l'économie à un géographe de la culture. A certains égards, son parcours rappelle le basculement de la géographie anglo-saxonne de l'économie au postmodernisme ; il a donc un sens plus général. Paul Claval est l'auteur des *Eléments de géographie économique* parus en 1976. Il est un des principaux représentants de ce que fut la *géographie économique* des années 1970. Dans son *Epistémologie de la géographie* (2001)[1], il rappelle les bases de la « nouvelle géographie »[2] d'inspiration économique.

✓ *Des « conditionnements naturels » au « marché »*

P.Claval explique comment il s'est intéressé à la « géographie des coûts », en opposition aux présupposés déterministes de la géographie classique qui mettait l'accent sur les relations que les hommes entretiennent avec l'environnement. Ces relations semblent dépassées avec l'avènement de la société industrielle : *« Lorsque le gaz de la Mer du Nord ou de Sibérie remplace le bois de la forêt voisine, que la vache à l'étable se nourrit du soja brésilien, que deviennent les discours sur les conditionnements naturels ? »*. Dans ces nouvelles conditions, l'optique change : *« L'espace géographique devient un ensemble de distances et de surfaces »....« Les distances de l'économie ne se mesurent pas en kilomètres, mais en coûts »... « c'est l'époque où les géographes cherchent à rendre leur discipline applicable : on comprend l'enthousiasme que rencontre la 'nouvelle géographie' d'inspiration économique »*. Ce positionnement le conduit à rechercher parmi les pères fondateurs un autre nom que celui de Vidal de la Blache. Il désigne alors les travaux de Levasseur (1872) comme point de référence initial et le cite longuement, soulignant que l'homme qui a les matériaux peut les transporter et les mettre en œuvre où bon lui semble. Chez Levasseur se dessine le vieux rêve d'un Homme s'affranchissant de la Nature grâce à l'industrie ; *l'homo œconomicus,* élément libre, apparaît comme la victoire de l'Homme sur la Nature. Pour Paul Claval, *« il faut donc attendre le moment où la fécondité des conceptions classiques de la géographie humaine s'épuise, dans les années 1940 et 1950, pour voir la curiosité s'ouvrir du côté de l'économie »*. L'idée que la géographie humaine s'épuise constitue un jugement sévère sur cinquante ans de l'école géographique française, celle des *genres de vie* et des *techniques d'encadrement* qui apparaît comme essentiellement descriptive.

✓ *La géographie économique : une alternative à la géographie humaine*

Dans l'entretien que P.Claval accorde à G.Benko (2001), il explique comment la géographie économique, qu'il appelait de ses vœux, s'est affirmée finalement comme une alternative à la géographie humaine ; une alternative qui s'inspire du modèle anglo-saxon :

---

[1] Claval P., (2001, p 154-156)

[2] Le terme de « nouvelle géographie » apparaît en 1968, voir la définition donnée dans les *Principes de Géographie Economique*, p 30.

« La nouvelle géographie avait mis l'approche économique à la mode chez nos collègues britanniques ou américains. Ils avaient compris qu'elle permettait d'aborder la géographie humaine sous une perspective nouvelle, puisqu'elle cessait d'être descriptive ou de ne s'intéresser qu'aux structures régionales ou paysagères révélées par les recherches de terrain ou la cartographie statistique. Dans les conditions de concurrence instaurées par un marché bien organisé, les agents économiques étaient amenés à se spécialiser en fonction de la distance au marché s'ils étaient agriculteurs, de s'installer au point des coûts minimaux s'ils étaient industriels, ou dans un lieu central s'ils vendaient des services. L'ordre spatial devenait explicable et prévisible. Une reconstruction de la géographie humaine s'imposait donc. Il fallait des manuels pour l'expliquer aux étudiants. Le mouvement fut lancé en 1966 par Harold H. McCarty et James B. Linberg, dans *A Preface to Economic Geography*. Ils imposèrent l'idée que la nouvelle géographie devait être essentiellement économique »[1]

En vérité, la géographie du monde anglophone est demeurée profondément diversifiée (Johnston, 1997). Mais le point de vue de P.Claval permet de comprendre la vision néo-classique de l'espace *« imposée »* par les Anglo-saxons. Avec l'ère industrielle, le marché supplante la nature dans l'organisation de l'espace, l'espace lui-même devient économique : le plan sur lequel les agents économiques, tels des atomes, viennent s'agglomérer ou se disperser en fonction des lois du marché, selon un bel agencement quasi-mathématique. Pourquoi tant d'acharnement à *« imposer »*, comme il est dit, ce nouvel *« ordre spatial »* et cette nouvelle géographie économique ? Quel est l'enjeu au fond ?

✓ *Agents versus acteurs*

Dans cette optique, les *acteurs* économiques, consommateurs et producteurs, ne sont plus que des *agents* qui font *« des choix rationnels »*. Paul Claval retrace donc comment il s'est approprié ces nouveaux concepts de la géographie économique et les a exposés dans son ouvrage : *« ...Des unités de consommation, je passais aux unités de production. Leur analyse était en un sens plus facile, parce qu'elle ne nécessitait pas la notion un peu difficile à comprendre d'utilité : les entreprises étaient faites pour gagner de l'argent »*[2]. La mécanique de *l'homo œconomicus* est bien huilée, sa rationalité n'est fondée que sur l'argent. En matière d'économie, P.Claval semble reprendre à son compte le concept d'homme rationnel qu'il a pourtant critiqué dans sa

---

[1] Op. cit., p 326.
[2] Op. cit., p 331.

géographie culturelle (1995, p43), comme indiqué dans le chapitre précédent.

✓ *Des perturbations dans l'espace homogène*

Vingt cinq ans après les *Eléments de géographie économique*, Paul Claval, spécialiste de géographie culturelle, ne remet pas en cause les pré-supposés de sa démarche, il pense qu'il avait raison ; ceux qui ne l'on pas suivi n'ont pas compris le bien fondé de cette démarche. Il souligne le faible intérêt des géographes français pour l'économie, comme leur incapacité à tirer partie d'une étude de la globalisation pour éclairer la société sur *« des questions fondamentales »*[1]. Il constate cependant des changements dans la discipline et ses concepts fondamentaux, comme le concept de marché et celui d'espace hétérogène.

Il faut préciser rapidement la nature de ces concepts dans la pensée économique. On sait, depuis D.Ricardo, que l'espace est hétérogène du fait de la nature et de l'inégale répartition des facteurs de production : à l'origine les ressources, puis par extension le peuplement et les capitaux. Mais « l'économie pure » de L.Walras[2] et de « l'équilibre général » tend, d'une certaine manière, au postulat (non dit) que l'espace économique serait homogène, à partir du moment où les mécanismes autorégulateurs du marché permettent aux ressources, aux hommes et aux capitaux de circuler librement. Finalement le problème essentiel qui se pose à cette économie spatiale, dans un premier temps au moins, c'est le franchissement de la distance appelé « opacité de l'espace ». En vérité, la discipline est marquée par un débat récurent sur la difficulté d'intégrer la dimension spatiale et diverses solutions sont proposées. La science régionale de Walter Isard se construit finalement sur cette « faille », en ajoutant l'hypothèse d'un univers économique imparfait. Alfred Marshall, dont on a parlé, trouve l'astuce de l'équilibre partiel. Il faut attendre Paul Krugman et la *New Economic Geography* pour introduire plus nettement, dans la théorie

[1] Op. cit. p 341.

[2] Dans un chapitre consacré à « Léon Walras et les néo-classiques, à la recherche de l'économie pure », Philippe Cabin (2000) rappelle que L.Walras, n'est qu'un des co-fondateurs de la pensée néo-classique faite de courants et d'évolutions très nuancées. C'est néanmoins L.Walras qui introduit l'hypothèse comportementale de l'individu rationnel et utilitariste. De ce fait, *« le modèle walrassien va constituer l'épine dorsale du paradigme néo-classique qui servira de modèle de référence à toute la science économique moderne »* (p.48). Philippe Cabin précise cependant : *« Contrairement à une idée largement répandue, l'économie néo-classique ne s'identifie pas stricto sensu à la doctrine libérale. L.Walras rejette ce qu'il appelle « le laisser-faire inorganisé ». Il préconise l'intervention de l'Etat dans certains secteurs...L'économie pure n'est pour lui qu'une composante d'un tout qui comprend l'économie sociale (« les lois morales doivent présider à la répartition de la richesse ») »* (p 48).

néo-classique, l'idée que l'économie produit elle-même de l'hétérogénéité ; ses recherches sont réorientées vers la géographie économique et la question des localisations. Paul Claval prend en compte ces évolutions, enregistre notamment la montée des dimensions « non économiques » par tous ceux qui s'intéressent au jeu du don et de la redistribution, mais reste dubitatif sur le concept d'hétérogénéité spatiale : *« Il y a un point, en revanche, dont je vois mal comment je pourrais l'intégrer : la théorie spatiale moderne insiste sur le fait que l'espace où se développe le circuit est fondamentalement hétérogène ; pour elle, certaines des propriétés structurales essentielles des circuits en découlent. Y-a-t-il un moyen de concilier ces deux perspectives ? »*[1].

S'il devait refaire son ouvrage, P.Claval dit en substance qu'il n'en modifierait pas la structure d'ensemble, et procèderait seulement à quelques *« retouches »*. Il ne partage pas les interrogations frontales d'un Claude Lacour sur tous ces facteurs que les économistes avaient laissés « à la porte ». Il ne se demande pas vraiment quel est cet élément perturbateur qui rend désormais l'espace des économistes *« fondamentalement hétérogène »* et qui modifie *« les propriétés structurales des circuits »*. Il ne prend pas en compte le concept de territoire dans l'analyse économique, ainsi que l'ont fait nombre d'économistes le plus souvent hétérodoxes. Pourquoi ? Quel est le sens pour lui du territoire ? Plus généralement quel bilan tire-t-il de la « nouvelle géographie » qui constituait le cadre épistémologique de ses *Eléments de Géographie Economique* ?

Paul Claval avance des réponses, dans la conclusion qu'il donne à son *Epistémologie de la géographie* (2001). La *nouvelle géographie*, fondée sur le concept d'homme rationnel, n'a pas tout éclairé (même si elle s'est intéressée à l'étude des comportements par le biais du *behaviorisme* qui est un concept de « rationalité limitée »[2]). Ceux qui ont été le plus loin dans cette voie éprouvent le besoin de prendre en compte des dimensions jusque là négligées[3]. Il est vrai que dans les *« propriétés structurales des circuits »*, il n'y avait guère de place pour l'Homme ; l'espace économique était vidé de son contenu humain. L'intérêt que Paul Claval porte désormais aux faits de culture oriente sa conception du territoire (base matérielle de l'existence qui

---

[1] Op. cit. p 343.

[2] Herbert A.Simon introduit le concept de « rationalité limitée », dans le prolongement de cette démarche, le courant *behavioriste* est fondé par R.M. Cyer et J.G. March *A Behaviorial Theory of the Firm*, 1963.

[3] Claval P., (2001, p 240)

fournit une partie des ressources indispensables). Il identifie trois types de communautés de lieu : le village traditionnel, la région, la nation. Ces communautés de lieu expriment des identités collectives à travers des symboles : pèlerinages, sanctuaires, champs de bataille ou monuments de l'histoire[1]. Cette définition met en lumière le sens religieux, militaire et historique du territoire. Mais l'aspect économique, en tant que « base matérielle » et « ressource », est signalé comme un « cadre », un *contenant* qui n'aurait pas ses *contenus,* ni ses propres « lieux chargés de signification ».

Cette vision repose sur une séparation trop marquée des champs de l'économie et de la culture. Il est cependant possible de fournir des arguments soulignant que le territoire est une matrice d'interactions entre ces différents éléments. Les limites traditionnelles des communes françaises révèlent une articulation entre la notion religieuse de paroisse d'Ancien Régime et la notion économique de finage, comprenant souvent un équilibre subtil et cohérent entre l'*ager,* le *saltus* et la *silva.* La création de ces communes est associée à de grands évènements de l'histoire matérielle. Les défrichements du Moyen Age, la révolution industrielle, ont été à l'origine de la création de nouvelles communes. L'activité a elle aussi ses lieux chargés de symboles, comme le beffroi de la cité marchande ou le monument aux mineurs dans les bassins houillers. La Sainte Barbe est la patronne des mineurs ; il paraît difficile de séparer le profane et le sacré. Le territoire réunit dans un même ensemble le profane et le sacré, la culture et l'économie.

La conception néo-classique de l'économie n'a pas permis d'établir les liens qui réunissent, dans le territoire, l'économie et la culture. Les approches culturelles qui se fondent en réaction contre ce modèle ne prennent pas davantage en compte cette double dimension. Paul Claval établit une distinction assez nette entre le profane et le sacré, l'économie et la culture : *« au profane de la vie quotidienne s'oppose le sacré des lieux visités ou habités par des génies, des esprits ou des principes invisibles, mais qui sont plus vrais que le monde visible »*[2]. Pourtant, les champs ne sont pas séparés. Le territoire ne peut être appréhendé dans sa globalité qu'à travers une large conception de l'économie et de la culture où l'Homme occupe une place pleine et entière.

---

[1] Claval P., (1995, p 127)
[2] Op. cit, p 245-246

Les références communes de Georges Benko et Paul Claval

Georges Benko, engagé avec Alain Lipietz, dans « la nouvelle géographie socio-économique » reprend le thème de l'inexistence de la géographie économique française (Benko, 2001). Et, comme P.Claval, il trouve ses repères scientifiques dans le temps long. Il désigne quant à lui Vidal de la Blache et ses *Principes de géographie humaine* (1921) comme point de départ intéressant de l'analyse géo-économique à travers les forces d'agglomération et de dispersion. Comme P.Claval, il semble faire l'impasse sur une bonne partie de la géographie française du XX° (qui ignorait les apports de l'économie spatiale), pour se raccrocher au courant anglo-saxon et à la « nouvelle géographie » incarnée par P.Claval. Entre Vidal de la Blache et P.Claval, y aurait-il un vide qui conduirait mystérieusement à une nouvelle géographie socio-économique, fondée par des marxistes devenus régulationnistes, et auxquels s'associent quelques grandes figures de la géographie américaine ? L'équation du problème paraît des plus ardues. Et pourtant, des logiques existent, des fils « semi-conducteurs » qui permettent que le courant passe et qui relient entre eux les éléments. Il faudra encore franchir quelques étapes pour les voir apparaître.

Pour G.Benko, les pistes tracées par Vidal n'ont pas été réellement suivies. Ce sont les manuels de P.George qu'il fustige particulièrement : *« On ne trouve aucune mention des travaux de la nouvelle géographie et de la science régionale. Et c'est d'un document de ce type qu'étaient nourris les étudiants des années 1960 et 1970 »*[1]. Pourtant, P.Claval, G.Benko et P.George n'ont-ils pas pratiqué, à certains égards, le même déterminisme économique, qu'il soit d'inspiration libérale ou marxiste ? En témoigne cette citation de P.George[2] : *« Aucune action de groupe n'est gratuite. Elle se définit par des notions de coût, de recherche de bénéfice, mieux être, etc...de défense d'intérêt. Elle est donc économique autant que sociale »* (Bull. de l'AGF, 1963, p 18-32).

Dans ses réflexions sur la géographie économique en France, G.Benko cite toutes ses grandes références : les économistes de l'espace et de la science régionale (C.Lacour), les économistes de la régulation, les géographes anglo-saxons contemporains (M.Dunford, A.Scott, M.Storper), mais point de géographes français. *« En France,*

---

[1] Op. cit. Benko, 2001, p 348.

[2] Cité par R.Marconis (2000), *Introduction à la géographie*, chapitre 9 : « Inquiétudes épistémologiques ». Cette citation est une réponse à la Géographie sociale de René Rochefort.

à mon grand regret, je reste le seul à faire la liaison entre les économistes et les géographes » dit-il avant de présenter les nouveaux *Principes de géographie économique* d'Isabelle Géneau De Lamarlière et Jean-François Staszak. A juste titre car cet ouvrage est important.

Les nouveaux Principes de géographie économique d'Isabelle Géneau De Lamarlière et Jean-François Staszak (2000)

Ce riche et bel ouvrage vient à nouveau combler une lacune, puisqu'un quart de siècle après celui de Paul Claval, il reprend le flambeau de la *géographie économique.* Lui aussi veut proposer *« un cadre théorique »* là où la géographie française ne serait que *« descriptive »* ou explicative[1]. Les auteurs ont en commun avec Paul Claval de privilégier le comportement rationnel sur lequel ils se justifient dans l'introduction :

> « L'approche du comportement rationnel est aujourd'hui souvent décriée en géographie, sans doute en raison des excès des années 1950-1970. Nous avons choisi de ne pas la rejeter. Nous ne considérons pourtant pas que le comportement rationnel soit nécessairement celui qui définit le mieux l'Homme en tout temps et en tout lieu, ou qu'il est le plus souhaitable pour le fonctionnement de la société. La rationalité constitue simplement aujourd'hui, pour diverses raisons, une part importante des comportements. Enfin, nous avons également conservé de l'approche des années 1950-70 une curiosité pour l'impact de l'espace sur l'économie, espace que nous avons toutefois tenté d'appréhender de façon plus large qu'à l'époque »[2]

Ces quelques lignes disent bien le dilemme qui s'est posé aux auteurs. La diversification de l'économie et de ses courants d'une part, le renouveau postmoderne de la géographie anglo-saxonne d'autre part, vont dans le sens de la remise en cause de l'*homo œconomicus* et d'une plus grande intégration des dimensions sociales et culturelles en économie. Par ailleurs, les auteurs expriment le besoin de sortir du singulier, d'aller vers les lois et les modèles du géographe scientifique. Pour résoudre ce dilemme, ils se tournent vers la philosophie cartésienne du XVII° siècle, en opposant la passion (l'irrationnel), et la raison (le rationnel) : *« L'espace géographique résulte certes de mes peurs et de mes passions, mais aussi de mes calculs et de ma raison. S'il est très difficile, sans doute impossible, d'identifier les lois qui régissent les premières, on peut chercher à établir celles qui régulent*

---

[1] Géneau de Lamarlière, Staszak, 2000, p7

[2] Op. cit. p 8.

les seconds »... « Au total, le recours aux modèles nous paraît utile en géographie économique »...« bien sûr, jamais la réalité ne ressemble à ces modèles »[1]. La philosophie offre pourtant d'autres pistes. Edgar Morin, est un de ceux qui ont tracé les voies d'une vision plus complexe de l'homme et du réel : *« A la méthode cartésienne qui dit : divisons les difficultés et traitons les une à une, répond une autre méthode pour qui la connaissance des parties ne prend sens que si on les lie à la connaissance d'un tout qui, en tant que tout, mérite d'être étudié en lui-même »* (Magazine littéraire, n°312, juillet-août 1993).[2]

En vérité, l'intégration des dimensions culturelle et économique, que les auteurs recherchent, par la lecture assidue de nombreux écrits de la littérature anglo-saxonne (Géneau de Lamarlière, Staszak, 2001), risque d'être difficile par la voie d'un « cadre théorique » essentiellement analytique quand il s'agit de trouver des liens. *Les principes de géographie économique* offrent finalement un compromis astucieux. D'un côté, le recours à la géographie économique classique, la présentation du circuit économique, les lois de localisation des activités agricoles, industrielles et de service...De l'autre un chapitre remarquable sur l'histoire de la géographie économique et de ses objets, un autre sur économie et milieu, l'accent mis sur le don et la réciprocité, l'introduction d'un grand nombre de travaux qui contribuent à renouveler l'approche du fait économique, y compris en y intégrant une critique partielle de *l'homo œconomicus* dans les sciences sociales. Cet ouvrage est majeur par la richesse de ses références.

G.Benko remarque chez les auteurs un positionnement dans la lignée de la géographie anglo-saxonne et regrette quelques oublis: la faible prise en compte de l'aménagement du territoire, du rôle de l'Association de Science Régionale de la Langue Française. Dans la même optique, je note pour ma part l'absence du « territoire », qui de manière symptomatique ne figure pas dans l'index et n'est qu'exceptionnellement utilisé dans le texte. N'est-il pas un concept de base de la géographie économique contemporaine ? Qu'est-ce qui se cache une nouvelle fois derrière cette question de vocabulaire ? Et pourquoi les géographes français n'ont-ils jamais vraiment adopté la *géographie économique* ? Parce qu'ils n'ont pas compris que la géographie française s'épuisait, conduisait à l'impasse d'une démarche

---

[1] Op.cit. p 11.

[2] Stirn (1998), p 44.

purement idiographique alors que s'offrait à eux la voie royale, hautement plus scientifique de la théorie ? Pas si simple.

En dehors des *Principes de Géographie économique* qui font d'Isabelle Géneau de Lamarlière et Jean-François Staszak les héritiers de Paul Claval, l'influence de la nouvelle géographie et de l'économie spatiale n'est pas absente en France. Elle s'est manifestée différemment à partir des années 1970, à travers le courant de l'analyse spatiale, parallèlement au développement des techniques quantitatives. Des travaux ont été entrepris dans cette perspective comme ceux de Thérèse Saint Julien : *Croissance industrielle et système urbain,* 1982. Ce courant est représenté par R.Brunet, les publications du GIP Reclus et la revue *L'espace géographique* qui publie un nombre non négligeable d'articles sur des questions économiques et industrielles. Dans l'optique de l'analyse spatiale, l'espace est analysé comme une combinaison de structures spatiales élémentaires (ou chorèmes) que l'on peut exprimer par un « modèle ». Le modèle est un construit qui passe par la simplification et l'abstraction. Cependant, la revue *L'espace géographique* intègre des articles d'une grande diversité qui ne relèvent pas tous de « l'analyse spatiale ».

Les français rebelles à la « nouvelle géographie »...économique

Je vois trois raisons qui peuvent expliquer pourquoi la géographie économique, d'inspiration anglo-saxonne, ne s'est pas individualisée en France : le refus d'une géographie déshumanisée, l'influence marxiste et une approche différente de la théorie.

Le refus d'une géographie déshumanisée et la force de l'héritage vidalien

La géographie économique, précisément parce qu'elle était une alternative à la géographie humaine, pouvait difficilement s'imposer dans le pays qui l'avait inventée (Robic, 1991). L'héritage vidalien nourrissait une approche plus globale de la géographie. R.Marconis (2000) en montre bien les contradictions mais aussi les apports. On se penche beaucoup aujourd'hui sur cet héritage de la géographie classique, après l'avoir décrié. Que peut-on retenir dans la perspective qui nous préoccupe ? Vidal de la Blache s'est opposé au déterminisme naturel de l'école allemande (Ratzel). Lucien Febvre a introduit le concept de possibilisme. La géographie classique prend en compte l'histoire dont un européen ne saurait se passer. Les héritiers de Vidal s'ouvrent au champ social (A.Siegfried) et politique (J.Ancel, J.Gottmann). Une place centrale est donnée aux hommes dans leurs rapports présents et passés (Brunhes). Gourou travaille à définir les techniques de production et d'encadrement de l'espace. Cholley développe la notion de combinaisons en termes de structures et de systèmes....

Partant de l'espace géographique, et non du marché, les géographes étudient les activités agricoles et industrielles, préparant la spécialisation dans les « branches » de la géographie agricole et rurale d'une part et industrielle d'autre part ; tandis que l'étude concrète des conditions de vie et de travail donne lieu à une géographie sociale qui accorde la préséance à l'homme (Rochefort, 1961). Tout cela compte et beaucoup de géographes ne voient pas pourquoi il faudrait tourner le dos à cet héritage pour une *géographie économique* réduite à une vision de l'économie *(« les propriétés structurales des circuits »)* où il n'y pas âme qui vive.

Influence marxiste et héritage vidalien

La greffe de la géographie économique ne prend pas en France pour une seconde raison de fond : d'inspiration libérale, elle se heurte à la concurrence assez vigoureuse de l'influence marxiste après la Seconde Guerre mondiale. Qui plus est, la force du courant marxiste en géographie est d'apporter beaucoup de nouveautés, sans imposer un renoncement à l'héritage vidalien. Je m'appuie de nouveau sur l'ouvrage de R.Marconis (2000) qui évoque le rôle de quelques personnalités comme P.George: *« Sans renier l'héritage de la géographie de l'entre-deux guerres, ils adhèrent au Parti Communiste ou en sont les sympathisants. P.George est attaché à une géographie ancrée dans les sciences sociales »... « C'est par rapport au marxisme que se précisaient les thématiques nouvelles et les choix méthodologiques »*[1]. Pour P.George, la géographie humaine devait être une géographie sociale articulée à la géographie économique :

> « La géographie humaine n'est pas autre chose que l'étude descriptive et expl i-cative des collectivités humaines –c'est à dire des sociétés- dans les diverses régions et parties du monde. Il y a cependant quelque chose de plus précis dans l'expression de géographie sociale : la notion de diversité des rapports de production et des rapports sociaux qui en résulte dans chaque milieu géographique. A ce titre, la géographie sociale se présente comme une optique de la géographie économique,

[1] Marconis, 2000, Chap. 7 : La géographie science sociale.

transformant celle-ci en géographie humaine au plein sens » .P.George, Géographie sociale du monde, PUF, 1945. »[1]…

R.Marconis souligne l'apport des géographes marxistes qui ont introduit le concept de mode de production, fournissant des clés de lecture nouvelles : *« L'espace géographique trouvait son explication dans la compréhension des processus économiques et sociaux qu'il fallait saisir dans leurs rapports dialectiques et non séparément. La géographie s'est renouvelée avec les marxistes, mais il n'y a pas eu le projet de fonder une géographie marxiste ».*[2] P.George n'est pas le seul. Yves Lacoste publie plusieurs ouvrages sur la géographie du sous-développement. Il considère le sous-développement comme un phénomène global et non comme un fait strictement économique. Il en identifie les caractères fondamentaux d'ordre économiques, sociaux, démographiques, spatiaux…, tandis que les économistes néoclassiques s'en tiennent le plus souvent au concept de *croissance.*

R.Marconis évoque encore le rôle des marxistes sur deux points particuliers : l'étude des réseaux urbains -où les systèmes économiques et sociaux se projettent dans l'espace-, et le retour du concept de possibilisme. Plusieurs noms méritent à cet égard d'être cités. Henri Lefebvre tout d'abord[3] qui conçoit l'espace comme un produit social et propose une théorie générale du rapport entre espace et société. On peut donc remarquer la réintroduction, par un marxiste[4], du concept de possibilisme, déjà posé par Lucien Febvre un demi-siècle auparavant. La perspective de l'espace en tant que *produit social* est reprise par un autre sociologue marxiste, Manuel Castells qui dépeint la ville comme lieu de la reproduction sociale. A côté de *La question urbaine* (1972), il publie également, à partir d'une enquête sur la croissance industrielle et urbaine de la région de Dunkerque, une analyse des rapports entre l'entreprise, l'Etat et l'urbain: *Monopolville, l'entreprise, l'Etat, l'urbain*[5]. Cet ouvrage, qui a eu une grande influence chez les géographes français, présente un intérêt particulier pour la géographie urbaine et industrielle. Outre qu'il symbolise un moment de l'analyse marxiste au temps du fordisme, il annonce très bien une entrée dans l'espace par « le territoire ».

---

[1] Cité par R.Marconis, op.cit.

[2] Marconis, 2000, Chap. 7 : La géographie science sociale.

[3] *La production de l'espace*, Anthropos, 1974

[4] Henri Lefebvre est toutefois exclu du parti communiste en 1958

[5] Castells , Godard,1974.

En fait, l'expression « l'espace est un produit social » est déjà mal adaptée. Elle renvoyait à la vision d'une structure projetée sur un espace quasi-passif. Le possibilisme indique que l'espace n'est pas une simple chambre d'enregistrement de la structure. Finalement, là où M.Castells dit « production de la ville », on pourrait dire aujourd'hui « fabrique de la ville» ou « construction du territoire ». Conjointement à l'entreprise et à l'Etat, il met en jeu, le système institutionnel local et sa transformation, la participation citadine et les mouvements sociaux. Il ne s'intéresse pas seulement aux groupes sociaux, mais aussi à l'insertion des individus dans la dynamique économique. Voilà un des héritages qui permet de passer de l'*espace* au *territoire*.

> Le possibilisme, issu de la géographie vidalienne (Lucien Febvre), et repris par des marxistes (Henri Lefebvre) dans les années 1970, prend donc ses distances avec les approches déterministes. Il introduit, de fait, la notion d'acteur et constitue un des héritages épistémologiques permettant de passer de l'*espace* au *territoire*.

On peut voir en tous cas, que la géographie française n'est pas engluée dans une approche idiographique sans issue, comme on l'a dit parfois avec insistance. A travers l'héritage vidalien et l'influence marxiste, elle se préoccupe aussi de théorie et plus encore de la fondation de nouveaux concepts.

Nuances et paradoxes : comprendre le retour à Vidal

Ce constat résulte d'une relecture plus générale de l'héritage vidalien dans les travaux d'épistémologie. En vérité, ne soyons pas dupe, la pensée marxiste comme la pensée libérale s'est construite contre cet héritage. Un héritage au demeurant contradictoire puisqu'en dépit de la perspective possibiliste, planent un certain nombre d'ambiguïtés. La nécessité pour la géographie de se construire « contre » l'histoire pousse, en effet, certains géographes vers le déterminisme naturel. C'est ce qu'explique R.Marconis : *« Les géographes accordent une grande place à la géographie physique pour mieux affirmer leur identité face aux autres sciences sociales »*[1]. Ceux qui ne posent pas le cadre naturel comme un cadre préalable sont donc décriés. Et ces vieilles suspicions dureront longtemps. Finalement, après la Seconde Guerre mondiale, l'identification de l'héritage vidalien (au sens large)

[1] Marconis (2000), Op. cit., chap.3.

à l'image du déterminisme naturel l'a emporté dans les représentations, pour mieux fonder une géographie nouvelle qu'elle soit d'inspiration libérale ou marxiste.

Il était sans doute commode de faire une caricature de l'héritage vidalien, cela simplifiait les choses. Mais le principe de la caricature peut avoir des vertus éclairantes. Dans le cas des libéraux et des marxistes, il s'agissait de privilégier voire de substituer une lecture de l'espace à une autre. Pourtant, l'avancée dans la lecture complexe de l'espace ne consiste pas à substituer une lecture à une autre par une série de ruptures épistémologiques qui chaque fois banniraient l'héritage antérieur devenu stérile, mais plutôt à intégrer des lectures différentes. Le « cadre » naturel existe, le marché existe, les rapports sociaux et de domination existent, les acteurs politiques, économiques et sociaux existent et veulent jouer un rôle, sans oublier leurs idéaux éthiques et religieux... Les lectures de l'espace se complexifient, se stratifient, se complètent pour se rapprocher peut-être du tout originel de la vision vidalienne, dans laquelle chacun va aujourd'hui puiser. La « personnalité régionale » n'était peut être pas si éloignée du « territoire ».

Mais après la Seconde Guerre mondiale, les visions libérales et marxistes se construisent en rejetant, plus ou moins, la « personnalité régionale ». L'école géographique française est alors associée à une démarche idiographique, antithétique de la démarche théorique. Dès lors, les rapports à la théorie dans la géographie française se compliquent. Une grande partie des débats de la deuxième moitié du XX° oppose les prétendants à la Science et à la théorisation et les autres qui ne feraient que « décrire ». Mais l'opposition est ailleurs, dans des approches peut-être différentes de l'espace, de l'homme, et du rapport à la science.

Des rapports complexes avec l'approche théorique

Je voudrais souligner qu'à travers la notion de « cadre théorique », la géographie économique d'inspiration anglo-saxonne et les différents courants de la géographie française, n'utilisent pas les mêmes mots et ne mettent pas en jeu les mêmes approches : on a vu combien l'*espace* de l'économiste n'est pas celui du géographe, et les incompréhensions qui en découlent. Il convient ici d'apporter quelques précisions sur les définitions, les usages et les représentations différentes de la *théorie* et du *concept*.

Commençons par la théorie : la définition des 'Mots de la géographie' présente la théorie comme *« un ensemble de concepts organisés en un tout cohérent en vue d'en dériver des hypothèses indispensables à la recherche scientifique »*. Plus généralement, dans le champ des sciences économiques et sociales, toutes les théories n'ont pas le même statut. Il y a les grandes théories, comme la théorie néo-classique, la théorie marxiste et la théorie de la régulation, qui servent de point de repère à plusieurs disciplines sur un temps assez long. Et d'autres part, des sous-théories (au sens de sous-ensemble) ou des modèles théoriques qui se présentent comme des compléments ou des amendements à une théorie générale : tel est le cas de la théorie des coûts de transaction, de celle de Christaller, ou du modèle de Schelling... On parle aussi d' « école », comme de l'école française de géographie, l'école de Lund ou l'école californienne. Il s'agit alors d'un groupe de chercheurs, dans une aire géographique déterminée, qui développe, à un moment donné, un ensemble de travaux avec des avancées dans un champ spécifique. L'école se situerait entre la théorie teintée de particularisme, et un ensemble de concepts apportant une contribution sensible à la discipline.

Les théories générales se distinguent de la théorie-théorème, en ce sens qu'elles s'apparentent à des courants idéologiques ou politiques chargés de valeurs générant, selon les cas, une image positive ou de suspicion. Dans ce cas, renoncer à une théorie, comme certains ont pu renoncer au marxisme, est une démarche difficile, mais peut nourrir également un doute créateur. Toutefois, et c'est le deuxième aspect, prendre ses distances avec la théorie en question demeure relatif, car elle marquera pour longtemps encore la structure de pensée du chercheur qui l'avait adoptée. La théorie-théorème de l'économie ou de l'analyse spatiale, avec sa définition, sa formule et son auteur, échappe en apparence aux mêmes critiques, même si l'on sait que *« les théories s'affinent, se complètent, s'enrichissent ou doivent être changées »*[1]. Je peux sans doute exprimer un regroupement de population par un modèle gravitaire très utile en analyse spatiale pour définir des dynamiques spatiales. Mais cela ne m'éclaire pas sur l'ensemble des sens que ce regroupement peut revêtir en géographie humaine. Le « cadre théorique » que l'on se donne n'est pas indépendant de celui que l'on cherche. Lui aussi renvoie à la dialectique de l'objet et du sujet. Il peut nourrir le risque d'un enfermement dans le

---

[1] Toujours d'après *les mots de la géographie*.

même paradigme dominant. Les théories économiques ont fini par induire dans les sciences humaines et sociales, de façon volontaire ou implicite, la « norme » du cadre théorique. Hors de cette norme, point de théorie, on ne ferait que décrire.

En France, la charge politique de l'apport théorique (marxiste ou libéral) perturbe la démarche scientifique du chercheur. Finalement, après les grands débats politisés des années 1970, et plus encore peut-être depuis la fin du communisme, on parle peu de théorie. On s'enthousiasme peu pour le postmodernisme. On s'intéresse peu, à tort sans doute, aux grands débats des anglo-saxons. Mais on s'attache beaucoup aux concepts ; et c'est dans la conceptualisation que s'affirment les principes d'une démarche théorique.

Pour celui qui se méfie de la théorie sociale et politique, le *concept* est plus acceptable scientifiquement parce qu'il est davantage consensuel. La définition des 'Mots de la géographie' en témoigne : le concept est *« une représentation générale, de nature abstraite, clairement définie et même consensuelle, susceptible de guider la recherche et de fonder des hypothèses »*. La définition des concepts n'est en vérité pas si évidente. Leur origine, leur cheminement historique est toute une aventure, plus difficile à reconstituer qu'une théorie instituée. Les concepts peuvent devenir polysémiques et ne pas avoir le même sens pour les uns et les autres, malgré leur apparente consensualité. C'est ce qui les rend commodes, au fond. On distingue, certes, des concepts fondamentaux (en géographie : espace, lieu, territoire, réseau...) dont la définition se précise, s'enrichit, évolue. Mais tous les concepts, comme toutes les théories, n'ont pas le même statut. L'étude d'un concept est intéressante : on observe sa genèse, puis son développement et son utilisation intensive, jusqu'à l'effet de mode, enfin son épuisement et son abandon progressif dès lors qu'il n'apparaît plus opératoire, sur un temps plus ou moins long. Qui parle encore de « genre de vie », de « réseau urbain » ou de « structures socio-spatiales » ...? Qui parlera demain du « territoire » ? Et pourtant, il y a des avancées et du sens dans ces concepts qui ne prétendent pas tout expliquer mais marquent des étapes dans l'évolution de la pensée géographique. Le concept se construit pas à pas, il est davantage l'œuvre collective d'une foule d'auteurs glorieux ou anonymes. C'est, à l'exception des concepts dits fondamentaux, une œuvre temporelle aussi, un moment de la pensée et du réel qu'il représente. Le concept peut porter en lui plus d'éphémère et d'incertitude. Traduit-il plus d'humilité ? Renoncer à un concept n'est pas si grave, les temps ont changé, le concept n'est plus opératoire.

La géographie « industrielle » française : de l'industrie au territoire ?

Cette longue approche épistémologique me permet notamment de montrer en quoi la géographie industrielle française, partie prenante de la géographie humaine, est forcément différente d'une géographie économique constituée comme une alternative à la géographie humaine ; même si des relations existent entre les deux. Qu'ont donc fait tous les géographes qui ne se sont pas ralliés à la « géographie des coûts » et qui pourtant ont étudié les activités et l'industrie ? Avant de m'intéresser à la *Nouvelle Géographie socio-économique,* je regrouperai, provisoirement, sous le vocable de « géographie industrielle », les géographes qui ne sont pas dans la pure lignée de la *géographie économique* de Paul Claval. Tous sont traversés, dans des proportions variables, par trois types d'influences principales : l'influence vidalienne de la géographie classique, l'influence marxiste et régulationniste, et naturellement l'influence de la géographie économique anglo-saxonne.

La géographie industrielle française sera présentée d'un triple point de vue : premièrement, à partir de travaux relativement récents, représentant des apports significatifs ; deuxièmement, à partir d'un travail épistémologique réalisé sur trente ans de géographie industrielle dans les *Annales de géographie* ; troisièmement, à partir des réflexions élaborées sur la redéfinition et l'élargissement du concept d'industrie. Mais toujours avec en toile de fond la question du territoire.

Quelques apports majeurs

A l'évocation de quelques noms d'auteurs, sont associés, selon les cas, des noms de concepts, des travaux sur une aire géographique ou plus généralement la contribution d'une équipe. Parmi ces travaux, je citerai d'abord ceux de Jean Marc Holz et de *La Ruhr, du 'Kohlenpott' à la région urbaine* (1977) qui constitue une vraie leçon de géographie industrielle, urbaine, allemande et européenne. Ceci l'amène, quelques quinze ans plus tard, avec beaucoup de cohérence, à s'intéresser avec *Gérer l'espace, l'action des collectivités territoriales dans la Ruhr* (1992) à la réforme des collectivités territoriales. Cette question a traversé toute l'Europe du Nord, avant d'atteindre l'Europe du Sud et d'être évoquée à nouveau sous le nom de « recomposition territoriale ». L'Allemagne, et la Ruhr en particulier, a été une région pionnière de la réforme communale et plus tard de la réforme des collectivités territoriales dans le cadre de la constitution fédérale. Par ailleurs, Jean Marc Holz s'est beaucoup intéressé aux problèmes d'environnement liés à l'industrie (1989, 1996). Il est également l'auteur du concept d'*industrie de terroir*[1]. Ce dernier n'a pas beaucoup retenu l'attention jusqu'à présent, mais il pourrait être promu à un plus grand avenir. A partir de vieilles traditions artisanales, de produits « naturels », ou d'un décor pittoresque naissent des industries qui conservent ou réaffirment aujourd'hui leurs liens avec un territoire ou ses représentations. Pour prendre un exemple en Haute Provence, l'entreprise l'*Occitane*, fondée à Manosque il y a quelques 25 ans, produit une large gamme de produits de soins et de beauté aux couleurs et parfums de la Provence, en fondant tout son marketing sur cette image du produit de terroir qui est décidément très « en vogue ». Sur son site internet, elle indique son attachement à préserver « *des savoir-faire et des gestes essentiels qui tendent à disparaître, pour les voir revivre au travers de la création de produits vrais comme le fameux savon de Marseille...* ». S'agit-il pour autant d'une industrie « ethnique » qui s'enfermerait dans le repli sur soi ? Pas vraiment. L'*Occitane* a voulu aller plus loin, nous dit son PDG : « *au-delà de la Provence, croiser d'autres cultures, de nouvelles sensibilités. Comme par exemple ces femmes africaines qui récoltaient dans leurs villages des noix de karité... : la rencontre de la Provence et de l'Afrique dans un échange éthique* ». Pur marketing ou véritable culture de l'authenticité ? En tous cas, le consommateur semble apprécier. Le concept *d'industrie de terroir* sera sans doute à approfondir, car il rencontre dans la société un écho qui n'est pas qu'une anecdote mais, peut-être, une tendance de l'économie.

Jean-Pierre Houssel est l'auteur quant à lui du concept d'*industrie spontanée*. C'est à partir de ce concept étudié en Italie et plusieurs pays de la Méditerranée qu'il s'insère dans le débat sur les districts et systèmes productifs locaux, comme nous avons pu le voir dans la première partie.

Partant de l'étude des mutations industrielles, des membres du groupe STRATES et du CRIA se sont attachés à définir une nouvelle grille des activités et des emplois (Cohen, 1987 ; Beckouche, Damette,

---

[1] Journées géographiques de Perpignan, 1997.

1993) et à développer le concept de *système productif.* C'est un des principaux apports du courant marxiste à la géographie industrielle contemporaine. Pierre Beckouche (1987) et Laurent Carroué (1988) ont en commun de s'être intéressés aux dispositifs spatiaux des nouvelles technologies en France. Puis, dépassant le cadre national, ils ont tous deux intégré le concept *d'industrie stratégique* à l'échelle européenne, qu'il s'agisse des industries d'armement (Carroué, 1993) ou de l'aéronautique (Beckouche, 1996). Ils se tournent ainsi vers la dimension géopolitique de l'industrie, et plus précisément de l'entreprise dans le cas de Laurent Carroué : *Siemens géopolitique européenne d'une firme allemande de haute technologie* (1990). Cette réflexion géopolitique les conduit à privilégier, chacun à sa manière, une approche territoriale. P.Beckouche (2001) se pose la question de l'Etat-Nation ; L. Carroué s'intéresse aux systèmes productifs européens (1999) et fait une *Géographie de la mondialisation* (2002). Il y a beaucoup d'analogies et de cohérence dans leurs parcours respectifs.

Le CIEU et l'équipe constituée autour de Guy Jalabert à Toulouse, est influencé par l'approche régulationniste et très ouvert à la géographie anglo-saxonne. Dès sa thèse sur *Les industries aéronautiques et spatiales en France* (1974), Guy Jalabert *« s'interdit des limites territoriales précises »* pour *« s'accrocher à des cadres internationaux »* tout en analysant de près l'impact des phénomènes globaux sur les territoires. Cette approche en termes de géographie économique, urbaine et régionale est très bien illustrée dans un article consacré à *Turin, de la ville-usine à la technopôle* (1987) : un bel exemple de la crise fordiste dans la ville de FIAT, et du basculement vers un mode de production plus flexible et technopolitain. Guy Jalabert développe de nombreux travaux sur le phénomène technopolitain et les marchés du travail, à Toulouse bien sûr. Mais il envoie aussi de jeunes chercheurs étudier le développement des hautes technologies aux Etats-Unis (Leriche, 1997). Hors du champ toulousain, ce sont aussi les industries de haute technologie qui ont retenu l'attention de Jacques Fache. Ce dernier analyse les phénomènes de diffusion et de proximité des systèmes territoriaux d'innovation (2002). Tous ces auteurs ont intégré la notion de territoire, mais de manière différente.

Trente ans de géographie industrielle dans les Annales de géographie

Au-delà de ces exemples, l'évolution récente du fait industriel dans la géographie française réclamait une étude plus vaste. Son lancement s'est heurté à divers problèmes méthodologiques. Comment cerner l'objet d'étude ? (« industrie » ? « activités productives » ?) Quel cadre chronologique adopter ? Sur quels textes se fonder ? Sur le plan chronologique, l'idée de se référer globalement à la production scientifique des trente dernières années, en adoptant la coupure assez communément admise de la « crise » des années 1970, n'a guère rencontré d'obstacle. Mais se référer à la production scientifique, depuis les années 1970, eut été prétentieux et peu commode. Il fallait identifier un corpus de textes plus restreint qui reflète, même de manière imparfaite, le champ thématique au sein de la géographie française. J'ai opté pour un recueil d'articles. Le choix s'avérait délicat en raison de la diversité de la géographie française et de ses courants. Celui des *Annales de Géographie* s'est finalement avéré pertinent pour plusieurs raisons. Premièrement, il n'existe pas sur l'ensemble de la période une revue de géographie spécialisée dans le champ thématique. La revue *Géographie et Industrie*, publiée dans les années 1960, semble s'être éteinte dans les années 1970. L'initiative de G.Benko avec *Géographie Economie Société* n'apparaît qu'en 1999. La *Revue d'Economie Régionale et Urbaine*, créée en 1978 sous l'égide de l'ASRLF (Derycke, 2001), couvre presque toute la période mais n'est pas spécifique de la discipline. Lacour et Puissant (2003) signalent que 80% des auteurs sont des économistes, contre 7% seulement de géographes ; ils soulignent en outre le caractère interdisciplinaire plus marqué de la science régionale anglo-saxonne comparé à la France. Le choix d'une revue spécialisée a donc été écarté au profit d'une revue généraliste. Deuxièmement, l'idée de prendre en compte conjointement plusieurs revues généralistes, comme *l'Espace Géographique* ou *Les Annales de Géographie*, présentait l'avantage d'offrir un échantillon plus vaste mais constituait dans le même temps un chantier plus difficile à mettre en œuvre. Il est apparu en fin de compte qu'il valait mieux se concentrer sur une seule revue nationale, comme point d'entrée, pour ouvrir le débat et sans prétendre à l'exhaustivité.

Créées en 1891, *Les Annales de Géographie* incarnent à l'origine une discipline nouvelle qui s'émancipe, avec Vidal de La Blache pour chef de file, dans un climat de concurrence avec l'histoire. Mais, précise R.Marconis (2000), *« face à ce débat, rares sont les réponses dans les Annales de géographie. Les géographes préfèrent accumuler thèses et ouvrages plutôt que répliquer sur le terrain théorique et accordent une grande place à la géographie physique pour mieux affirmer leur identité face aux autres sciences sociales* ». Les Annales incarnent aujourd'hui un ensemble de travaux encore faiblement tournés vers l'approche théorique mais représentant une part significative de la géographie française ; leur étude apporte donc un éclairage partiel mais non dénué de sens sur la situation de la géographie industrielle en France.

Malgré l'apport d'écrits antérieurs sur les mutations du « système productif », le problème principal a porté sur la définition de l'objet d'étude, la façon de le nommer et l'identification des articles à prendre en compte. Soit le mot clé de référence était le mot « industrie » ; dans ce cas, on se replaçait dans le schéma désormais dépassé d'une « géographie industrielle » basée sur la classification de Colin Clark. On aurait donc pris le risque de réitérer des analyses antérieures et de constater la disparition du mot et d'articles dans ce domaine à partir des années 1990. Soit, on prenait acte de la mutation du vocabulaire pour étudier les différentes façons d'aborder l'activité productive en associant à l'industrie les services aux entreprises. Cette seconde approche, plus satisfaisante au sens de l'ouverture qu'elle permettait, laissait toutefois entière la question des critères à adopter pour la sélection des articles. Sans préjuger d'une définition normative de l'objet d'étude, j'ai pris en considération tous les articles qui, dans le titre, se référaient implicitement ou explicitement à une conception assez large de l'activité industrielle, à ses problématiques ou à des espaces qui lui sont caractéristiques. Dans une perspective spatio-temporelle, il semblait également nécessaire de s'intéresser, non seulement à l'activité elle-même, mais à l'ensemble des processus humains et spatiaux qui l'accompagnent dans sa genèse, son développement et sa disparition. C'est ainsi qu'ont été intégrées les problématiques de reconversion, bien que faiblement représentées au cours de la période considérée.

En fonction de ces critères, 43 articles ont été identifiés[1], hors numéros spéciaux, de 1970 à 1999. A partir de ce matériau de base, il devint possible de dégager des critères d'analyse. Quatre types de critères ont été retenus : le rythme décennal des articles, les auteurs, les contenus (objets d'étude, nature et échelle des espaces étudiés), les méthodologies. Ce sont les résultats de ce travail d'investigation et de synthèse qui sont présentés ici. Malgré le nombre relativement limité d'articles, la réflexion peut être engagée. L'éventail des approches et

---

[1] Cf. Bibliographie

des espaces couverts est assez significatif, depuis les quelques années qui précèdent la crise jusqu'aux évolutions contemporaines. L'hypothèse de travail est de mettre à jour un certain nombre d'indices révélateurs des mutations du champ thématique.

Une géographie en perte de vitesse ?

Sur la quarantaine d'articles identifiés, hors numéros spéciaux, 19 concernent les années 1970, 14 les années 1980 et 10 les années 1990, traduisant une diminution sensible de la production décennale au cours de la période considérée.

La faible place du champ thématique (moins de 10% des articles) est du reste confirmée par d'autres observations puisque seulement 14% des thèses soutenues en France (de 1990 à 1994) dans le champ de géographie humaine concernent les activités, tourisme compris (Knafou, 1997, p 163). I. Géneau de Lamarlière et JF. Staszak (2000, p.7) mentionnent également que *« la géographie économique qui constituait dans les années 1960/70 presque un passage obligé dans de nombreux cursus universitaires, a depuis disparu des programmes de plusieurs départements de géographie ou, assez souvent, compte au nombre des matières optionnelles »*. Ce déclin relatif apparaît paradoxal, à l'heure où les mutations géographiques majeures sont profondément liées aux transformations de l'activité à toutes les échelles. Il nourrit des interrogations sur la part respective qu'y tiennent la fin d'un modèle industriel et le faible intérêt des géographes français pour la thématique. En vérité, de Guy Jalabert à Paul Claval..., la faiblesse de la géographie économique en France est mentionnée de façon récurrente. Dans un paragraphe intitulé « changer l'image de l'industrie », F.Damette et J.Scheibling (1995, p.118) s'interrogent : *« Peut-être s'agit-il d'une tare originelle ? Par tradition, les Français n'aiment pas l'industrie »* ; et ils reprennent à leur compte une phrase de G.Noiriel (1992) pour qui *« La France apparaît comme un pays où la légitimité de l'industrie dans la société est faible »*.

L'impression d'un clivage avec le monde anglophone est toutefois relative. Certes, les revues spécialisées (*Economic Geography, The Journal of Economic Geography*) y sont plus vigoureuses. Mais les articles de géographie économique ne sont guère plus nombreux dans les *Annals of the Association of American Geographers* (12% contre environ 9% dans les *Annales de géographie* en France). Par ailleurs, au sein de l'association des géographes américains, la spécialité au sens large[1] regroupe moins de 15% des membres (Goodchild, Janelle, 1988).

Une spécialisation des géographes souvent éphémère dans le champ thématique

La liste des auteurs qui ont apporté leur contribution dans les *Annales* soulève elle aussi un certain nombre d'interrogations. Guère plus d'une dizaine d'auteurs sur la période 1970-1999 se signalent comme des spécialistes du champ thématique sur l'ensemble de leur carrière. Tel est le cas, par exemple de J.Malézieux, A.Fischer, G.Jalabert, M.Lafferère, G.Benko, J.P.Houssel, J.Cohen, P.Beckouche. Par ailleurs, des spécialistes connus, comme J.M.Holz, M.Battiau ou encore L.Carroué, n'ont pas publié d'articles dans les *Annales*. En revanche, plus d'un tiers des auteurs ont fourni des contributions plus éphémères à la spécialité, qu'ils aient à l'origine une autre spécialité ou qu'ils aient évolué vers une autre spécialité. Au total, la capacité du domaine thématique à fixer durablement un noyau de spécialistes est assez faible. Naturellement, ces difficultés renvoient à celles du champ thématique lui-même. R.Marconis (2000, p.159) a justement souligné, à propos de la géographie des capitaux et des investissements, les difficultés à étudier le monde de l'entreprise qui est la cellule de base de l'activité économique : *« On comprend pourquoi beaucoup de thèses de géographie industrielle n'ont pas abouti, sauf dans quelques cas particuliers : Laferrère (Lyon, ville industrielle), Prêcheur (La Lorraine sidérurgique), Haby (Les houillères lorraines et leur région) , Dezert (La croissance industrielle de la porte d'Alsace), Jalabert (les industries aéronautique et spatiale en France) ».*

Ce monde est en effet difficile à pénétrer pour des raisons de confidentialité. C'est aussi devenu un monde volatile : les sites disparaissent, se délocalisent, les secteurs se transforment..., mais l'espace reste. Le géographe, attaché à son terrain, a peut-être du mal à suivre le monde fluctuant de l'activité et de l'entreprise. Peut-être reste-t-il ancré plus facilement sur le territoire lui-même plutôt que de suivre la mobilité des hommes et des capitaux ? Par conséquent, les difficultés du champ thématique viennent aussi des mutations de l'objet d'étude et de la façon de l'étudier.

---

[1] Si l'on additionne les groupes "industrial geography", "energy", "transport", "urban and regional planning".

L'évolution des objets d'étude : la fin des études sectorielles

L'analyse des objets d'études rencontre deux difficultés, la définition d'un nombre pertinent de catégories sur l'ensemble de la période, et la classification des articles dans les catégories adoptées. En début de période, les catégories « Firme », « Espace », « Secteurs » et « Concept » s'imposent assez facilement. Mais en fin de période, la pertinence de ces catégories s'affaiblit au profit de « Nouvelles approches ». La classification des articles est aussi délicate car nombre d'entre eux peuvent simultanément être classés dans deux catégories (un thème dans un espace). Les articles et titres qui privilégiaient l'espace concerné par rapport à la thématique ont donc été classés dans la catégorie « Espace ». La catégorie « Secteur » correspond toujours à un secteur dans un espace, le plus souvent à l'échelle nationale, plus rarement à l'échelle locale. Ont été classés dans la catégorie « Concept », les articles qui se consacraient à l'étude d'un concept, d'une problématique générale ou d'une méthodologie.

Au fil des trois décennies, le faible flux des articles consacrés à des entreprises est une constante avec environ deux articles par décennie. L'entrée dans la thématique par l'espace reste globalement la voix privilégiée sur l'ensemble de la période, avec environ un 1/3 des articles. Après avoir représenté un tiers des articles dans les années 1970, le déclin puis la fin des études sectorielles (au sens de branches) est confirmé. Le relais est pris par d'autres façons d'aborder l'activité productive. De manière plus transversale, on s'intéresse à des étapes ou aspects du processus de production et de commercialisation. L'intérêt porté aux activités de recherche et de transfert de technologie est à cet égard significatif. On doit inclure, dans la logique de ces « nouvelles approches », les articles consacrés, à l'amont, à la création d'entreprises, ou à l'aval à l'étude des marchés. L'approche sectorielle est relayée par les travaux s'intéressant aux nouvelles technologies et aux services aux entreprises, faisant entrer l'activité industrielle dans la notion plus vaste de « système productif ». La question des modes de développement est enfin abordée par les articles qui mettent l'accent sur l'apport des investissements étrangers ou du développement endogène. Ces nouvelles approches, à la fois conceptualisées et spatialisées tendent à réduire l'autonomie de la catégorie « concept ». On peut donc souligner le profond renouvellement du champ thématique et, en dépit du faible nombre d'articles, la capacité de la revue à refléter, dans ses grandes lignes, l'évolution de la spécialité.

L'étude des espaces conduit à considérer l'échelle ou la nature des espaces pris en compte. Le cadre mondial est le plus souvent un cadre transnational spécifique ; il renvoie en particulier à l'espace des firmes. Cette transnationalité à géométrie variable est encore plus marquée dans le cas du concept de marché pertinent. Curieusement, les dynamiques de mondialisation ne conduisent pas à une occurrence renforcée de cette catégorie en fin de période. La notion de cadre mondial ou transnational s'écarte en définitive d'une approche en terme de « géographie générale ». Le cadre national, qui se maintient de façon assez régulière, concerne un tiers des articles. Malgré son ambiguïté ou sa polysémie, les articles qui s'y réfèrent ne comportent aucune justification théorique, tant cette réalité s'impose implicitement aux auteurs comme une évidence. L'idée de Nation et de pertinence du territoire national demeure, en dépit là aussi du contexte et des débats relatifs à la construction européenne ou à la mondialisation. Cependant, une évolution significative intervient à partir de l'année 2000, où sur les huit articles recensés entre 2000 et 2001, six se réfèrent dans le titre à la dimension européenne ou mondiale. Le cadre régional ne représente que 12% des articles, soit une part assez faible au regard, tant de la tradition géographique française en matière de « géographie régionale », que du renouveau du débat sur la question régionale. A l'intérieur de cette catégorie, les articles font référence à une conception de la région plus géographique qu'administrative. Un changement se dessine par ailleurs, depuis les petites régions géographiques étudiées dans les années 1970 vers des régions plus grandes. Le cadre privilégié est celui de la ville ou de la métropole ; il concerne 40% des articles. Il tend même à se renforcer au fil du temps. Là aussi, on observe une transformation notable, partant des villes moyennes plus fréquemment étudiées dans les années 1970 et allant vers des métropoles régionales dans les années 1980, voire des métropoles de rang national ou mondial dans les années 1990. A l'intérieur des aires urbanisées, il peut s'agir de zones industrialo-portuaires, d'activités productives anciennes insérées dans le tissu urbain central, ou d'activités nouvelles qui se développent à la périphérie, devenant le cas échéant de nouveaux pôles tertiaro-industriels au cœur d'un espace en voie de métropolisation. Le cadre métropolitain dans son ensemble est bien sûr objet de réflexion. L'étude des espaces conduit par conséquent à mettre en évidence l'articulation entre système productif et dynamique urbaine. Les articles qui ne privilégient pas un type particulier d'espace sont rares et relèvent plus volontiers de la catégorie « concept ».

Les aires géographiques présentent une autre vision de la production scientifique des *Annales de Géographie* sur le champ des activités productives. La France est l'espace de référence le plus fréquent puisqu'elle concerne 40% des articles. L'Europe n'est vraiment à l'honneur que dans les années 1980, à la faveur d'études locales ou nationales principalement, couvrant assez équitablement l'Europe du nord et du sud, plus rarement l'Europe centrale ; l'espace européen arrive ainsi en seconde position avec guère plus d'un quart des articles. Les autres continents occupent une place marginale, les Etats-Unis, grand pays industriel, sont sous-représentés. L'Amérique (nord et sud réunis) n'atteint que 10%, soit quatre articles, le Maghreb deux et l'Asie un seul, tandis que l'Afrique « sous-industrialisée » est totalement absente. Ce constat d'une géographie française trop peu ouverte à des horizons extra-hexagonaux se retrouve en partie dans l'étude des thèses (Knafou, 1997) qui révèle toutefois la place bien plus importante de l'Afrique, mais sans doute dans d'autres domaines thématiques.

La faible place des études théoriques ?

L'analyse des objets d'études a montré qu'environ 20% des articles se consacraient principalement à l'étude d'un concept, d'une problématique générale ou d'une méthodologie. Cependant, les 80% d'articles attribués à une démarche plus volontiers empirique ne sont nullement dépourvus de concepts, de problématique ou de méthodologie. En conséquence, l'idée qui ressort traduit, dans l'ensemble, la volonté de ne pas dissocier la réflexion générale d'un ancrage appuyé dans l'étude d'espaces ou de processus spatialisés. Il va de soi que les auteurs davantage attachés à l'autonomie de la réflexion théorique auront tendance à se tourner vers d'autres revues. Ce paragraphe sur les types d'approches représentées est celui qui interfère le plus avec la ligne éditoriale de la revue. Parmi les articles associés à la catégorie « concept », les entrées sont d'ordre théorique, épistémologique ou méthodologique. L'entrée méthodologique revient le plus souvent, qualitative ou quantitative ; c'est dans ce sens que l'on rencontre quelques articles plus proches du courant de l'analyse spatiale. Plus rares sont les articles qui empruntent une démarche épistémologique ou qui se réfèrent explicitement à des théories. Il est vrai que la crise économique et la fin du communisme ont porté atteinte à la crédibilité des théories instituées, qu'il s'agisse des théories néo-libérales ou marxistes, tandis que l'approche régulationniste reste faiblement connue et appréciée. De manière assez paradoxale mais symptomatique, les articles théoriques et épistémologiques sont relativement mieux représentés dans les années 1970, avant que la lecture des espaces ne soit brouillée par la crise et les grandes mutations. Ils mettent en évidence deux lectures du concept de localisation.

La question des localisations industrielles est notamment abordée par Fischer (1978) et Schneier (1978) dans une perspective théorique et modélisée qui s'apparente à la géographie économique classique, attentive avant tout à l'étude des lieux et non des hommes. La question de l'entreprise est à peine évoquée. Considérée comme un objet dans l'espace, on interprète ses choix sans lui donner la parole. Elle semble surdéterminée par les lois de l'analyse spatiale et peine à apparaître comme un acteur. De même, faisant référence aux pouvoirs publics dans les politiques tarifaires, A.Fischer s'intéresse davantage au mécanisme des coûts dans la localisation, qu'à l'Etat-institution, acteur de la régulation d'un espace-système. Thérèse Saint-Julien (1973) s'intéresse à la localisation par le biais de la décentralisation. Elle est particulièrement attentive à l'étude terminologique des textes officiels et aux études de cas. Ce thème de la décentralisation industrielle complète celui de la localisation en lui apportant un sens particulier: d'une part il revêt une dimension historique, d'autre part il revêt une dimension institutionnelle porteuse d'un sens plus général. La question de la décentralisation jette ainsi un premier pont conceptuel vers une approche systémique en accordant une place particulière à l'Etat. L'article de Thérèse Saint-Julien cible dans sa réflexion une politique et identifie clairement l'entreprise comme échelle pertinente d'analyse des processus.

C'est également au cours des années 1970 que les articulations entre les objets d'étude, les types d'approches et les contenus sont les plus marquées. On peut ainsi observer une sorte de gradient épistémologique. Au centre se trouve la géographie de la « grande industrie », abordée dans un cadre théorique, elle est généralement rationnelle, sans hommes et sans histoire. Plus les auteurs s'éloignent de l'épicentre de la grande entreprise, plus ils s'intéressent à des activités apparemment plus marginales et anciennes, ou à des espaces périphériques, en termes de systèmes productifs locaux (encore non conceptualisés), plus la figure humaine ressurgit dans les contenus, l'approche micro-sociale semble s'imposer, l'empreinte des héritages paraît plus forte, le style même devient plus littéraire.

De l'industrie au territoire ?

L'idée d'un basculement des secteurs aux espaces ou, plus largement, « de l'industrie au territoire » doit être relativisée. L'entrée sectorielle est relayée, on l'a vu, par des approches plus transversales qui sont pertinentes, sans justifier totalement l'abandon des secteurs. Les mutations industrielles, technologiques et les relations industrie/services génèrent une recomposition complexe des activités permettant d'introduire une lecture en grille, en prenant appui sur le concept intermédiaire de filière. L'image d'une rupture avec la géographie industrielle des années 1970 est aussi à relativiser. L'idée, a posteriori, que cette géographie serait « démodée » parce qu'elle se serait enfermée dans des limites sectorielles étanches et inopérantes est largement excessive. Les titres ont parfois vieilli plus que les contenus. Et les textes qui relèvent d'une entrée volontiers sectorielle ont en vérité un vaste champ d'investigation (Di Méo, 1973), intégrant dans l'étude des mutations l'importance croissante des activités tertiaires (publicité, promotion, distribution, recherche), l'exportation, les modes de consommation et les circuits de distribution, les processus de concentration technique et financière...

L'article de JP. Diry sur *L'industrie de l'alimentation du bétail* (1979) fait explicitement référence à la notion de « système », en étudiant l'agriculture intégrée, du petit éleveur à la multinationale (qui introduit les farines animales dans l'alimentation du bétail !). En terme de conceptualisation, le système industriel et géographique est saisi à travers l'image de la pyramide. Celle-ci combine échelles de fonctionnement, acteurs et segments de production : 800 industriels à l'échelle locale, une dizaine de firmes-services à l'échelle nationale, quelques multinationales au plan mondial. L'auteur souligne les héritages, les réactions du monde agricole, les logiques d'organisation des entreprises et des acteurs de l'ensemble de la chaîne. Il n'hésite pas à descendre à l'échelle des entreprises et des trajectoires individuelles. En terme de restitution, son étude est rendue vivante par la caractérisation des types sociaux et des rapports de domination, sans que l'auteur fasse preuve d'un déterminisme économique notable. Au contraire, on note une certaine défiance vis à vis de généralisations trop faciles ou des indicateurs utilisés. Enfin, JP. Diry n'hésite pas à s'interroger, et à interroger le lecteur, sur les valeurs du système. Cet article sur une industrie, l'alimentation du bétail, signé par un spécialiste de géographie agricole et rurale est aussi un article de géographie sociale. Indéniablement cette préoccupation sociale vient enrichir l'approche systémique de l'auteur. Elle met en lumière, à la différence d'autres auteurs, une géographie humaine attentive aux groupes sociaux et aux individus.

Pour apprécier un basculement de l'*espace* au *territoire*, on ne peut se contenter de suivre l'occurrence du mot « territoire » qui, dans les années 1970, n'est pas encore intégré dans le corpus de la discipline. Les articles qui s'éloignent de l'approche en termes de facteurs de localisation, pour s'orienter vers une démarche systémique, s'intéresser aux systèmes productifs locaux, et intégrer la notion d'acteurs, témoignent de fait d'une entrée territoriale. Il faut donc s'attacher à la démarche plutôt qu'au vocabulaire. Si l'on en revient à notre questionnement initial : « mettre à jour un certain nombre d'indices révélateurs des mutations du champ thématique », l'étude de la géographie industrielle à travers les *Annales de géographie* de 1970 à 1999 permet d'établir, provisoirement, les constats suivants : le champ thématique tend à s'affaiblir sur la période, le noyau de spécialistes est peu nombreux, il s'adapte à la mutation des activités en développant les études transversales, l'entrée territoriale est présente mais non dominante.

Redéfinir l'industrie : les éléments d'un consensus

L'ensemble des spécialistes de la thématique s'accorde sur la nécessité d'élargir le concept d'industrie et de surmonter les barrières artificielles qui séparent encore dans les statistiques « industrie » et « services », mais avec des nuances. La mutation des activités est en effet bien plus complexe qu'un simple basculement de l'industrie aux services sous-tendu par l'expression de « post-industrialisation ». Nombre d'auteurs se démarquent donc de ce terme (Beckouche, 1999 ; Veltz, 2000 ; Holz, Houssel, 2002). Mais les entrées qu'ils privilégient conduisent à des représentations différentes des processus de redéploiement et d'indifférenciation apparente des activités. L'intégration d'une dimension socioculturelle est un critère de différenciation de leurs méthodes et de leurs résultats.

S.Montagné-Villette : approches spatiales et socioculturelles

Solange Montagné-Villette (2001) souligne les inadéquations de la classification de Colin Clark aux réalités contemporaines. Cette classification renvoyait schématiquement à une image ternaire de la société (paysans, ouvriers, employés) et des espaces (campagnes, usines, villes). L'auteur montre l'effacement progressif des spécificités spatiales et socioculturelles des secteurs secondaires et tertiaires. La banalisation spatiale se traduit dans le paysage ; les activités se côtoient désormais dans les mêmes zones et les mêmes types de bâtiments. Ces zones d'activités se retrouvent dans les mêmes nœuds de communication au sein des métropoles et s'inscrivent pareillement dans des réseaux globaux de communications. L'uniformisation sociale et culturelle des activités est sensible dans l'indifférenciation entre cols bleus et cols blancs, réunis sous le même vocable d'opérateurs, sans distinction significative au niveau des salaires. La taylorisation des services rapproche les salariés des mêmes conditions de travail autrefois dévolues aux seuls ouvriers. La précarisation de l'emploi et les conflits sociaux ne permettent plus de différencier le monde de l'industrie de celui des services. Au sein des entreprises, on assiste à la même montée d'une culture marketing et à la financiarisation des activités.

M.Battiau et l'approche spatiale par le marché

Michel Battiau (1999) recherche la spécificité de l'industrie dans son comportement spatial, indépendamment de contenus socioculturels. L'industrie est alors la production, en un lieu donné, d'une grande quantité de biens matériels destinés à des marchés finals non locaux. Cette distinction permet de différencier la véritable industrie, destinée à un marché lointain, d'une production destinée à un marché local, comme la boulangerie industrielle par exemple. L'importance de l'industrie est fonction de son marché et de son caractère national ou international. Cette définition amène Michel Battiau à élaborer le concept de « quasi-industrie » pour désigner les services dont le marché final est lointain : vente par correspondance, compagnies d'assurance, industries culturelles…

P.Beckouche :« de l'industrie à l'industry »

Pour P.Beckouche (1999), l'analyse des interactions entre secteurs *« est une excellente façon de comprendre les territoires »*. Il rejoint M.Battiau sur l'internationalisation des marchés : *« s'il y avait une classification pertinente des secteurs d'activité, il faudrait la faire selon leur rapport au marché et selon leur degré d'ouverture à la concurrence internationale et certainement pas entre industrie et services »*. Mais il relativise finalement cette approche spatiale car, dans la grande distribution, la gestion de l'eau ou des déchets, c'est sur la partie amont que se joue la compétition et l'organisation de l'activité.

Passant de l'industrie à « *l'industry* » qui embrasse toutes les branches d'activité, P.Beckouche insiste sur la « servicialisation » de l'industrie, comme sur l'industrialisation des services. Il partage la préoccupation marshallienne du choix entre *faire* et *faire-faire*, démontrant, exemple à l'appui, que la réponse varie selon les pays. L'immobilisation du capital progresse dans les services financiers ou les télécommunications : la substitution capital/travail est donc à l'œuvre dans les services autant que dans l'industrie. La notion de « produit », de « secteurs » et « process » n'est pas absente dans les services. P.Beckouche montre en quoi ces aspects ont des implications sociales : segmentation du travail, flexibilité, « re-engineering »...

Finalement, il se demande *« où s'arrête le système productif ? »*. Il voudrait différentier les services, mais en souligne la difficulté. Dans ses analyses initiales (Beckouche, Damette, 1993), il avait classé l'enseignement supérieur dans la « reproduction sociale ». Il conviendrait à présent de l'inclure dans le système productif. En conclusion, la géographie industrielle ne peut plus faire l'impasse sur les services : *« Comme dans l'industrie, la figure du compromis organisationnel entre ces deux exigences contradictoires (décentralisation et intégration des firmes) est celle du réseau (Veltz, 1992). Le déploiement spatial des firmes, qu'elles relèvent des services ou de l'industrie, s'appréhende à travers des concepts communs »*[1]. Les concepts de réseau et de territoire sont ainsi intégrés dans la redéfinition des activités industrielles et de services.

Industrie, territoire, mondialisation

D'autres travaux offrent un nouveau regard sur l'industrie dans la perspective de la mondialisation. Comme indiqué dans la première partie, l'effacement relatif de l'industrie relève d'une image perçue depuis les pays déjà industrialisés qui ont redéployé leur appareil productif à l'échelle mondiale, dans des aires géographiques longtemps considérées comme des périphéries. La recomposition des activités s'apprécie différemment à l'échelle mondiale. La redéfinition de l'industrie doit aussi intégrer ce phénomène. Partant de démarches différentes, deux ouvrages s'intéressent à la mondialisation et à la diversité des capitalismes, rejoignant à certains égards les analyses de

---

[1] Beckouche P., (1999, p. 325).

Michel Albert (1991) ; ils déjouent de ce fait le dogme de l'uniformisation.

Pour JM. Holz et JP.Houssel (2002), l'industrie manufacturière occupe plus que jamais une place centrale dans la nouvelle économie mondiale. L'industrie n'a pas régressé, elle s'est transformée. L'analyse s'efforce de clarifier la terminologie et de montrer la place de l'industrie en termes d'emplois, de valeur ajoutée, d'échanges et d'investissements. En dépit de la tertiarisation de l'économie, la valeur des échanges industriels est quatre fois supérieure à celle des échanges de service. Les mutations du système productif depuis les années 1970 sont analysées en fonction de différents critères: mutations technologiques, mutations du travail, de l'organisation de l'entreprise, montée des questions environnementales, évolution du rôle de l'Etat. Au-delà des grandes tendances qui se dégagent, comme la financiarisation de l'entreprise industrielle ou les privatisations, la question des modèles nationaux (américain, japonais ou rhénan…) permet de s'interroger sur la dimension culturelle de l'entreprise et la diversité des capitalismes. La dimension sociale et le *« coût humain de la mondialisation industrielle »* sont également abordés. L'étude sectorielle n'est pas négligée mais se dégage de l'exhaustivité en s'appuyant sur des exemples représentatifs. Les types de pays sont analysés en soulignant le poids de l'histoire et la spécificité des territoires. Face à la thèse d'un effacement inexorable de l'industrie, les auteurs montrent au contraire que l'industrie est le moteur de l'économie mondiale. Cet ouvrage s'emploie à « déconstruire » les représentations issues d'une vision en terme de post-industrialisation.

De son côté, L.Carroué (2002) met l'accent sur la nécessité de faire de la mondialisation un véritable objet d'étude. Il la définit comme *«valorisation différenciée et sélective des différents territoires par le capital dans un cadre concurrentiel»*. Loin de présenter le caractère mondial qu'elles souhaitent s'attribuer, les transnationales ont le plus souvent une identité et continuent à s'adosser à la puissance des Etats dont elles sont originaires. L'auteur souligne également le maintien de modèles nationaux de capitalisme et le rôle central que continuent de jouer les Etats. Face à cette mondialisation, analysée comme processus d'expansion du capitalisme mondial, L.Carroué souligne ses limites, les formes de résistance culturelles et territoriales qu'elle suscite.

La « bifurcation » de la géographie économique et de la géographie industrielle fournit des éléments sur la genèse et le développement du concept de territoire. Ce terme, pré-existant dans la langue française, est d'abord connu pour son sens politique et institutionnel. Par la suite, il est associé à l'aménagement du territoire. Dans son acception actuelle, il exprime l'ensemble des interactions qui se nouent entre l'espace et ses différents contenus. Cette acception apparaît explicitement dans le champ disciplinaire à partir des années 1980. En 1991, le nouveau sens du territoire est introduit par le CNRS dans le titre de la section 39 (« Espaces, territoires, sociétés »), lors d'un nouveau découpage des champs thématiques, dans une perspective interdisciplinaire. Son présent usage révèle trois aspects. Premièrement, le concept de territoire est quasiment absent de la géographie économique française d'inspiration libérale, ancrée dans une approche en termes de circuit économique, de marché, et d'homme rationnel. Deuxièmement, ce même concept s'est développé au sein de la géographie industrielle, partie prenante de la géographie humaine. Loin d'être un concept apparemment nouveau, il s'inscrit au contraire dans une longue tradition épistémologique, appréhendant l'espace dans sa globalité et donnant une place significative aux acteurs. Son développement récent prend place dans une période où l'économie, la société et l'espace sont bouleversés par la crise et une nouvelle étape du processus de mondialisation. Face aux lectures verticales par spécialités thématiques, l'entrée par le territoire permet des lectures plus transversales, intégrant un ensemble de facteurs économiques, politiques, sociaux et culturels. Troisièmement, malgré une apparente consensualité, le concept de territoire revêt dans la pratique des sens différents car les entrées thématiques conservent une influence et les auteurs n'accordent pas une importance égale à chacun des facteurs considérés.

2. Nouvelle géographie socio-économique et nouveau monde industriel

En 1992, G.Benko, A.Lipietz et P.Veltz se retrouvaient dans *Les régions qui gagnent. Districts et réseaux : les nouveaux paradigmes de la géographie économique*. Le texte de P.Veltz : « Hiérarchies et réseaux dans l'organisation de la production et du territoire » s'insérait dans la troisième partie : « Elargir la problématique ». Au cours des années 1990, leurs positions respectives évoluent. En 2000, deux ouvrages paraissent, de nature différente.

Le projet de nouvelle géographie socio-économique de G.Benko et A.Lipietz

Positionnement des auteurs

Le projet de nouvelle géographie socio-économique est international et interdisciplinaire. Parmi la vingtaine d'auteurs qui participent à *La richesse des régions*, se côtoient géographes et économistes, issus d'universités et centres de recherche européens et nord américains. Tout en se situant dans la lecture et le contexte « postfordiste », marqués par l'influence régulationniste, les auteurs sont ancrés dans une approche régionale et ne récusent pas l'héritage de la géographie vidalienne :

> « ...le destin du local n'était pas la simple projection du global. Si de nouveaux centres d'activité parvenaient à émerger et à se stabiliser, ils le devaient d'abord à eux-mêmes, à leurs caractéristiques internes. Cette « personnalité régionale » (comme disait jadis Vidal de La Blache, l'un des ancêtres de la géographie française) se trouvait un nom plus moderne : la « bonne gouvernance ». C'est-à-dire une capacité, sans doute héritée d'une culture historique, de stabiliser des modes de coopération interne, entre capital et travail, entre grandes entreprises et sous-traitants, entre administration et société civile, entre banque et industrie »[1]

Ils portent un regard critique sur les lectures de la crise établies dans les années 1980. L'engouement excessif pour les districts, finalement fragilisés, masquait le retour en force des grandes entreprises. Toutefois, l'intérêt porté aux districts a permis de pointer la dimension socioculturelle dans la spécialisation régionale, au sein du capitalisme contemporain. Enfin, les auteurs se démarquent clairement de deux types de courants. Celui du tournant culturel de la géographie anglo-saxonne qui associe postfordisme et postmodernisme. Celui de la nouvelle géographie économique de Paul Krugman qui marque un renouvellement de la pensée néo-classique dans ses relations à l'espace.

La nouvelle géographie socio-économique est présentée comme une géographie humaine et régionale, économique et « écologique »

[1] Benko, Lipietz, 2000, p 10.

où l'espace est la dimension matérielle des rapports sociaux. Elle s'inscrit par conséquent dans l'héritage des années 1970 qui présentait déjà l'espace comme un produit social, et qui réintroduisait le possibilisme. Au fond, cette nouvelle géographie n'est peut-être pas si nouvelle, ce qui ne réduit pas son intérêt :

> « L'espace régional est tissé par des rapports sociaux passés, il est remodelé par les multiples initiatives des acteurs (les administrations, les entreprises...) qui cherchent à « tirer parti » d'un espace humain « toujours déjà donné » (comme disait Louis Althusser), mais, ce faisant, transforment cet espace, modifient le champ des forces »[1]

Exemples de contributions

Face au grand nombre de contributions, il est nécessaire d'être sélectif. Le texte d'Anna Lee Saxenian sur la Silicon Valley a déjà été évoqué. L'accent sera mis ici sur celui de Dong-Ok Lee concernant les entreprises coréennes de Los Angeles[2]. L'intérêt de ce chapitre réside dans la notion de communauté culturelle et de diaspora entrepreneuriale. Dong-Ok Lee souligne la diversité des réponses apportées par les communautés ethniques à la reproduction de leur force de travail dans un contexte géographique donné. La transformation sectorielle des entreprises de Los Angeles est liée au rôle des immigrés internationaux. Les immigrés qualifiés qui ne parvenaient pas à pénétrer les strates supérieures du marché du travail se sont mis plus nombreux à leur compte. Les Coréens ont créé des PME dans le secteur manufacturier et le bâtiment, des années 1975 à 1986. Les entreprises coréennes du secteur des services (assurances, banques et agences immobilières) ont davantage servi les demandes de leur communauté. A partir des années 1970, la vague des immigrants apporte avec elle un capital entrepreneurial. Elle participe à l'introduction des entreprises et produits coréens sur le marché américain, comme à l'internationalisation de l'économie coréenne. La communauté a créé Koreantown, en réponse collective à la restructuration urbaine. Koreantown offre un centre aux activités des entrepreneurs : *« Le sentiment d'appartenance à une communauté, fondé sur un certain nombre de valeurs et de croyances communes ainsi que sur le partage d'une même identité, a ouvert la voie à des tentatives entrepreneuriales »*[3]. Les associations jouent un rôle important dans le

[1] Op. cit. p 13.
[2] Lee D-O., 2000, p 199-224.
[3] Op. cit. p 213.

fonctionnement de cette communauté : ses réseaux et pratiques informelles ont permis de réduire le coût des facteurs de production. Cette dynamique s'inscrit toutefois dans les conflits territoriaux et les émeutes qui ont marqué Los Angeles en 1992, nous rappelant que la dimension identitaire comporte aussi des risques et doit être appréhendée avec circonspection.

Des rapprochements avec le territoire

La nouvelle géographie socio-économique apparaît également historique et culturelle. En prenant en compte les acteurs et leurs multiples rapports à l'espace dans le champ de l'économie, elle rejoint la notion de territoire sans toutefois pratiquer l'usage de ce mot. Les auteurs établissent une correspondance entre la formulation française de « l'enracinement local » et la formulation anglaise « embedded ». L'ouverture interdisciplinaire et internationale permet d'aborder le territoire en surmontant les questions de vocabulaire. Si *le territoire* s'impose comme un terme spécifiquement français, le concept lui-même a une aire de rayonnement bien plus large. De ce point de vue, l'échange scientifique permet de s'affranchir d'un référent unique. La nouvelle géographie socio-économique s'inscrit finalement dans une longue tradition épistémologique, tout en offrant une ouverture internationale.

Le « nouveau monde industriel » de P.Veltz

L'intérêt pour l'étude « micro »

Dans cet ouvrage, Pierre Veltz (2000), ingénieur et docteur en sociologie, exprime au contraire la singularité de sa démarche. Il propose d'autres pistes de réflexion, en s'interrogeant sur l'avenir de ce nouveau monde industriel et la façon de l'appréhender. Il s'attache aux « formes élémentaires » de la vie économique : nouvelles manières de travailler, de produire, d'innover, d'échanger...Il analyse, au plus près du terrain, les changements de la société contemporaine, parcourant les usines, les centres commerciaux, les bureaux, les centres d'ingénierie ou de recherche, les administrations. Il constate un changement de « sens » qui imprègne la thématique de son livre, tout en nuance :

> « (Il) voudrait se détacher des visions trop surplombantes du changement socio-économique, rentrer dans l'épaisseur parfois touffue des transformations dans

l'organisation des firmes et du travail, remettre l'efficacité 'technique' et 'micro-économique' au centre d'un débat sur la société salariale qui tend souvent à considérer ces éléments comme des 'boites noires' ou à les résumer en quelques clichés ('post-fordisme', 'production flexible', etc.). Bien entendu, il ne s'agit pas, ce faisant, de considérer l'organisation du travail, de la production ou de la firme comme la source principale, encore moins unique, des changements économiques et sociaux en cours ; mais plus simplement, d'en suivre les mutations comme un fil conducteur privilégié »[1]

Une critique des cadres théoriques institués

Sa quête du sens l'amène à remettre en cause trois options théoriques instituées : celle des néo-libéraux, des marxistes-régulationnistes et des postmodernes. Il reconnaît la nouvelle force acquise par le néo-libéralisme sans en faire la clé de lecture exclusive des changements actuels : *« Même la firme-réseau la plus pénétrée par les régulations du marché ne vit qu'à travers une stabilité minimale des nœuds et des liens sans laquelle son existence même serait dépourvue de sens »*. Il se place dans l'optique de l'univers marchand, défendant la « centralité du travail » et rejetant la voie de l'utopie : *« le monde réel, pour l'immense majorité d'entre nous, est et restera celui de l'économie de marché. Transformer la société salariale, dans le sens d'une plus grande justice et d'une meilleure protection des plus faibles, paraît, à tous égards, plus urgent que d'inventer des mondes parallèles. »*[2]

Le rapport des individus à la signification du travail

L'auteur se démarque du vocabulaire et du « cadre théorique » institué, en utilisant d'autres mots, comme celui d' « efficacité », plutôt que d'adopter les concepts habituels de « productivité » et de « compétitivité ». Un peu comme dans une démarche de géographie culturelle, il s'intéresse aux *« univers de travail concrets dotés de multiples dimensions »*, aux *« rapports des individus à la signification du travail, à la conception du parcours professionnel, à la cohérence biographique qui se déplacent »*, aux *« mondes vécus et vivants »*. La montée en puissance de l'individu dans le monde professionnel n'est pas un paramètre technique de réglage des systèmes productifs : *« C'est un complexe de comportements, de représentations et d'attentes dont les dimensions psychologiques et sociologiques débordent radicalement du champ clos de telle ou telle organisation*

---

[1] Op. Cit. p 9-10.
[2] Op Cit. p 14-16.

productive particulière »[1]. Bref, P.Veltz veut dépasser les formules de « système productif » et «société de l'information » pour s'intéresser plus largement aux mutations de la société considérant qu'il est impossible d'isoler la dynamique technologique parmi toutes les autres.

L'autonomie dans le travail, l'individu et le réseau

L'autonomie dans le travail met en évidence la montée de l'individu et celle du réseau. Dans *« la nouvelle économie de l'individu »* l'efficacité ne dépend plus de l'intensité du travail, mais de ce qui se passe entre les individus et qui échappe en partie à toute programmation. L'autonomie individuelle, longtemps proscrite, est désormais exaltée par le discours managérial. Mais surtout elle change de sens : s'affirmant non plus comme une marge de manœuvre par rapport à une règle rigide, mais capacité dynamique de s'insérer dans un collectif. L'inscription de l'individu dans des réseaux plus ou moins maillés est liée au déclin généralisé des schémas hiérarchiques et pyramidaux. Ce modèle en réseaux est mis en cohérence avec la montée de l'individu dans la production.

Ne pas renoncer au cadre collectif et institutionnel

L'analyse de P.Veltz n'est pas prescriptive. L'ambiguïté des nouvelles tendances qu'il voit se dessiner oppose les atouts de l'autonomie aux risques d'isolement de l'individu. Le déficit du cadre collectif et institutionnel est marqué par le déclin de la famille et de l'entreprise elle-même. Leur effacement déstabilisant appelle de nouvelles réponses : *« Ces déficits du cadre régulateur peuvent être comblés. Il est même urgent qu'ils le soient dans certains domaines comme la régulation collective de la flexibilité de l'emploi... Nous aurions intérêt à chercher activement et pragmatiquement des formules permettant de combiner la variabilité des tâches et la sécurité des trajectoires individuelles, par exemple par la mutualisation au sein de bassins d'emplois »*[2]. Dans cet ouvrage, P.Veltz ne parle pas du territoire parce que, dans sa lunette, je dirais qu'il a momentanément changé de distance focale, mais il ne semble pas renoncer à ce concept. Le territoire peut et doit probablement combler ce déficit du cadre collectif.

---

[1] Op. cit. p 12.

[2] Op. cit. p 21.

La question du sens et le retour à Weber

Dès l'introduction, P.Veltz signale nos incertitudes : on ne connaît pas le type de société qui va résulter des changements en cours. L'issue n'est pas perceptible car nous n'avons aucun modèle de référence: « *Mais alors que dans le profond remodelage des Trente Glorieuses se déployait une modernisation dont les champs de force étaient dessinés depuis longtemps et dont on pouvait voir le modèle ailleurs (aux Etats-Unis), la mutation actuelle déstabilise et traumatise parce que le sentiment général de basculement vers un monde différent n'est perçu que de manière éclatée, fragmentaire, sans issue clairement perceptible* ». Cette situation revêt un double sens, elle est encourageante, parce qu'aucun modèle ne nous contraint, et inquiétante, car il n'est pas possible de se représenter l'avenir. C'est donc à nous de le définir, nous sommes libres, encore faut-il donner un sens à cet avenir ; d'où le titre de la conclusion : « *La liberté et le sens* ». Deux références à Max Weber viennent ponctuer cette conclusion. La première met en évidence l'actuel défi de l'instabilité et de l'étendue des possibles : « *Le paysan, dit en substance Weber, dans Le savant et le politique, pouvait inscrire sa vie dans un déroulement stable. L'homme moderne, en revanche, devant la diversité et la multiplicité des sollicitations qui l'assaillent, est gagné par la 'lassitude'* ».[1] Le second défi est le sens que nous allons donner à ce « nouveau monde industriel ». L'auteur note à quel point cette question du sens est proche de celle qui « *angoissait* » les pères de la sociologie : « *Car nous revoici face à deux questions que posait déjà Max Weber : celle de la liberté et du sens. Si l'évolution des formes productives permet d'être, quant à la première, moins pessimiste que lui, la seconde question reste entière* »[2]. On peut donc dire que P.Veltz se situe dans une optique finaliste, mais dans un contexte où la finalité reste à définir.

Au cours de ce chapitre, nous n'avons pas observé « la fin » du territoire, mais au contraire son émergence, au sein d'un patrimoine scientifique qui tisse des liens entre passé et présent, donnant de la substance à l'économie, à l'espace et à la société. Les mutations de l'économie ont fait resurgir la question du territoire comme un prolongement de la « personnalité régionale » de Vidal de La Blache, et

[1] Op. Cit. p 225.
[2] Op. cit. p 227

de l'atmosphère industrieuse d'A.Marshall. Elles ont fait resurgir la question du sens, à travers un retour à la pensée de Max Weber. Ainsi, la réflexion contemporaine, nous ramène simultanément vers Vidal, Marshall et Weber. Ce triptyque européen et interdisciplinaire ouvre une perspective plus large : la recherche d'une vision plus globale de l'économie, de la société et de l'espace. Cette recherche s'est imposée pour comprendre la complexité des mutations contemporaines que les schémas uniformisants des Trente Glorieuses ne permettaient pas d'éclairer. Ce qui relie ces auteurs entre eux, c'est un lieu et un moment : l'Europe des débuts de la Seconde industrialisation. Les signes d'un grand mouvement qui va traverser les trois quarts du XX° se mettent en place. Ce moment a donc un sens particulier ; présentant des analogies avec la période actuelle, il nous renvoie à la périodisation des historiens plutôt qu'à celle des économistes en terme de « fordisme ». C'est aussi un moment de l'histoire des sciences humaines et sociales : les disciplines, aux limites encore floues et mouvantes, n'ont pas atteint la forme institutionnelle qu'elles auront par la suite. L'économie est déjà bien établie, mais l' « école de Cambridge » que Marshall représente, apparaît comme un trait d'union entre l'économie politique classique et l'économie contemporaine. Surtout, Marshall se caractérise par une large formation pluridisciplinaire qui en fait un théoricien aux visées amples[1]. Max Weber, le sociologue, est issu de l'école historique allemande. Paul Vidal de La Blache fonde la géographie à partir d'une bifurcation au sein de l'histoire. Le XX° siècle voit s'affirmer les disciplines, avant que la crise remette à l'ordre du jour les nécessités d'une vision transdisciplinaire sur tous les grands phénomènes sociétaux. La question du sens général de l'histoire semble se poser dans les périodes de grands changements et d'instabilité profonde, avant qu'un nouvel « ordre » devienne clairement perceptible. Ce nouvel ordre dessine des champs de réflexion multiples, révélant, dans l'ensemble, une résistance du territoire aux processus de mondialisation. Mais le territoire local n'explique pas l'ensemble des processus à l'œuvre. Dans le nouveau monde industriel, l'individu s'inscrit dans des spatialités multiples que je vais tenter d'approfondir en revenant, dans la dernière partie, à l'étude empirique de l'industrie par le biais de l'entreprise.

---

[1] Article de l'Encyclopaedia Universalis, 1968, vol. 19, p 1208.

Quatrième partie

Entreprises, territoires, mondialisation

Il s'agit à présent d'emprunter un chemin différent en se focalisant sur l'entreprise. L'entreprise occupe, en effet, une place originale entre la dimension locale du territoire et la dimension globale de l'économie. Cette double dimension pose le problème d'une conceptualisation de la firme en tant qu'objet géographique à localisations multiples. Je m'intéresserai par conséquent à la façon dont les géographes l'ont définie. Mais les entreprises présentent des caractères différents selon les secteurs. Dans une économie basée sur la connaissance, le secteur de la microélectronique, que j'ai tout particulièrement étudié, revêt un intérêt et des enjeux spécifiques. Il s'appuie sur des ressources humaines et territoriales où la qualification de la main-d'œuvre est élevée. La recherche y joue un rôle décisif. Dans le même temps, cette industrie fortement capitalistique nécessite des ressources financières importantes, exigeant des stratégies complexes à plusieurs échelles. L'entreprise se territorialise, se globalise et se financiarise. L'ensemble de ces considérations permet d'aborder la firme dans une approche systémique. L'entreprise, à son tour, transforme en profondeur les territoires, à travers l'ensemble des flux matériels et humains qu'elle génère. Elle agit comme un vecteur majeur des mutations économiques, sociales et spatiales du monde contemporain. Il convient, par conséquent, de s'interroger sur l'intérêt, mais aussi les limites du territoire, dans le contexte de la mondialisation et de la mobilité des acteurs économiques.

1. De l'industrie à l'entreprise

L'entreprise est aujourd'hui le prisme permettant d'apprécier la mondialisation et ses conséquences. Le terme de mondialisation renvoie en premier lieu à des aspects descriptifs : la firme gère des ressources à l'échelle mondiale en multipliant ses bases d'approvisionnement et ses marchés. Le concept de mondialisation a aussi une dimension idéologique. Paul Krugman (2000), dans *La mondialisation n'est pas coupable,* met en évidence l'esprit de guerre économique qui s'est emparé des milieux d'affaires américains. De son côté, Emmanuel Todd (1998, p.14) dénonce vigoureusement le culte de la mondialisation qui s'est imposé comme une fatalité :

> « La mondialisation –globalisation selon la terminologie anglo-saxonne- serait la force motrice de cette fatalité historique. Parce qu'elle est partout, elle ne peut être arrêtée nulle part. Principe de rationalité, d'efficience, elle n'appartient à aucune société en particulier. Elle flotte, a-sociale, a-religieuse, a-nationale, au-dessus des vastes océans, l'Atlantique et le Pacifique s'affrontant pour la prééminence dans un combat vide de conscience et de valeurs collectives. Que faire contre une telle abstraction, une telle délocalisation de l'histoire ? »

Dans ce contexte, la firme multinationale apparaît comme l'instrument d'une mondialisation anonyme et inexorable, comme un vaste réseau de biens, de capitaux et de services qui serait dépourvu de toute identité. Face aux craintes et au mythe contesté de la globalisation, de nombreux auteurs ont au contraire insisté sur la notion d'identité des firmes. Peut-on parler en définitive de la nationalité des multinationales ? Pour éclairer ce débat, trois aspects seront envisagés. Dans un premier temps, je rappellerai la place de la firme en géographie et les différentes façons de l'aborder. Puis, je proposerai une approche systémique de la firme, à partir de ma connaissance du secteur de la microélectronique. Enfin, cette approche sera illustrée par trois exemples d'entreprises au sein de ce même secteur, en mettant en évidence la diversité des modèles et la force des contradictions existant entre territoires et mondialisation.

Quelle définition de l'entreprise en géographie ?

La définition de l'entreprise et sa place pose un problème spécifique dans une discipline tournée avant tout vers l'étude des espaces. La question des entreprises est abordée le plus souvent à travers l'étude d'espaces régionaux, nationaux, ou à travers l'étude plus générale des processus de mondialisation. Mais rares sont les travaux qui, en géographie, prennent l'entreprise pour objet d'étude privilégié. Il est difficile par exemple de trouver des monographies d'entreprises. Il n'existe pas en France de géographie de l'entreprise, alors que les disciplines voisines ont développé depuis longtemps l'histoire de l'entreprise, l'économie de l'entreprise, la sociologie de l'entreprise. La problématique de l'entreprise en géographie s'inscrit dans un héritage épistémologique complexe et diversifié. La géographie industrielle issue de l'école française de géographie s'est intéressée aux entreprises et aux entrepreneurs par le biais d'une approche régionale. La géographie économique d'inspiration néo-classique s'est d'abord intéressée aux théories de la localisation. La prise en compte des agents s'est faite en référence à *l'homo œconomicus* avant d'intégrer les concepts de rationalité limitée et les organisations, en écho à l'évolution des théories économiques. Je ferai donc référence à quelques apports de la géographie anglo-saxonne et de la géographie française.

La firme dans la géographie anglo-saxonne

L'intérêt pour l'entreprise semble plus marqué dans la géographie économique anglo-saxonne qu'il ne l'est en France. Une géographie de l'entreprise se développe dans les années 1960, et paradoxalement, certains auteurs font référence à l'apport épistémologique de l'école française de géographie. Dans la revue *Economic Geography,* l'article de Günter Krumme « Toward a geography of enterprise », paru en 1969, est tout à fait intéressant de ce point de vue. L'intérêt de géographes de langue anglaise pour les travaux de Paul Vidal de la Blache se manifeste par le biais d'une approche sociale et humaniste de la géographie économique. Le concept de *genre de vie* a été transposé à la société urbaine et industrielle qui s'est développée au cours XX° siècle. L'entreprise est alors appréhendée comme l'institution caractéristique du *genre de vie* urbano-industriel.

« A major breakthrough was accomplished by McNee, who traced a "geography of enterprise" back to the thinking of the French School: "If one carries the views of Vidal de la Blache to their logical end and applies them to the modern urban-industrial world, it is difficult to escape the conclusion that the most important single institution in the urban-industrial genre de vie is the modern corporation (Robert

B.McNee: Toward a More Humanistic Economic Geography: The Geography of Enterprise, Tijdschrift voor Economisce en Sociale Geografie, vol. 51, August, 1960, p 201) »[1]

Au-delà de cet héritage conceptuel revisité, Krumme se rapproche du courant behavioriste qui est contemporain de ses travaux. Il défend l'idée que les forces à la base des processus de changement ne sont pas seulement de nature économique mais trouvent leur origine dans toutes les institutions culturelles et systèmes de valeur de la société. Il considère l'entreprise comme la combinaison d'éléments financiers, technologiques et humains. Mais il estime que cette vision a été négligée, en raison de la prédominance d'une pensée économique déterministe[2]. Le débat a été relancé récemment. En 2001, un numéro entier de la revue *Economic Geography* est consacré à l'entreprise et à sa conceptualisation[3]. L'article de Maskell[4] rappelle de façon récurrente que les géographes économistes ont rarement inclus le thème de l'entreprise. Il constate l'absence de toute considération théorique sur la firme. Il invoque la nécessité d'un fondement micro-théorique : étudier ce qui se passe à l'intérieur de la firme, ses institutions formelles et informelles qui, liées aux caractéristiques territoriales, la font fonctionner et prospérer. Mais la « boîte noire » de l'entreprise est souvent appréhendée à travers le prisme des théories économiques: théories des coûts de transaction, théorie des contrats, théories évolutionnistes[5].... La plupart de ces théories d'origine américaine présentent un caractère a-territorial et a-historique assez marqué.

Dans ce même numéro d'*Economic Geography,* des apports plus spécifiques sont mentionnés par Taylor et Asheim[6]. J'en retiendrai deux. Premièrement, les travaux de la géographe Erica Schoenberger (2001) présentent une vision discursive de la firme qui repose sur l'étude du discours managérial. Dans un environnement désordonné et en évolution rapide, les firmes utilisent leur adaptabilité pour générer de nouvelles représentations d'elles-mêmes, en créant des cultures d'organisation. Deuxièmement, les travaux du sociologue Mark Gra-

---

[1] Op. cit., p 31. B. McNee a publié d'autres articles dans *Economic Geography*
[2] Op. cit., p 30
[3] *Economic Geography* (2001), vol.77, n°4.
[4] Maskell P., (2001), pp 329-344.
[5] En France, ces théories ont été présentées par l'ouvrage de Benjamin Coriat et Olivier Weinstein (1995), *Les nouvelles théories de l'entreprises.* Une synthèse est outre reprise par Philippe Cabin dans *L'économie repensée* (2000).
[6] Taylor M., Asheim B. (2001), pp 315-328

novetter (1985) présentent la vision « enchâssée » de la firme dans des réseaux sociaux. L'action économique dépend de la cognition, de la culture, de la structure sociale et des institutions politiques. L'enchâssement dans le tissu institutionnel des réseaux est vital pour la création d'un entrepreneuriat internationalement compétitif. Ce n'est pas la firme individuelle qui compte mais le système de firmes.

Au total, on observe schématiquement la confrontation de deux approches, l'une davantage économique, l'autre davantage socioculturelle. Les géographes se sont consacrés dans, un premier temps, à l'étude des agrégats et des facteurs de localisation des établissements, avant de se tourner, sous des formes sémantiques variées, vers l'étude des relations entre firmes et territoires.

La firme dans la géographie française

L'entreprise est en réalité un objet géographique complexe. Sa définition comporte des difficultés. Dans les définitions proposées en France par certains manuels de géographie, l'entreprise ne serait qu'une catégorie juridique. Seul l'établissement serait l'objet géographique par excellence. Cette approche est notamment formulée par 'Les mots de la géographie' :*« L'entreprise est une catégorie juridique, non pas géographique : c'est l'établissement qui est l'objet géographique. Cependant, unité économique autonome, même quand elle est filiale d'une autre entreprise, l'entreprise est un des grands acteurs de l'espace »*[1]. Les 'Principes de géographie économique' proposent une définition combinant différents aspects juridiques, économiques et géographiques : *« L'entreprise est une unité juridique de production dont l'activité aboutit à une vente de biens et services sur le marché. L'établissement est l'unité économique et géographique élémentaire de la production. Le groupe comprend un ensemble d'entreprises soumises à une stratégie globale. Celle-ci est définie par la société-mère qui détient des participations financières dans ses filiales lui assurant le pouvoir de décision »*[2]

De son côté, A.Fischer (1994, p.2) considère globalement l'entreprise comme un objet géographique :

[1] Brunet R., Ferras R., Terry H., (1992), p187.
[2] Géneau de Lamarlière, Staszak, (2000), p 349.

« Le territoire de l'entreprise se construit et fluctue en permanence au grès de la conjoncture et des opportunités. Il n'est pas inscrit dans des limites rigides. Il est discontinu et marqué par des lieux (les implantations) et des relations entre ces lieux (les flux d'échanges). Il s'agit donc d'un espace mobile, structuré par des flux et des réseaux et marqué par la logique d'adaptation permanente au changement des conditions de la production industrielle »

Cette phrase comporte pas moins de sept termes géographiques : territoire, limite, discontinuité, lieux, flux, espace et réseaux, soulignant la complexité de l'entreprise dans sa dimension spatiale. A côté de ces termes géographiques, quatre autres font référence à la dimension temporelle : *fluctuation, conjoncture, adaptation, changement.* Enfin, l'expression « conditions de la production industrielle », renvoie à la réalité socio-économique de l'entreprise qui peut se traduire par le capital, le travail des hommes et des femmes, les technologies et le marché. S'intéresser au territoire de l'entreprise suppose de prendre également en considération le siège social comme lieu remarquable. Le siège incarne a priori le lieu du pouvoir décisionnel. Mais ce pouvoir devient de plus en plus difficile à localiser avec l'évolution de l'actionnariat. On peut, en outre, distinguer le siège fonctionnel du siège juridique, choisi le plus souvent pour des raisons fiscales.

La taille des entreprises est un autre élément d'appréciation. Les auteurs se sont tournés vers l'étude des firmes multinationales (X.Browayes, 1974), des PME (Wakermann, 1989) ou vers le processus de création d'entreprises (Benko, 1989). La crise des années 1970 a révélé un changement dans la façon d'apprécier la place respective des grandes et petites entreprises. Cette grande dépression est d'abord apparue comme la crise des grandes entreprises « fordistes » qui licencient en masse, laissant la place à l'avenir prometteur de PME innovantes et flexibles. Ce renversement de valeur peut être éclairé de deux points de vue. D'une part, le succès des districts à partir de l'exemple de Troisième Italie, relève d'un modèle territorial et du cadre théorique fondé par A.Marshall. D'autre part, la création de PME innovantes dans les nouveaux secteurs relève d'un modèle dynamique de croissance et du cadre théorique Schumpétérien. Dans un second temps apparaissent les restructurations du réseau des sous-traitants de la grande entreprise. Les schémas mis à jour dans l'industrie automobile rendent compte des liens qui unissent, dans le changement, la grande entreprise emblématique et le vaste tissu d'entreprises « anonymes » qui lui est associé (Jalabert, Gregoris, 1987; Charrié, 1995). Les bases sont posées d'une réflexion en termes de systèmes et de réseaux. Mais la puissance économique, politique et spatiale des grandes entreprises est revenue en force dans les réalités et les représentations au cours des années 1990. Si la mondialisation n'est pas en soi un élément nouveau, la multiplication par dix des investissements directs étrangers dans le dernier quart du XX° siècle lui a donné un élan considérable. L'ONU comptabilise en 1997 environ 44500 FMN détenant 276660 filiales à l'étranger[1]. L'essor des multinationales est également sensible par le biais des fusions et acquisitions, complétées à présent par le phénomène des alliances. La nouvelle étape de la mondialisation fait ressortir la capacité des firmes « globales » à se projeter sur des marchés toujours plus vastes et renouvelés, à segmenter ou réorganiser spatialement le processus de production, à coordonner des réseaux et des territoires différents. C'est donc vers cette capacité globale de coordination et d'adaptation que j'orienterai à présent la réflexion.

L'approche systémique de la firme entre mondialisation et territoire

L'éclatement spatial de la firme pose le problème de son unité et de sa coordination. Les changements de l'environnement concurrentiel et technologique posent le problème de sa pérennité et de son adaptation. Les stratégies et les moyens adoptés pour répondre à l'ensemble de ces défis ne sont pas les mêmes. Les firmes présentent des comportements spécifiques mais affrontent des contraintes communes à l'intérieur d'un même secteur. Je présenterai dans un premier temps quelques caractéristiques du secteur de la microélectronique, avant de définir les paramètres qui influencent la définition et le comportement des firmes.

La microélectronique dans le champ des NTIC

Le caractère central de la microélectronique dans l'économie mondiale est naturellement perceptible à travers la quantité de produits qui nous entourent et qui contiennent des composants électroniques. Pourtant son impact économique n'est pas toujours perçu dans toute son étendue. En 2000, l'industrie des semi-conducteurs représentait moins de 1% du PNB mondial, mais exerçait un effet de levier par son impact sur l'ensemble des industries électroniques et des services.

---

[1] Ce chiffre considère comme « multinationale » toute entreprise possédant au moins une unité de production à l'étranger ; la multinationale doit détenir au moins 10% du capital de sa filiale. D'après JM Holz et JP Houssel (2002), p 57.

L'essor de cette industrie est récent mais ses racines sont anciennes, liées au développement de la transmission sans fil ou de l'électro-acoustique. Plusieurs entreprises qui jouent un rôle important dans le paysage de cette industrie sont nées au XIX° ou dans la première moitié du XX° siècle : tel est le cas de Siemens (1847), Philips (1891), IBM (1911), Texas Instruments (1916), Hewlett Packard (1938). Ces entreprises sont nées avant la découverte majeure du transistor, en 1947, dans les laboratoires Bell. Leur trajectoire s'inscrit par conséquent dans une longue durée qui dépasse la problématique du secteur au sens strict et transcende la question des cycles Kondratieff. Au cours de ces vingt dernières années, la microélectronique a été l'industrie de base de la société de l'information, caractérisée par un renouvellement intense des produits et des marchés et des investissements considérables pour la production et la recherche.

✓ *Croissance et renouvellement des marchés*

Le développement des industries électroniques se manifeste après la Première Guerre mondiale avec la TSF. La Seconde Guerre mondiale constitue un tournant, avec les premiers calculateurs électroniques pour la mise au point des bombes atomiques. Dans l'après guerre, les commandes militaires jouent un rôle déterminant en Europe et aux Etats-Unis, avant que les applications civiles prennent rapidement le relais. En Europe, le taux d'équipement des ménages en radio passe de 20% en 1960 à 100% quinze ans plus tard, celui des téléviseurs passe de 25% en 1970 à 100% à la fin des années 1980. L'industrie électronique entre alors dans l'ère du marché de masse. Le Japon, qui n'a pas d'industrie militaire, se tourne directement vers les biens de consommation où il réalise une percée, grâce à la fiabilité de ses produits. Mais les innovations, comme le magnétophone à cassette, le magnétoscope et le disque compact, ont été portées par Philips. Les succès des entreprises se font par conséquent sur la base de critères variés et évolutifs. Dès 1993, Intel reprend la tête grâce à ses microprocesseurs portés par la domination américaine dans le domaine des ordinateurs personnels. Les années 1990 voient la percée d'internet, de la carte à puce, et du téléphone portable dont le taux d'équipement semble plus rapide que dans la phase précédente. L'élan des télécommunications a mis cette fois l'Europe sur le devant de la scène. L'arrivée de nouveaux produits et de nouveaux marchés tire le marché des composants et redistribue les cartes. La numérisation est à présent un facteur de convergence et de mise en réseau de l'ensemble des TIC (Fache, 2002). La croissance potentielle du secteur repose plus généralement sur trois éléments : les nouveaux produits, l'incorporation croissante des semi-conducteurs dans les objets de la vie quotidienne (phénomène de pervasion) et l'expansion des nouveaux marchés, en Asie en particulier.

✓ *Un secteur jeune en cours de consolidation*

La problématique d'expansion et de survie des entreprises est donc spécifique dans un secteur qui n'a pas encore atteint la maturité et qui est encore disputé par un très grand nombre d'acteurs. L'émergence des NPI tend logiquement à introduire de nouveaux concurrents comme la Corée et Taiwan. Les entrepreneurs de la microélectronique font parfois une analogie entre la situation actuelle de cette industrie et celle du secteur automobile dans les années 1920, avant la grande concentration qui a marqué la deuxième moitié du XX° siècle. Une entreprise comme STMicroelectronics, parmi les dix premières à l'échelon mondial, ne représente par exemple que 4% du marché des semi-conducteurs. La logique de consolidation, dans cette atmosphère hautement concurrentielle, génère une forte mortalité des firmes et une évolution fréquente des classements. Les professionnels identifient quatre facteurs d'évolution des firmes : la politique commerciale, le rôle de l'équipe dirigeante, la R&D et l'investissement productif. Ces facteurs agissent sur le fonctionnement spatial, social et global des firmes. Les efforts de R&D, de l'ordre de 15% à 17% du CA, sont supérieurs à la moyenne des secteurs de l'industrie. Il faut y ajouter la R&D des clients qui définissent l'architecture des systèmes, ce qui requiert une certaine proximité entre les fabricants de puces et leurs clients pour la conception des systèmes. Cet effort de R&D s'appuie également sur la contribution des laboratoires publics et requiert une proximité avec les centres d'excellence scientifique. Au total, l'effort de R&D a des implications dans la stratégie territoriale des firmes. Il se manifeste également dans la composition du personnel et la stratégie de recrutement. Les relations sociales dans l'entreprise sont influencées par le fort pourcentage de cadres dans les centres de production et de conception, tandis que les centres d'assemblage connaissent une main-d'œuvre moins qualifiée. Dans les périodes de forte croissance, comme en 1999, le *turn over* des cadres est élevé et la compétition entre firmes est intense pour fidéliser les compétences. La politique de recrutement intègre un ensemble de considérations incluant les stocks options, les aspirations à la mobilité internationale, le cadre de vie et naturellement la formation de l'ensemble des personnels. Les universités d'entreprise sont conçues pour former, mais aussi pour intégrer un personnel international à la culture d'entreprise.

✓ *Taille critique et stratégie des firmes*

L'importance des efforts de recherche et d'investissement est illustrée par la loi de Moore. En 1971, Gordon Moore, co-fondateur d'Intel, a établi que la puissance des composants était amenée à doubler tous les 18 mois, parallèlement à leur miniaturisation, traduisant une course effrénée vers l'innovation. Le renouvellement des lignes de production à chaque saut technologique représente un investissement de l'ordre de 20% du CA[1]. Les coûts de production et de recherche très élevés conduisent les firmes à rechercher une taille critique qui est au cœur de leur stratégie. Aux politiques de fusion ou acquisition, il faut désormais ajouter l'association entre fabricants pour partager des coûts de recherche ou de production, l'association avec les clients pour la conception des systèmes et l'insertion dans de grands consortiums de recherche comme Sematech aux Etats-Unis ou les programmes européens de recherche tels que Medea. L'entreprise tisse donc sa toile dans un ensemble d'associations et de réseaux. Elle puise des ressources dans les territoires, en s'appuyant notamment sur sa sphère géopolitique d'origine, mais pas de manière exclusive.

La firme comme système productif : dynamiques globales, acteurs et territoires

A partir de ces caractéristiques, on peut définir l'entreprise comme un système de relations entre cinq paramètres : marchés & produits, production & recherche, organisation financière, relations sociales, organisation territoriale. Ces derniers sont reliés entre eux par des dirigeants qui assurent la gouvernance de l'entreprise.

✓ *Mondialisation des marchés et régionalisation des firmes*

Les marchés et les produits sont différenciés, ce qui amène les firmes à être présentes sur tous les grands marchés. La puissante vague d'investissements en Asie ne s'explique pas seulement par la recherche de faibles coûts salariaux, dans le cadre classique de la division internationale du travail. Elle s'explique aussi par l'essor des NPI et l'enjeu qu'ils représentent en terme de marché. Face à cette mutation profonde, certaines firmes évoluent dans le sens d'une régionalisation de leur organisation globale, par une intégration des différentes fonc-

[1] Une usine 8 pouces représentait 1,5 MM$ en 2000, et une usine 12 pouces 2,5 MM de $ en 2003

tions de conception, production et marketing sur chaque grand marché.

✓ *Mondialisation et hybridation des modèles productifs*

La question des modèles productifs a été abordée à travers une série de travaux sur l'américanisation des firmes après la Seconde Guerre mondiale (Zeitlin, Herrigel, 1998). Chaque fois qu'un pays a généré des innovations technologiques, commerciales ou managériales d'une grande efficacité, les concurrents ont cherché à déterminer les secrets de ce succès et à le transposer dans d'autres environnements. Si les réponses ont varié selon les firmes, les pays ou les périodes, il semble que la transposition relève moins d'une imitation que d'une adaptation sélective aux circonstances locales. Ces modifications du modèle dominant ont donné naissance, selon J.Zeitlin, à la création de modèles hybrides qui sont devenus sources d'un avantage compétitif. Le succès d'une imitation requerrant presque toujours une innovation. On est donc en présence d'un processus culturel qui évolue en empruntant et filtrant des éléments exogènes. Lors de la période récente, nombre d'entreprises ont d'ailleurs adopté des méthodes de management de la qualité totale en s'inspirant de modèles japonais. Le monde de l'entreprise n'est donc pas réductible à une vison uniformisante, pas plus qu'à une vision mono-culturelle.

✓ *Le plus grand enracinement de la recherche, interrogations ?*

Malgré la mondialisation des entreprises, le domaine de la recherche est peut être celui qui, pour l'instant, semble le plus enraciné dans le territoire d'origine, pour des raisons historiques, stratégiques et financières, car les liens avec les universités et laboratoires publics supposent la participation des Etats. A l'échelle européenne, les programmes de recherche tels que Jessi et Medea ont eu des effets positifs pour les trois principales firmes européennes que sont ST, Philips et Infineon. ST ayant su tout particulièrement valoriser ces programmes (Lucchini, 2002). Toutefois, l'identité de la recherche est aussi en débats. Des formes d'association internationales se développent comme entre ST, Philips et Motorola à Crolles. Mais on ne sait pas encore quelle en sera l'issue dans les rapports de forces entre concurrents. Le consortium américain Sematech s'est ouvert à des concurrents internationaux. Quelques années plus tard, les programmes européens ont fait de même. L'internationalisation de la recherche et les associations entre concurrents sont des phénomènes relativement récents dont il est difficile pour l'heure de prévoir les conséquences.

✓ *Mondialisation et financiarisation*

La financiarisation des entreprises est par excellence le domaine le plus risqué de la mondialisation, qu'il s'agisse de la mise en bourse ou de l'introduction de fonds d'investissements parmi les actionnaires. Ces investisseurs sont davantage préoccupés par des logiques de profit à court terme que par la pérennité des firmes. Ils n'entretiennent pas de relations directes avec le personnel des entreprises, davantage considéré en termes de coûts qu'en terme de capital humain essentiel au bon fonctionnement de l'entreprise. Au cours des dernières années, on a vu fréquemment les cours d'une entreprise augmenter dès qu'un plan de licenciement était annoncé. La financiarisation constitue la principale menace pour l'identité et la pérennité des firmes, leur organisation sociale et territoriale. De ce point de vue, il semble nécessaire de distinguer les firmes guidées par des stratégies industrielles des firmes guidées par des stratégies strictement financières.

✓ *La réalité sociale de l'entreprise entre territoire et mondialisation*

Les firmes définissent des stratégies globales mais s'insèrent dans des réalités sociales et territoriales variées. Les relations sociales s'adaptent à la législation nationale et à l'environnement politique et culturel des sites. La même entreprise qui possède des sites aux Etats-Unis, en France et à Singapour va produire dans des conditions très différentes. Face à la mise en concurrence des sites, les directeurs d'établissements jouent un rôle important, en assurant la mise en cohérence entre les objectifs globaux et les ressources et modes de fonctionnement locaux. Toutes les décisions de création, d'évolution ou de fermeture des sites ne sont pas prédéfinies par une stratégie globale. Il y a aussi des opportunités et des marges de manœuvre que les acteurs locaux exploitent. Plusieurs filiales de grands groupes de la microélectronique sur le technopôle de Sophia Antipolis sont nées de l'initiative d'ingénieurs-entrepreneurs. De même, face aux risques de fermeture ou de délocalisation, les responsables des établissements prennent des initiatives pour améliorer la compétitivité et maintenir la pérennité des sites. Des projets de coopération et de recherche en région PACA s'expliquent dans cette perspective.

A l'échelle globale, on a vu les entreprises mener des stratégies de recrutement international et d'expatriation des cadres pour créer de nouveaux sites à l'étranger. Le développement de nouvelles filiales suppose que la société y transfère ses technologies et savoir-faire, établisse des relations avec les administrations locales et s'adapte aux cultures locales. Le rôle des expatriés n'est pas seulement nécessaire au moment du lancement de la filiale, il peut demeurer important au bout de trois à six ans. Cependant l'expatriation est coûteuse et rencontre de nombreux obstacles, notamment familiaux. En conséquences, toutes les entreprises n'y ont pas recours dans d'égales proportions. L'importance des obstacles à l'expatriation a conduit de nombreuses entreprises à rechercher sur place les dirigeants des filiales internationales. Dans le cas d'acquisitions, le maintien sur place des équipes locales peut être l'option privilégiée plutôt qu'une prise de contrôle à grands renforts de cadres expatriés. Le succès d'une stratégie privilégiant les forces locales repose néanmoins sur l'existence de personnes ayant une double culture acquise le plus souvent lors d'une expérience internationale antérieure. Pour les entreprises américaines, l'implantation en Asie est facilitée par le grand nombre d'ingénieurs ayant fait leurs études aux Etats-Unis. Dans la microélectronique, les entreprises tirent partie du réservoir migratoire que constitue la Californie (Saxenian, 2000). Au total, l'interaction des processus de mondialisation et de territorialisation est complexe. Les firmes s'insèrent dans ces processus en produisant des modèles variés d'organisation, en fonction des choix effectués par les équipes dirigeantes.

Trois trajectoires entrepreneuriales différentes

Je vais à présent illustrer mes propos à l'aide de trois exemples, en insistant sur le rôle des hommes et la diversité des combinaisons du système firme. Les entreprises étudiées sont STMicroelectronics et Atmel dans le domaine des semi-conducteurs et Gemplus dans le domaine de la carte à puce. Si ST incarne plutôt le modèle de la firme-territoire, Atmel relève davantage d'un modèle hybride. Pour Gemplus, enfin, le pouvoir de commandement échappe désormais au territoire d'origine.

STMicroelectronics, mondialisation et racines européennes

STMicroelectronics est issue de la fusion en 1987 de deux groupes publics : l'Italien SGS et le Français Thomson-Semiconducteurs. Cotée en bourse depuis 1994, 65% de son capital est désormais flottant. Au moment de la fusion, le groupe était classé au 14° rang mondial, il a régulièrement progressé par la suite pour se trouver, depuis 2002, dans les cinq premiers mondiaux. On peut donc s'interroger sur les facteurs de cette réussite. Les deux segments français et italiens avaient, certes, accumulé des compétences au cours de leur histoire (Daviet, 2000), mais c'est dans les années 1980 que les choix stratégiques fondamentaux ont été adoptés. La question des choix stratégiques ne peut être traitée indépendamment des hommes qui les incarnent et les mettent en œuvre. Le rôle de Pasquale Pistorio, arrivé à la tête de SGS en 1980, a été particulièrement important. SGS est alors la seule grande société italienne dans le secteur des semi-conducteurs considéré comme stratégique. L'entreprise perd de l'argent. Ce n'est pas son potentiel technologique qui est en cause mais ses capacités d'industrialisation et de réponse aux stimulations du marché. Plus généralement, dans une Europe secouée par la grande dépression des années 1970, la question du mode de gestion des entreprises est posée. En 1979, alors que l'Italie entre dans le système monétaire européen et adopte une politique de redressement de son économie, le gouvernement fait le choix du passage à une gestion de type privée. Cette décision s'inscrit dans un mouvement de longue durée qui commence en 1974 avec la réforme progressive du marché des capitaux et se poursuivra dans les années 1990 avec les lois de privatisation. Le choix de Pasquale Pistorio est celui d'un italien et d'un manager expert. Pasquale Pistorio est un sicilien qui se trouve à la direction marketing international de Motorola à Phœnix. Il relève le défi : prouver que l'Europe peut exister et se défendre dans l'industrie mondiale du semi-conducteur. C'est là que se trouve le mythe fondateur de STMicroelectronics. A ce moment, les grandes lignes de la stratégie et de l'organisation interne sont fixées : être un producteur large gamme plutôt qu'une société de niche, nouer des partenariats à long terme avec de grands clients pour atténuer les effets de cycle, transformer en profondeur la culture de l'entreprise. Pistorio constitue son équipe en s'appuyant sur des italiens passés, comme lui, par Motorola. La nouvelle organisation interne apparaît directement inspirée de l'expérience américaine de Pistorio : *« il nuovo amministratore delegato della SGS-ATES rivoluziona l'organizzazione introducendo una struttura matriciale per divisioni e per aere commerciali. Ancora una volta è l'esperienza organizzativa dell'America che si trasfonde su Agrate »*[1]. L'organigramme en grille est constitué par l'intersection des divisions « produits » et des aires géographiques. Le développement de la recherche et de l'investissement productif s'appuie sur les

[1] Micromeganews, n°45, 1998.

soutiens publics du Ministère de la recherche, pour le site d'Agrate, et les dispositifs d'intervention dans le Mezziogiorno, pour le site de Catane. Très rapidement, ce cadre national est dépassé pour se tourner vers les programmes européens de recherche et envisager le rapprochement avec Thomson-Semiconducteurs.

Les contacts entre les deux entreprises ont commencé à se nouer dans le cadre d'un projet EUREKA. Les directeurs respectifs des services de R&D ont joué à cet égard un rôle important. Les dirigeants de Thomson-Semiconducteurs étaient davantage influencés par la culture de Texas Instruments et avaient entrepris un effort analogue de réorganisation. Les complémentarités géographiques et technologiques étaient bonnes entre les deux « sœurs latines ». Elles ont permis une entrée sur la plupart des applications et une présence sur les principaux continents. Depuis 1969, SGS était présent en Asie, et en 1985, Thomson-Semiconducteurs avait racheté Mostek à Carrollton (Dallas). La réussite de la fusion a reposé sur l'équilibre recherché et atteint entre les partenaires, au niveau du capital, des équipes managériales et plus tard des investissements. L'unification de l'entreprise s'est appuyée sur plusieurs outils : la mise en place du Total Quality Management, de multiples standards pour évaluer l'ensemble des objectifs, l'unification des supports de communication, le développement d'un réseau intranet, la mobilité interne. Mais la nouvelle culture de STMicroelectronics s'est surtout élaborée à travers la mise en œuvre de nouvelles unités de production, de R&D, de formation, les succès des années 1990 qui ont nourri la reconnaissance de l'équipe managériale.

ST compte actuellement 43000 salariés et 16 sites de production et d'assemblage de par le monde. La plupart d'entre eux sont issus des deux entreprises fusionnées et se signalent par conséquent par leur relative stabilité, en dépit de quelques acquisitions éphémères et de la fermeture de l'unité de Rennes. Entreprise mondialisée, ST conserve un fort ancrage euro-méditerranéen. 47% des effectifs sont en Europe et les principaux centres de R&D sont en France (Grenoble-Crolles) et en Italie (Agrate et Catane). L'université d'entreprise (STU) est en Provence, à proximité du site de Rousset. Le siège est désormais à Genève. Le cœur de la société se rassemble ainsi dans un triangle transalpin dont les sommets sont Milan, Grenoble et la Provence. Mais la logique de ST est celle d'une présence intégrée en matière de conception, de production et de marketing sur chaque grand marché, car une telle présence est le signe d'un engagement sur un territoire.

46% des contrats sont passés en Europe et 28% en Amérique du Nord, mais l'Asie représente 43% des livraisons. Le secteur des communications demeure le premier débouché avec 30% des ventes, suivi de l'informatique (20%), du grand public (20%), de l'automobile (15%), et de l'industrie[1] (15%). Les contrats de longue durée avec de grands clients (Alcatel, Nokia, Hewlett-Packard, Seagate, Thomson-Multimedia...) participent en amont à la définition des systèmes et garantissent un volume de production, permettant d'amortir l'effet des cycles. 70% du CA est ainsi représenté par des produits différenciés, contre 30% représentés par les produits standards.

ST demeure une multinationale européenne, par ses origines, sa culture, sa forte implication dans les programmes européens de recherche (Medea +), et dans l'organisation de la profession au sein de l'ESIA (European Semiconductor Industry Association). Cette philosophie européenne, bâtie sur des partenariats industriels et institutionnels, s'est clairement affirmée au cours des années 1990. La vision géopolitique de la firme peut être illustrée par cette citation dont l'un des auteurs n'est autre que l'économiste de STMicroelectronics :

« On l'a compris, les formes d'associations qui visent à tisser de manière flexible un réseau entre les acteurs de l'industrie se développeront surtout entre Européens, la culture 'libérale' américaine n'étant pas propice à ce genre d'associations »[2]
« Ainsi ce qu'il nous faut pour gagner notre indépendance technologique c'est une cohérence dans les actes des partenaires, sociétés de composants, fabricants d'équipements et Etats ; la recette qui au demeurant fait le succès du Japon »[3]

Pourtant, le 12 avril 2002, l'annonce d'un vaste programme d'investissement dans les nanotechnologies réunissant ST, Philips et Motorala suscite des réactions à l'intérieur comme à l'extérieur de l'entreprise. La stratégie européenne serait-elle mise en défaut ? Il est pour l'instant trop tôt pour le dire. Mais l'augmentation des coûts d'investissements et de recherche est une contrainte majeure qui rend les partenariats internationaux nécessaires pour les unités de production et de recherche les plus avancées. A la lumière de cet exemple, on voit donc la double logique de ST entre racines européennes et mondialisation. Trois autres problèmes restent en suspens quant à l'avenir de la firme : le défi asiatique, l'évolution de l'actionnariat, le renou-

---

[1] Les applications industrielles et autres incluent le domaine des cartes à puce.
[2] Dauvin, Olliver, Coulon (1995), p 119.
[3] Op. cit. p 121.

vellement des dirigeants. Comme l'indique le rapport du deuxième trimestre 2002, *« la répartition géographique des ventes reflète la migration continue de l'ensemble de la fabrication vers l'Asie/Pacifique »*. Compte tenu du flux global des investissements, le prochain cycle aura probablement son centre de gravité en Asie. Dans le même temps, la concurrence des producteurs coréens et taiwanais est de plus en plus rude ; en témoigne le classement de Samsung au troisième rang mondial en 2003. En décembre 2001, France Telecom se désengage du noyau dur de l'actionnariat franco-italien. Malgré un accord entre les actionnaires italiens et français, ce désengagement se traduit par la mise sur le marché des 6% d'actions détenues par l'opérateur français de télécommunications et pourrait rendre l'entreprise encore plus sensible aux fluctuations du marché boursier. Enfin, les nouveaux défis ne sont pas qu'externes à l'entreprise. L'équipe qui a conduit ST au succès doit désormais se renouveler. La personnalité charismatique de Pasquale Pistorio a joué un rôle fondamental dans la cohésion du groupe. Le mythe fondateur de ST devra s'incarner dans des hommes nouveaux.

Atmel, un modèle hybride, une globalisation pragmatique

Atmel incarne un tout autre modèle d'entreprise en évolution constante. Son siège est à San José, elle compte environ 7500 personnes dont plus de la moitié en Europe ; elle se classe au 25° rang mondial, mais au 8° rang pour les mémoires Flash. Elle est dirigée et présidée par son fondateur G.Perlegos qui détient une part significative du capital, sans toutefois être un actionnaire majoritaire. C'est une entreprise née en 1984 dans la Silicon Valley et qui présente nombre de caractéristiques du mythe californien. G.Perlegos est un grec qui a fait ses études à Stanford et a travaillé huit ans à Intel avant de créer Seeq Technology puis Atmel, en 1984, avec son frère Gust et le Chinois T.C. WU. L'entreprise se spécialise d'abord dans une activité de *design* sur la niche des mémoires non volatiles. En 1989, elle entre dans la production par l'acquisition d'une usine d'Honey-Well dans le Colorado. Toute sa croissance par la suite sera basée sur des acquisitions et une diversification de ses produits. Après une phase de croissance aux Etats-Unis (1989-1995), elle se développe en Europe avec l'acquisition de l'usine ES2 de Rousset, puis d'autres établissements en France (St-Egrève), en Allemagne (Heilbronn) et au Royaume Uni (Newcastle). Elle comprend également plusieurs centres de conception en Europe. L'assemblage est sous-traité en Asie.

Atmel ne participe pas au grand consortium américain Sematech dont les droits d'entrée sont trop coûteux pour une société relativement petite. Mais Atmel participe aux programmes européens tel que MEDEA+ et s'est fortement impliqué dans les projets R&D de la région PACA. De ce fait, les équipes de R&D sont très présentes en Europe, en fonction du développement des produits, notamment dans la carte à puce. La R&D paraît relativement diffuse et n'est pas restée concentrée dans le territoire américain d'origine. Le management très pragmatique et décentralisé s'appuie sur l'intégration des équipes locales. Il n'y a pas d'encouragement à la mobilité internationale, ni d'université d'entreprise. En dehors du triumvirat initial, on rencontre deux types de managers: américains et asiatiques liés à la première phase de croissance sur le sol américain, européens (Français, Anglais et Allemands) liés à la deuxième phase de croissance sur le sol européen. Aujourd'hui l'Europe comprend ses sites les plus avancés et représente son premier marché (à raison de 37%) à égalité avec l'Asie.

L'organisation très pragmatique et flexible d'Atmel est peut être liée à une certaine échelle, il est difficile de dire si l'organisation serait la même avec 50000 salariés. La personnalité de ses dirigeants, dont la mixité culturelle est importante, joue aussi un rôle notable dans les choix stratégiques. L'enracinement territorial est diversifié. Atmel est une firme globale qui ne semble pas s'adosser de façon privilégiée à son territoire d'origine mais évolue en saisissant des opportunités. C'est plutôt un modèle hybride qui ne dépend pas d'un sentiment d'appartenance à une aire géographique privilégiée.

Gemplus, une success story française devenue américaine

Gemplus est caractéristique de l'irruption du global dans le territoire, du rôle des hommes et des enjeux de pouvoir de l'activité économique. L'innovation et le territoire étaient bien au rendez-vous de cette aventure industrielle née en 1988, lorsque Marc Lassus et les cinq co-fondateurs quittent SGS-Thomson pour fonder Gemplus à Gemenos. Tous sont des ingénieurs possédant une solide culture managériale et une expérience internationale. Ils croient à l'avenir prometteur de ce nouveau marché qui prend naissance en France dans les années 1970 (Daviet, 2000). La décision de création intervient alors que les conclusions du Boston Consulting Group sont défavorables à l'avenir de la carte. Pourtant, cette invention française part rapidement à la conquête du marché mondial dont Gemplus devient le leader. Douze ans après sa création l'entreprise emploi 6000 salariés dans 16 unités de production, 7 centres de R&D et 41 points de vente répartis dans plus de 30 pays. 80% de son chiffre d'affaire est réalisé à l'exportation. Seul le marché américain est réfractaire à la carte à puce, comme à la norme GSM qui a pourtant conquis les trois quarts de la planète. Le "*not invented here*" est une donnée culturelle profonde, le marché est « imparfait ». En évoquant le cas de Gemplus, mon but est de mettre en évidence le rôle crucial de la stratégie financière dans le devenir des firmes, les mécanismes non économiques qui entrent en ligne de compte et la fragilité du territoire.

Dans l'évolution récente de Gemplus, on peut citer la mise en bourse en décembre 2000 au moment où le marché des télécommunications s'effondre. Certes, le moment était finalement inopportun ; Gemplus a été mis en bourse à 6 euros l'action, pour descendre à 0,5 euros au dernier trimestre 2002. Mais l'entreprise reste un an plus tard le *leader* de son secteur, fortement concurrencée, il est vrai, par le numéro deux Schlumberger. Le problème le plus important pour l'avenir de Gemplus et de son territoire d'origine, est davantage lié à l'introduction du fonds d'investissement Texas Pacific Group. Cet élément est antérieur à la mise en bourse et indépendant de la crise qui a secoué le secteur. Il est donc nécessaire d'évoquer l'introduction de ce fonds d'investissement et d'en montrer les conséquences.

L'initiative est venue de TPG. Ce fonds d'investissement était plutôt connu pour racheter des entreprises en difficulté. Les fondateurs étaient divisés sur la question. Daniel Legal, l'un des co-fondateurs, et PDG du groupe en 1999 avait rejeté les propositions de TPG. Marc Lassus a introduit TPG dans Gemplus dans la perspective de conquérir le marché américain. Critiqué pour son rôle dans cette opération[1], il a reconnu par la suite ses erreurs. La conquête du marché américain était-elle indispensable ? Le développement de l'entreprise s'était fait sans le marché américain. Le marché européen et asiatique, la diversification dans les tags et autres objets communicants offraient de vastes perspectives. Avec 26% du capital de la compagnie contre un montant de 500000 millions de dollars, TPG est rapidement devenu un actionnaire interventionniste. Au cours de l'année 2000, tandis que Marc Lassus est toujours Président du conseil d'administration, le siège social est déplacé au Luxembourg et les dirigeants historiques de la compagnie sont écartés, au profit d'Antonio Perez, un ancien cadre de

[1] Selon l'expression utilisée par de nombreux acteurs et reprise par la presse, Marc Lassus a « introduit le loup dans la bergerie ».

Hewlett-Packard qui arrive avec son équipe. La rupture entre Marc Lassus et les autres fondateurs est consommée. Outre le malaise que ce changement d'hommes introduit chez les cadres et salariés, les décisions stratégiques prises par la nouvelle équipe sont contestées. On peut citer notamment l'achat du fabricant de télécartes ODS au moment où les télécommunications entrent en crise, et plus tard, la vente de Skidata, représentant les technologies prometteuses de la carte « sans contact ». A côté des avantages financiers offerts à Marc Lassus et au nouveau PDG, les salariés réagissent en 2001 à l'annonce d'un premier plan social et d'un projet de déménagement des centres de recherche aux Etats-Unis. Une association d'actionnaires minoritaires regroupant des anciens salariés de Gemplus se constitue. La confusion règne des mois durant. Finalement, Marc Lassus est contraint de démissionner en décembre 2002, tandis qu'un nouveau patron Alex Mandel est confirmé à la direction de l'entreprise. Le parcours de cet ancien cadre d'ATT, administrateur d'In-Q-Tel -le fonds de capital risque de la Central Intelligence Agency-, suscite des inquiétudes nouvelles, à l'heure où le monde a basculé dans l'après 11 septembre. L'entrée de la Sagem, entreprise française, à hauteur de 10% dans le capital de Gemplus laisse planer l'hypothèse d'un nouvel équilibre entre les actionnaires, susceptible de contrer l'influence dominante de TPG. Mais cette hypothèse tourne court en octobre 2003 lorsque la Sagem revend ses actions.

Cette affaire, qui semble faire partie d'un processus économique classique de prise de participation et de contrôle, a éveillé une intense émotion en raison d'un sentiment d'appartenance de l'entreprise à son territoire d'origine et des enjeux du savoir-faire de Gemplus dans le domaine stratégique de la sécurisation des données et de la cryptologie. L'identité de la firme est remise en cause. Alors que l'esprit *start-up* de cette entreprise n'avait pas suscité jusqu'alors une forte tradition syndicale, on a vu s'exprimer un mouvement social teinté d'altermondialiste : *« Gemplus doit rester à la France »*, tel était le vœu de nombre de salariés. Les mots d'ordre n'ont pas porté que sur la défense de l'emploi. A côté des fractions classiques du syndicalisme, l'affaire Gemplus a conduit des *leaders* syndicaux à adhérer à ATTAC. L'expression de *succes story* française n'était pas imméritée. Le grand mérite de Marc Lassus est d'avoir su croire à ce marché contre le scepticisme ambiant. Son échec s'explique par des facteurs objectifs comme par des facteurs subjectifs : la sous-évaluation des enjeux et des rapports de force. Sa mise à l'écart sanctionne aussi son aveuglement.

La vision géopolitique des firmes est partagée par de nombreux auteurs. Pour l'économiste Bernard Guilhon (1998), la production de connaissance reste peu globalisée et les firmes restent profondément enracinées dans leur pays d'origine : *« Les Réseaux de Production Trans-Frontières sont construits et activés par des firmes dont la stratégie prend appui sur les structures industrielles nationales qui restent la base de la compétition globale »*[1]. De même, pour Laurent Carroué (2002), les transnationales ont le plus souvent une identité et continuent à s'adosser à la puissance des Etats dont elles sont originaires. Pourtant, à la lumière de ces trois cas, on ne peut pas parler d'un modèle unique de firme. Dans les rapports de force qui se jouent entre territoire et mondialisation, l'identité et la pérennité des firmes laissent planer bien des incertitudes. Le territoire n'en sort pas toujours vainqueur. Enfin, les Etats ne jouent pas partout le même rôle. La capacité des firmes à s'adosser aux Etats dépend aussi des formes de régulation de la mondialisation mises en place par les Etats et les organisations internationales. Alors que les années 1980 et 1990 ont été marquées en Europe par l'affaiblissement du rôle des Etats dans l'économie[2], l'essor des NPI d'Asie s'est réalisé dans un cadre institutionnel où l'Etat a joué un rôle directeur important. Mon approche systémique de la firme se rapproche de la vision proposée par Krumme. L'entreprise est bien une combinaison d'éléments financiers, technologiques et humains. Si les ressources technologiques et humaines sont largement territorialisées, permettant des modèles d'organisation variés, les ressources financières sont en revanche fortement globalisées. En ayant recours, sous diverses formes, au marché mondial des capitaux, l'entreprise se trouve au cœur des contradictions et des rapports de force qui se nouent entre mondialisation et territoires. Dans tous les cas, les firmes jouent un rôle décisif dans le développement, la concurrence et la crise des territoires. Transformé économiquement et socialement par l'entreprise et sa dynamique, le territoire doit être revisité au regard de ces mutations profondes. Le dernier paragraphe

---

[1] Guilhon (1998), p28.

[2] N'oublions pas qu'en 1996, le gouvernement Juppé avait envisagé de céder Thomson Multi Media, numéro deux européen de l'électronique grand public, au groupe coréen Daewoo pour un franc symbolique.

est donc orienté vers une réflexion critique cherchant à réévaluer les déterminants locaux des territoires.

2. Réévaluer les déterminants locaux des territoires

Après avoir souligné la montée en puissance du territoire et l'intérêt de ce concept, je souhaite à présent en montrer les limites. Je rejoins de ce fait les critiques de Martin Vanier (1997) à propos de la « surterritorialisation » et du culte du territoire. Ce dernier exprime l'idée que le territoire ne renvoie plus nécessairement à l'idée de surface et qu'il faut déconstruire le dogme de la limite : *« Avec A.Tarrius, X. Piolle (1991), en vient à parler de « territorialité nomade », de « territoire circulatoire », « d'espace archipel » et « d'appartenances multiples », ce qui traduit à la fois la nécessité de dépasser conceptuellement l'ère du territoire tellurien et la difficulté de faire avec les mots qu'elle a produits »*[1]. Dans le cadre de mes recherches, cette critique s'appuie sur l'étude des phénomènes de mobilité qui marquent le monde de l'industrie, de l'entreprise et de la recherche. L'innovation et le développement endogène, qui se manifestent sur un territoire réel donné, peuvent puiser leurs racines dans d'autres lieux. L'établissement d'une entreprise dans le territoire local alimente des flux matériels et immatériels amenant à réfléchir sur le rôle et le statut de l'entreprise, autrement que dans les seuls termes du local et du global. La « critique du territoire » nécessite de prendre en compte des spatialités multiples pour comprendre les processus industriels, techniques et sociaux qui sont à l'œuvre.

La « surterritorialisation » n'est pas qu'un phénomène typiquement français. Les travaux sur les districts et les milieux innovateurs ont insisté sur le rôle de la dynamique interne. Dans son analyse comparative de la Silicon Valley et de la Route 128, A.Lee Saxenian (2000) montre l'importance, dans l'adaptation industrielle, des déterminants sociaux et industriels locaux. D.Maillat (2001), de son côté, mentionne que la globalisation a mis en évidence l'importance des territoires. Le couple global/local a fait recette. L'affirmation du concept de territoire s'est aussi construite contre le dogme de la glo-

---

[1] Vanier, (1997), p 198.

balisation. Elle ne doit pas devenir un nouveau dogme qui occulterait des aspects plus complexes dans le temps et l'espace. Entre le local et le global, d'autres spatialités interviennent non réductibles au rôle des échelles intermédiaires et en particulier des Etats. Elles ne sont compréhensibles que si l'on tient compte de la trajectoire des acteurs, des lieux qui ont forgé leur expérience et guidé leur comportement. Les distinctions entre processus endogènes et exogènes doivent être nuancées. Cette étude prend appui sur la microélectronique provençale qui m'a orientée vers une réflexion plus vaste sur la genèse et le développement de ce secteur à l'échelle mondiale. Je m'intéresserai en particulier à la généalogie des entreprises, à leur insertion dans le territoire, aux effets de proximité entre firmes comme aux relations recherche-industrie.

Les enseignements de la généalogie des firmes

Foyers et développement de l'industrie du semi-conducteur

La microélectronique est à l'origine une industrie américaine. Elle est née sur la côte Est des Etats-Unis qui apparaît comme un foyer de dispersion (Aydalot, 1986). Elle a essaimé par la suite en Californie où se développe Fairchild (Lécuyer, 2000), en Arizona où se développe Motorola (Manzagol, 1990 ; Leriche, 1997) et au Texas où se développe Texas Instruments. Le foyer américain a joué un rôle important dans le développement mondial de cette industrie, sans qu'il faille négliger pour autant le rôle du Japon et de l'Europe qui compte des entreprises aux racines anciennes (Philips, Siemens-Infineon). Les Etats-Unis ont cependant joué un rôle dans la genèse d'entreprises européennes (STMicroelectronics) et asiatiques (TSMC). L'émergence de ces entreprises est historiquement liée aux savoir-faire que leurs dirigeants ont acquis dans le foyer américain originel, avant de les faire fructifier dans leur pays d'origine. On peut notamment citer deux figures emblématiques de ce processus : Pasquale Pistorio pour STMicroelectronics et Morris Chang pour TSMC[1]. En Italie comme en France, la mise en place de *joint venture* avec Fairchild, RCA, NSC, Motorola, Harris a joué momentanément un rôle entre les années 1960 et les années 1970. Mais les transferts de tech-

[1] Né en Chine, Morris Chang s'est rendu aux Etats-Unis à l'âge de 18 ans pour étudier. Il a commencé sa carrière comme ingénieur-développement et rejoint, en 1958, Texas Instruments où il a travaillé durant 25 ans, se hissant à la direction de la compagnie en 1972. En 1984-85, il est devenu PDG de General Instrument Corporation. Puis il est rentré en 1985 à Taiwan où il a fondé TSMC en 1986.

nologies et de capacités managériales ont reposé sur quelques hommes et quelques équipes dans un double processus de *brain drain,* nourri par l'attraction du modèle américain, et de flux de retour, nourri par des motivations personnelles et culturelles de réintégrer le pays d'origine.

La région Provence-Alpes-Côte-d'Azur se trouve aujourd'hui parmi les foyers européens de cette industrie, représentés notamment par les régions d'Eindhoven, Munich, Dresde, Grenoble, Milan et la Silicon Glen écossaise. En France, les régions atlantiques ont pâti de la crise des télécommunications et de la fermeture des sites de production d'Atmel à Nantes et ST à Rennes. Les trois principaux foyers industriels sont désormais la région parisienne avec Altis et son pôle nano, Grenoble-Crolles et la région PACA. Celle-ci compte près de 10000 emplois dans la filière. Elle est constituée de deux pôles géographiques (Fig.4): un pôle semi-conducteurs (production/conception) et cartes à puce dans les Bouches-du-Rhône, un pôle conception dans les Alpes-Maritimes. Il s'agit d'un foyer récent d'origine exogène. La genèse se situe à la charnière des années 1960 pour les Alpes-Maritimes (Texas-Instruments, IBM), à la charnière des années 1980 pour les Bouches-du-Rhône (Eurotechnique). Le développement des vingt dernières années, est mixte, constitué pour partie d'essaimages, d'acquisitions et d'implantations nouvelles. Les chercheurs qui ont étudié cet espace observent une endogénéisation de la filière, tout en soulignant les limites du maillage et de la coopération entre les firmes (Zimmermann, 1998). Le tissu scientifique s'étoffe depuis les années 1990. Les relations recherche-industrie se sont développées récemment. La connexion récente entre Sophia et les Bouches-du-Rhône apparaît à l'heure de la grande dépression qui se manifeste à partir de 2001. Cette dépression est plus longue que les cycles précédents, frappe l'ensemble des NTIC, dans un contexte où la concurrence internationale est exacerbée par la montée du « Far East » (Taiwan et Chine continentale). Les acteurs éprouvent le besoin de réagir à un contexte de crise en se rapprochant et nouant des relations nouvelles. Le rôle du territoire est notamment lisible dans quatre domaines : l'essaimage, les liens recherche-industrie, les coopérations entre firmes, les aides financières. Dans la réflexion qui m'amène à réévaluer les déterminants locaux des territoires, l'essaimage fait tout d'abord l'objet d'une attention particulière.

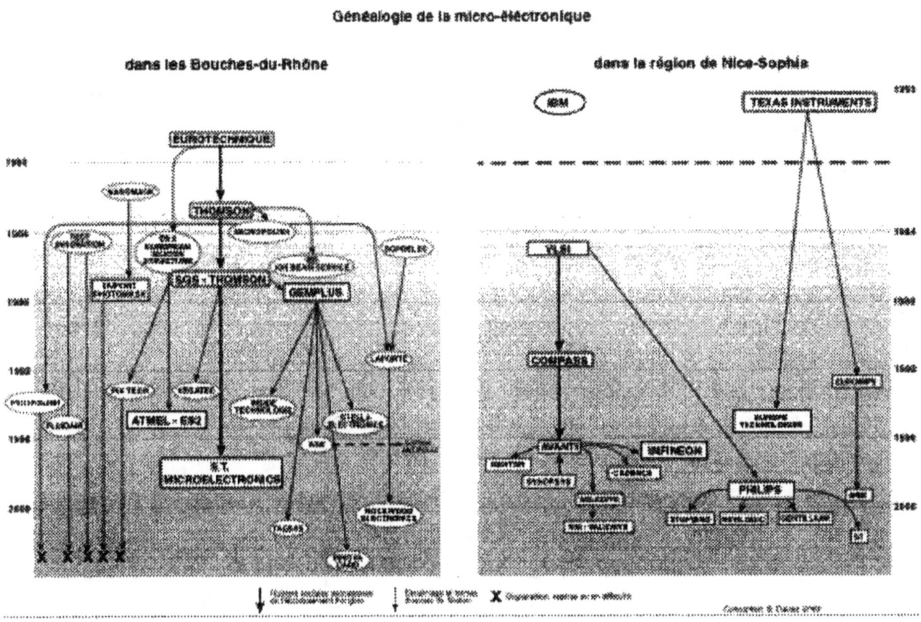

Figure 4: Bipolarisation de la filière microélectronique en PACA
Carte S.DAVIET, réalisée en 2003 pour la Mission de Développement Economique Régional (MDER).

La filière régionale qui compte près de 10000 emplois se décompose en deux grands ensembles : celui des Alpes Maritimes et celui des Bouches-du-Rhône. Les Bouches-du-Rhône sont dominées par la conception et la production de circuits intégrés et de cartes à puce ; sur le plan géographique, l'activité se répartit en trois grands sous-ensembles : le semi-conducteur englobe Rousset et le Pays d'Aix, la carte à puce se concentre sur Gemenos et La Ciotat, Marseille regroupe plutôt des consultants et prestataires de service. Les Alpes maritimes sont davantage spécialisées dans la conception et la plus grande partie des établissements se concentre sur le technopôle de Sophia-Antipolis.

La question de l'essaimage : territoires, réseaux, territorialités nomades

Le processus d'essaimage caractérise la naissance d'une entreprise à partir d'une autre entreprise ou d'un laboratoire. Il est généralement considéré comme typiquement endogène. En région PACA, l'essaimage s'observe le plus souvent à partir d'une entreprise. Je dois préciser ma façon d'utiliser ce concept dans le sens général d'une filiation entre deux établissements, en privilégiant le lien humain et social aux dépens du statut juridique de l'opération qui, selon les cas, peut être voulue ou contestée par l'entreprise d'origine. Le processus d'essaimage ne donne pas forcément lieu à des collaborations. Il nourrit parfois des tensions relationnelles ou de concurrence, pouvant aller jusqu'à de longs procès, bien connus dans le cas de la Silicon Valley californienne[1].

Dès mes premières recherches (Daviet, 1999), je me suis orientée, de manière intuitive, vers une représentation de type généalogique, formalisée par un schéma. Ce dernier s'est rapproché par la suite de « l'arbre » symbolisant le bourgeonnement de la Silicon Valley et son tissu d'entreprises en termes de réseaux (Castilla, Hwang, Granovetter E., Granovetter M., 2000, p.224) :

> « Networks and Genealogy : A Semiconductor Industry Case Study
> Part of the legend of Silicon Valley is the story of Shokley's company begat Fairchild Semiconductor via defection of the "Traitorous Eight", and how Fairchild later begat the many "Fairchildren" firms such as Intel, witch in turn gave birth to still new generations of important firms. Many Silicon Valley firms have a "genealogy chart", first developed by journalist Don Hoefler and later maintained by the trade association SEMI, hanging in their lobbies, tracing their ancestry back to Fairchild. In this section, we undertake the first systematic analysis of the data in this chart, by techniques of networks analysis and network visualisation. By doing so we hope to illuminate the continuing significance of patterns laid down in the initial set of foundings and spin-offs that gave the Valley its distinctive industrial organization. »

La perspective des réseaux a, tout d'abord, incarné le tissu des relations internes à la Silicon Valley, sous-tendant un effet de communauté. Aujourd'hui, elle incarne également les réseaux de la Silicon Valley avec d'autres régions, comme l'Asie (Saxenian, 2000) ou Israël (Aulter, 1999), par le biais de communautés ethniques. Ces

---

[1] On peut citer à cet égard la bataille juridique qui a opposé durant de longues années Intel à Atmel.

connexions entre espaces peuvent apparaître de manière synchrone ou diachrone, sur la base de communautés culturelles variées. L'articulation des territoires et des réseaux peut donc fournir un cadre conceptuel au dépassement de la limite, en introduisant les notions de « territorialités nomades » et d' « appartenances multiples » (Tarrius, 2000). Ce cadre conceptuel est utilisé pour éclairer l'étude de l'essaimage en région PACA qui se différencie au sein de ses deux pôles.

L'essaimage en région PACA est-il réellement endogène ?

Dans les Bouches-du-Rhône, l'essaimage se manifeste au cours de phases distinctes et met en jeu des segments différents de la filière (Fig.5). Deux grandes phases peuvent être distinguées. La première nous conduit de 1983 à 1988. Eurotechnique, issue d'une *joint venture* franco-américaine[1], en est la société mère. Devenue Thomson puis SGS-Thomson, elle est au cœur du processus. A partir de cet établissement qui conçoit et produit des puces, trois types d'entreprises émergent. Premièrement, des PME qui se positionnent sur un aspect du *process* de production. Deuxièmement, une entreprise de conception *(fabless),* ES2, qui évolue ensuite vers la production de puces. ES2 est créé par Jean-Luc Grand Clément, initialement fondateur d'Eurotechnique. Troisièmement, une entreprise de carte à puce, Gemplus : émanation de la division carte à puce de SGS-Thomson dont Marc Lassus était le responsable. La création de Gemplus se fait avec l'accord de SGS-Thomson qui cède une partie de son équipement et de son personnel (environ 80 personnes), en restant, dans un premier temps, le principal fournisseur de puces de Gemplus. En dépit de cet accord, les tensions relationnelles sont manifestes d'après plusieurs témoignages : « *on était considéré comme des traîtres et des parias* » dira plus tard un responsable de la R&D de Gemplus.

Vingt ans après cette première phase, le tissu productif issu de l'essaimage s'est transformé. Les PME de *process* ont été le plus souvent crées dans des phases conjoncturellement difficiles, par des cadres licenciés ou en passe de l'être. Ces derniers ont parfois bénéficié d'un soutien formel ou informel de leur entreprise d'origine, sans toutefois se trouver en situation de partenaire ou fournisseur (Zimmermann, 1998, 2000, p.240). Mais cette origine commune a donné

[1] Entre Saint-Gobain-Pont-à-Mousson et National Semiconductor

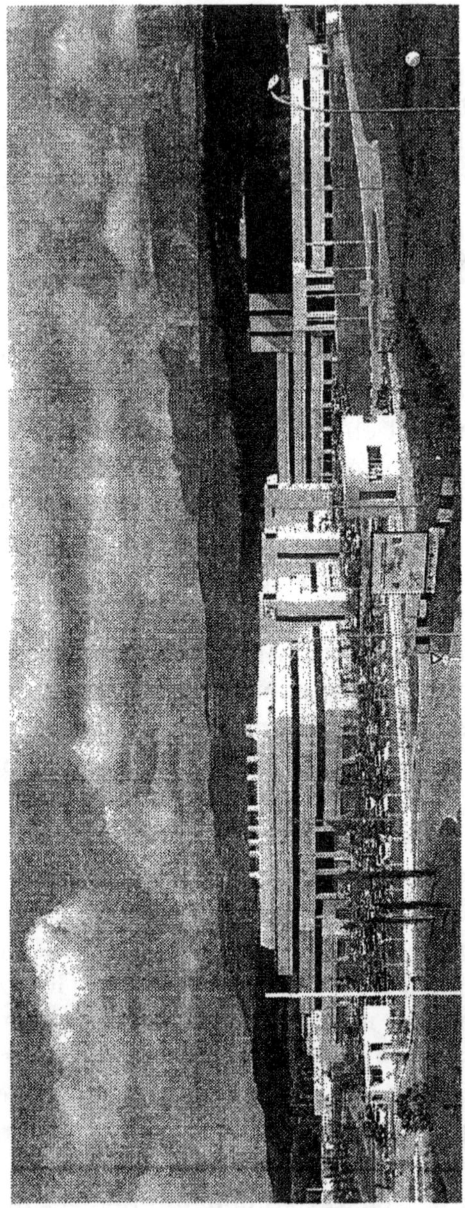

Figure 5: Généalogie de la microélectronique en PACA

La généalogie des tissus d'entreprises étudie les processus d'essaimage et la filiation entre établissements, en privilégiant les liens humains à l'origine des réseaux sociaux et des effets de milieu. Dans la région de Sophia, les premiers établissements (IBM, TI) sont extérieurs au technopôle ; l'essaimage se concentre sur le technoôle et se densifie à la fin des années 1990. Dans les Bouches-du-Rhône, l'essaimage s'effectue d'abord autour d'Eurotechnique et du semi-conducteur dans les années 1980 ; dans un second temps, la carte à puce prend le relais.

naissance à un véritable milieu (Garnier, 1991) s'exprimant par une solidarité entre les acteurs, notamment sur le plan technologique (réglage et adaptation de machines et équipements spécifiques). Ces PME ont évolué de façon différente. IBS (Ion Beam Service) a diversifié ses compétences et ses clients ; la ionisation chez ST s'effectuant finalement en interne. IBS est aujourd'hui la seule héritière de cette période ; les autres PME ayant disparu au cours de la crise des années 2001-2002. Pour Fluidair et Test Innovation, la diversification a été insuffisante. Des ruptures sont alors manifestes dans le schéma généalogique. En revanche, ES2 et Gemplus sont rapidement devenues des multinationales. En vérité, le destin international d'ES2 et Gemplus s'explique pour partie par l'expérience internationale de leurs dirigeants non locaux ; une expérience largement antérieure à leur arrivée dans le territoire. Après des études dans des écoles d'ingénieurs françaises, Jean-Luc Grand Clément comme Marc Lassus ont commencé leur carrière à Motorola Phoenix, avant d'évoluer sur d'autres sites en Europe. Ils considèrent tous deux que leur savoir-faire technique et managérial est lié à cette expérience antérieure non locale, au cours de laquelle ils ont noué des contacts multiples et variés au sein de la profession. Les équipes qu'ils forment par la suite autour d'eux sont faites d'ingénieurs au profil analogue. Il est, de ce fait, difficile d'évoquer le « développement local », sans souligner l'effet de ces autres spatialités dans la genèse du secteur provençal. Les compétences qui prennent place dans le territoire et contribuent à le développer ne sont pas toutes d'origine locale. Du reste, ces entreprises se tournent, dans un premier temps, vers leur développement international. Les préoccupations territoriales sont plus tardives et suscitées par des crises. La profession réagit, mais sans cohésion d'ensemble. 1993 voit la création du CREMSI[1]. Initié et soutenu par les collectivités territoriales, ce centre concerne surtout le semi-conducteur et son environnement technique. Gemplus n'est guère concerné par les crises cycliques de ce segment et connaît des années fastes, jusqu'en 1997 où l'entreprise exerce un rôle notable dans le lancement d'une nouvelle structure de promotion de la microélectronique PROMES[2]. Finalement PROMES, concurrent du CREMSI, ne connaîtra qu'une existence éphémère.

---

[1] Centre Régional d'Etude de la Microélectonique et du Silicium.
[2] Provence Microelectronic Systems

La deuxième phase d'essaimage apparaît au cours de ces années 1990. Le segment *process* stagne ou connaît des difficultés. Les nouvelles PME sont davantage issues du segment carte puce ; Gemplus est désormais au cœur du processus. Les premières *start-up* (Inside Technologie, Stella, ASK) sont plutôt mal perçues par Gemplus. L'un de leurs créateurs témoigne que *« nombre d'essaimages se sont faits dans la douleur »*. Plus tard, dans le contexte de crise et de recentrage de ses activités, Gemplus accompagne le lancement de Tagsys. La plus importante de ces jeunes pousses est actuellement ASK qui a migré à Sophia-Antipolis. Parmi ses fondateurs, l'un est passé par Thomson puis Gemplus, les autres viennent de Schlumberger et Innovatron. On peut retrouver l'effet de trajectoires multiples où la part du local n'est que relative.

Dans la région de Sophia, on observe des phénomènes analogues quant aux déterminants non locaux de l'essaimage qui se densifie dans la deuxième moitié des années 1990. Ses caractéristiques sont toutefois originales. Les trois principaux foyers de diffusion sont Texas Instruments, VLSI-Compass et Philips. Le cas de VLSI-Compass mérite une attention particulière. La reprise de l'établissement par Avanti provoque une fronde des ingénieurs. Les stratégies de créations qui en résultent sont collectives. Ce milieu d'ingénieurs français, passés par la Silicon Valley, ne s'aventure pas dans la création d'entreprises nouvelles mais choisit de développer des filiales d'entreprises internationales : Cadence, Synopsys et Infineon sont emblématiques de ce processus. L'esprit de communauté de ce collectif conduit rapidement à l'animation d'une structure qui souhaite promouvoir sur le technopôle la culture de la Silicon Valley. L'écho est indéniable. Le groupe SAME[1] fait désormais partie des structures qui comptent. D'autres essaimages à Sophia ont adopté une stratégie analogue. En dépit de cultures différentes, des rapprochements se dessinent entre le groupe SAME et le CREMSI qui s'est finalement imposé dans les Bouches-du-Rhône et plus largement à l'échelle régionale. Le tissu social des firmes apparaît comme un élément utile à la compréhension de leur genèse, de leur comportement et de leur évolution.

[1] Sophia Antipolis MicroElectronics Forum

Le recrutement extérieur des ingénieurs

Jusqu'à la fin des années 1990, l'emploi des cadres progresse principalement par des apports extérieurs à la région. En 1998, le Conseil Régional commande une étude faisant ressortir le déficit des ingénieurs formés en région. Ces derniers représentent 10% des recrutements dans les grands établissements, et 40% dans les PME. Mais les PME ne réalisent que 10% des nouvelles embauches d'ingénieurs. L'origine du recrutement contribue pour sa part à définir le tissu social qui anime les firmes. Dans les Alpes Maritimes, spécialisées dans la conception, le tissu est homogène, formé pour l'essentiel d'ingénieurs extérieurs à la région mais soucieux d'y rester. Dans les Bouches-du-Rhône, où la production est importante, l'éventail des qualifications est diversifié nourrissant un tissu plus hétérogène. L'origine locale est essentielle chez les opérateurs, sensible chez les ingénieurs des PME et plus marginale chez les cadres des grandes entreprises[1]. Les différences de culture sont donc marquées entre les salariés, comme entre les ingénieurs, d'origine extérieure, et les chercheurs, plus souvent issu du milieu local. Ces différences ont pesé dans les relations recherche-industrie.

A la dimension nationale ou internationale du recrutement, s'ajoute un autre élément : la mobilité inter-sites qui diversifie la population des ingénieurs. C'est ainsi qu'à Rousset, la part des grenoblois n'est pas négligeable. Mais un ensemble d'enquêtes serait nécessaire pour préciser l'origine du personnel, la stabilité ou le *turn-over* qui le caractérise. La croissance des années 1999-2000 a généré un afflux notable de populations nouvelles posant des problèmes de logement, de scolarisation, de transport et plus généralement d'insertion dans la société locale. Les effets spatiaux et sociaux de ces mouvements, en période de croissance, comme en période de crise, offrent encore de nombreux champs à la recherche.

Effets de milieu et organisation spatiale

Diversité des milieux et organisation spatiale

Les effets de milieu sont complexes et doivent tenir compte d'un ensemble de dimensions sociales, techniques et spatiales. La combinaison de ces dimensions est ici étudiée, avant d'analyser les facteurs

---

[1] Dans les Bouches-du-Rhône, les trois grands ST, Atmel et Gemplus représentent environ 6000 emplois dont 40% d'ingénieurs.

de l'organisation spatiale. La généalogie des firmes a permis de dégager une première vision du milieu entrepreneurial, prenant en compte des spatialités extérieures au territoire. La question est à présent d'appréhender d'autres facteurs, prenant place dans le territoire local des firmes, et d'examiner leur influence en terme de milieu. Trois facteurs sont pris en compte : la structure des établissements selon la taille et l'activité, le contexte de crise ou de croissance, la répartition géographique des firmes et du tissu scientifique. Ces critères introduisent des différences sensibles entre les Bouches-du-Rhône et la région de Sophia au début des années 2000.

Dans les Bouches-du-Rhône, le tissu d'entreprises est hétérogène selon l'activité qui se répartit en trois groupes : les semi-conducteurs, la carte à puce, l'ensemble des activités liées à la filière. Les contrastes de taille sont marqués entre les grands établissements de plus de mille salariés et nombre de PME. Le contexte de crise s'est traduit par des fermetures de PME et des pertes d'emplois chez les grands donneurs d'ordre. La question du nomadisme des firmes se pose régulièrement. Mais, alors que les craintes se focalisaient jusqu'à présent sur le semi-conducteur dépendant de groupes non régionaux, c'est désormais Gemplus, fleuron de l'essaimage local, qui polarise les inquiétudes. La répartition géographique des établissements se fait selon quatre pôles d'importance inégale : le pôle de Rousset, l'ensemble Gemenos-La Ciotat, Marseille et Aix. Une disjonction territoriale s'observe entre les entreprises concentrées sur les pôles de Rousset et Gemenos-La Ciotat et le tissu scientifique concentré sur Marseille. La cohésion du milieu professionnel peut sembler amoindrie par l'ensemble de ces considérations structurelles, conjoncturelles et spatiales.

Dans les Alpes-Maritimes, le tissu d'entreprises est plus homogène. Marqué par la domination de la conception, il a, jusqu'à présent, échappé aux crises bien que les risques de délocalisation ne soient pas absents. Les contrastes de taille sont plus faibles entre établissements. La polarisation géographique est affirmée sur le technopôle sophipolitain, même si des entreprises comme Texas Instruments et IBM sont, pour des raisons historiques, extérieures au technopôle. Le tissu scientifique est inséré dans le technopôle ; industriels et scientifiques sont sur le même territoire. La cohésion du milieu apparaît plus forte.

Figure 6 : L'unité 8'' de STMicroelectronics à Rousset

Depuis la première implantation en 1979, la filière microélectronique s'est développée dans la vallée de l'Arc au sein d'un environnement remarquable. Située au pied de la Sainte Victoire, la zone industrielle de Rousset-Peynier, à 20 km d'Aix-en-Provence, a bénéficié de nombreux atouts : une excellente desserte autoroutière, la présence d'eau (canal de Provence), des aides publiques liées à la reconversion du bassin minier de Gardanne (prime d'aménagement du territoire et zonage *objectif 2* depuis 1994... A proximité de l'unité 8'' inaugurée en 2000, ST a établi son université d'entreprise, le STU.

Organisation spatiale et politiques territoriales

Le rôle de l'organisation spatiale dans les effets de milieu n'est donc pas négligeable. Il est nécessaire de préciser les facteurs qui ont guidé cette organisation. Les politiques territoriales et les aides financières arrivent au premier plan. La région de Sophia ne se situe pas dans un périmètre aidé. Son organisation est essentiellement liée à la stratégie technopolitaine engagée depuis les années 1970 à partir de la volonté de son fondateur Pierre Laffitte : *« le quartier latin aux champs »*[1]. Dès le début des années 1960, IBM et Texas Instruments s'implantaient dans la région, inaugurant un nouveau type de localisation basé sur la réputation du cadre de vie, caractéristique des industries de hautes technologies, à forte proportion de cadres[2]. Après l'arrivée des entreprises pionnières, le concept français de technopôle (Benko, 1991), inspiré du modèle américain de *science park*, a remporté un succès réel sur la Côte d'Azur. La réunion sur un même espace d'entreprises, de grandes écoles et centres de recherche, bénéficiant de logements[3] et de services, a effectivement produit, dans la durée, des synergies et des effets de milieu.

Dans la région marseillaise, la politique technopolitaine, inscrite sur un substrat plus complexe, a été plus tardive et n'a pas eu les mêmes effets. Les plus fortes concentrations d'entreprises *high-tech* ne sont pas dans les technopôles conçus en tant que tels. Celui de Château Gombert, au Nord-Est de Marseille est créé au milieu des années 1980 et devient un espace à caractère scientifique, tout comme Luminy, créé au Sud de la ville, dans les années 1960. Les zones de Rousset et Gemenos, doivent leur succès à leur localisation périurbaine, à une excellente desserte auto-routière et aux dispositifs d'aides dont elles ont bénéficié. Ces dispositifs, liés à la reconversion du bassin minier de Gardanne et à la fermeture des chantiers navals de La Ciotat (1° partie), ont contribué à l'implantation comme à l'extension des entreprises de microélectronique qui représentent de lourds investissements (Fig. 6). En région marseillaise, l'échelle métropolitaine, la dispersion et la concurrence des zones d'activités, l'importance du facteur représenté par les aides publiques, ont favorisé

---

[1] L'expression figure dans un article paru dans le journal le Monde dès 1960

[2] Dès l'après guerre, IBM a développé ses sites américains dans le Dutchess County alors rural, générant un important processus d'urbanisation (Debarbieux, 1985)

[3] Cependant le coût très élevé du logement et du foncier sur la Côte d'Azur est devenu un problème pour les entreprises et les salariés.

un plus grand éclatement spatial qui n'est pas sans incidence sur les effets de milieu.

Effets de proximité et coopération inter-entreprises

La proximité géographique et ses effets sur la coopération inter-firmes sont un autre élément du débat. Ces effets existent mais subissent des modifications au cours du temps. Deux exemples illustrent les évolutions, voire les ruptures observées au début des années 2000: la relation entre d'une part Dupont-Photomask et ST, d'autre part Gemplus et ST. Nanomask est né en 1981 dans le cadre du « plan d'action filière électronique ». L'entreprise locale est reprise en 1988 par l'américain Dupont-Photomask. Ce groupe, dont le siège est au Texas, possède actuellement plusieurs sites aux Etats-Unis, en Asie et en Europe. La proximité entre producteurs de masques et de puces est importante, ainsi que le souligne JB Zimmermann (2000). Les producteurs de puces disposent en général d'un service masque qui définit le *design* avec le producteur de masque. La proximité permet d'assurer la qualité de la relation technologique et des délais très courts, avec un temps de réponse d'un jour. Elle est aussi précieuse en terme de service pour tout masque défectueux sur la chaîne de production. Mais d'autres critères interviennent dans la relation interfirme. Le volume de production est une donnée clé pour rentabiliser des équipements aussi coûteux chez les deux partenaires. Au cours de l'année 2003, le site Dupont de Rousset annonce la suppression des 110 emplois de production. Seuls demeurent 50 emplois de service. La situation révèle un changement dans les partenariats noués entre les groupes. Les technologies de masque chez Dupont évoluent en fonction d'autres établissements de la région parisienne et de Dresde (Allemagne). Les investissements réalisés à Dresde rapprochent Dupont des nouvelles unités d'Infineon et AMD avec lesquels il a conclu un accord. De son côté, ST conclut un accord avec DNP (Dail Nippon Printing) qui s'implante à Agrate, dans la région de Milan, où ST possède un autre site majeur. L'affaire Dupont vient rappeler que la proximité géographique ne garantit pas à elle seule l'ancrage territorial dans un lieu donné. Les groupes se sont engagés dans des stratégies différentes, privilégiant les effets de proximité sur d'autres sites et avec d'autres partenaires.

ST et Gemplus offrent un autre cas de non pérennité dans la relation inter-firmes. ST a été le premier fournisseur en puces de Gemplus. Ce partenariat d'origine locale s'est étendu par la suite entre les deux groupes, ST mentionnant Gemplus parmi ses « grands clients ». Mais, ces relations se sont ultérieurement affaiblies et distendues. Gemplus a diversifié ses fournisseurs et n'apparaît plus au début des années 2000 comme un des « grands clients » de ST. En 2003, ST rachète Incard, concurrent de Gemplus.

La proximité apparaît essentielle dans le lancement d'une activité. Passé ce stade, des entreprises globalisées peuvent minorer ces relations initiales et en nouer d'autres. Inversement, deux concurrents peuvent se rapprocher localement dans un contexte de concurrence exacerbée entre grands pôles régionaux. En 2003, ST et Atmel, tous deux concepteurs et producteurs de puces, ont engagé à Rousset une procédure de coopération locale, au sein d'un projet impliquant divers partenaires régionaux. La nécessité de partager les coûts de recherche et d'équipement est à l'ordre du jour. Dans les deux cas (lancement d'une activité ou concurrence inter-régionale), le territoire intervient en terme d'opportunité.

Les relations recherche-industrie : inverser les hypothèses

Les relations recherche-industrie complètent la chaîne d'interactions territoriales, en intégrant le tissu scientifique. La réflexion, conduite à l'échelle régionale, met toutefois l'accent sur le cas marseillais plus complexe et hétérogène que celui de Sophia. Promu par des aides massives, le système industriel local n'était pas articulé au monde académique. La création du CREMSI en 1993, répond aux nécessités d'un partenariat entre firmes et laboratoires. Le tissu scientifique marseillais, avec ses trois universités, dispose bien du potentiel et des compétences requises. La faiblesse des liens recherche-industrie trouve alors une explication : les sites industriels ne seraient que des sites de production. Plusieurs éléments permettent cependant d'invalider cette hypothèse. Dès 1982, la DGT (Direction Générale des Télécommunications) confiait à Eurotechnique la conception de puces pour les premières télécartes fabriquées plus tard par Gemplus. Les activités de conceptions du pôle de Rousset sont longtemps restées mal connues et sous estimées. La participation du site ST au dépôt de brevets est pourtant significative. Du côté d'Atmel les données sont moins accessibles car centralisées à San José, mais les équipes locales de développement sont également actives. Il convient par conséquent d'orienter la réflexion vers d'autres hypothèses.

En dépit d'un important tissu scientifique, Marseille n'était pas spécialisée dans la microélectronique. Ses écoles d'ingénieurs (ESIM, ENSPM), préexistantes au secteur, étaient généralistes. Les universités, du reste, en ont pris conscience, multipliant les formations à partir des années 1990, mais en ordre dispersé. Finalement, pas moins de neuf écoles sont créées en région de 1991 à 2003, par les universités et diverses institutions pour répondre à la demande. L'absence de coordination est manifeste. La fédération de ces structures est désormais en cours, grâce au CNFM-PACA[1] créé en 2001. La recherche, évolue selon des modalités différentes, non par création de nouveaux laboratoires mais par regroupements d'unités. Trois regroupements interviennent en 2000 dans les Bouches-du Rhône : TECSEN, le L2MP et l'Institut Fresnel. Ces nouvelles unités traduisent la volonté de dépasser l'atomisation de la recherche qui régnait sur Marseille, pour aller vers des unités ayant une taille critique plus conséquente. L'enjeu est double : acquérir et concentrer des équipements coûteux, élaborer des programmes de recherche plus cohérents. La création du CNFM-PACA comme l'évolution la recherche résulte de processus multiples en devenir, comportant des éléments moteurs, des freins et des opportunités. Parmi les éléments moteurs : le rôle des industriels et du Ministère de la Recherche. Les freins sont liés à l'héritage d'un éclatement géographique et institutionnel des universités marseillaises. Les opportunités sont de deux types. Premièrement, le regroupement de plusieurs écoles d'ingénieurs sur le pôle scientifique de Château-Gombert ; un processus désormais largement engagé. Deuxièmement, le regroupement des laboratoires, dans le cadre d'un Groupement d'Intérêt Scientifique (GIS) sur la microélectronique et les nanosciences, est en cours de réalisation. Les relations recherche-industrie s'inscrivent par conséquent dans une problématique plus vaste de réorganisation du secteur scientifique marseillais. Elles nécessitent une phase d'apprentissage entre laboratoires comme entre laboratoires et entreprises.

Au sein du milieu universitaire, il faut souligner le rôle actif de nouveaux chercheurs et directeurs d'équipes. Venus de Paris, Lille ou Grenoble (peut-on parler d'une sorte « d'essaimage grenoblois » ?), ils introduisent une autre culture plus attentive aux besoins des entreprises et au transfert de technologie. La mobilité de l'entreprise vers l'université est plus rare, mais n'en a pas moins un retentissement sur

[1] Centre National de Formation en Microélectronique

le management de la recherche et ses résultats. Plus généralement, la mobilité (géographique et professionnelle) du monde scientifique est moins forte que dans l'entreprise mais a influencé l'évolution des comportements. La recherche partenariale est désormais en progrès. Les contrats, les thèses, les brevets mobilisent ensemble chercheurs et ingénieurs dans des collaborations qui tendent à se banaliser. Toutefois la fédération de la recherche est toujours en débat. La région PACA n'est pas apparue parmi les grandes plates-formes scientifiques sélectionnées par le Ministère de la Recherche dans le secteur des micro et nanotechnologies. La carte nationale des grands pôles scientifiques ne correspond pas à celle de l'industrie. Lille est par exemple un grand pôle scientifique, avec l'IEMN, mais n'est pas adossé à un pôle industriel. Grenoble incarne un pôle puissant, à la fois sur le plan industriel et scientifique. La région PACA associe, quant à elle, un grand pôle industriel à tissu scientifique plus fragile. La nécessité d'un ajustement apparaît à l'heure où les industriels souhaitent promouvoir des projets R&D sur le thème de l'objet communiquant. Cet ajustement dépend de facteurs objectifs et subjectifs.

Les facteurs culturels ont pesé de tout leur poids dans l'héritage. La culture du transfert de technologie ne faisait pas partie des traditions universitaires marseillaises. Les témoignages recueillis révèlent l'arrière plan politique des débats. La tradition anticapitaliste du milieu marseillais a joué un rôle, interférant dans le débat entre *recherche à court terme* et *recherche à long terme*. Nombre d'universitaires ont manifesté des réserves vis-à-vis d'une orientation à court terme de la recherche qui lierait trop étroitement les laboratoires et leurs programmes au monde de l'entreprise. Plus largement, ils contestent l'externalisation de la recherche industrielle vers des laboratoires universitaires, posant le problème du financement public de l'industrie. Ce problème n'est pas récent ni spécifique à la France, mais se pose en termes nouveaux avec la libéralisation de l'économie. Dans le passé, le rôle du CNET a été décisif dans le développement de France Telecom, de même que celui du LETI pour la microélectronique grenobloise. L'ensemble prenait la forme d'un « colbertisme high-tech » (Cohen, 1992). Les entreprises sont désormais privatisées mais la question du financement de la recherche demeure. Aux Etats-Unis comme à Taiwan, le financement de l'industrie par le biais de la recherche est significatif (Weissberg, 1999). En Europe, le pourcentage du PIB consacré à la recherche est plus faible qu'aux Etats-Unis et au Japon. L'augmentation de ce pourcentage, qui est un objectif de la

Commission Européenne[1], passe par un effort négocié entre secteur public et secteur privé.

En région PACA, un grand nombre de scientifiques est désormais conscient de la nécessité de travailler avec les entreprises. La question est de trouver le bon équilibre entre la *recherche à court terme* que les industriels réclament et *la recherche à plus long terme* que les laboratoires souhaitent préserver. C'est finalement l'enjeu des discussions en court. Faire en sorte que les industriels prennent aussi en compte cette double dimension. Assurer des mécanismes de redistribution entre *la recherche à court terme* qui bénéficie de contrats et la *recherche à long terme* qui manque de financements. Les projets élaborés par les industriels et les scientifiques ont peu à peu évolué et tentent de rapprocher les points de vue. D'autre part, l'ajustement recherche-industrie, tout en étant une nécessité, comporte aussi des risques. Il est évident qu'une grave crise du secteur fragiliserait l'édifice scientifique qui s'est mis en phase avec l'industrie. Ainsi que le suggère P.Beckouche (1999), l'enseignement supérieur fait de plus en plus parti du système productif, ce qui reflète les atouts et les handicaps d'une économie basée sur la connaissance.

Dans le système productif local, comme dans le monde de l'entreprise, la mise en cohérence des compétences se fait dans un long processus de construction d'un compromis qui doit être accepté par l'ensemble des acteurs (Grossetti, 1997). Les chercheurs extérieurs à la région ont finalement rempli deux fonctions, en introduisant de nouvelles pratiques et en jouant un rôle d'interface entre le monde scientifique et celui de l'industrie. La porosité des frontières entre ces deux mondes s'inscrit dans une tendance beaucoup plus générale.

L'importance des phénomènes de mobilité dans une économie basée sur la connaissance doit être intégrée dans l'approche conceptuelle des espaces productifs en considérant ces flux comme un élément de la spatialité des systèmes productifs et de la flexibilité des territoires. Cette orientation permet notamment un renouvellement de la réflexion sur la relation entre espace et innovation et sur l'avantage concurren-

---

[1] Une communication du Commissaire Européen à la Recherche Philippe Busquin en juin 2002 fait état d'un doublement de l'écart entre l'UE et les USA depuis le milieu des années 1990: « *Les dépenses de RDT ont atteint 228 Milliards d'Euros aux Etats-Unis en 2000 contre seulement 164 Milliards dans l'UE, soit un écart de 124 Milliards... Il s'agit d'une aggravation considérable...Cette évolution confirme l'importance et l'urgence d'atteindre l'objectif fixé par le Conseil européen de Barcelone d'augmenter les dépenses en R&D pour approcher 3% du PIB en 2010* ».

tiel des noyaux régionaux. En retenant la notion de milieu innovateur, l'économiste Philippe Aydalot (1984, p.10) considère que l'entreprise innovante n'existe pas préalablement à son environnement mais que c'est ce dernier qui la sécrète : *« les milieux locaux sont comme incubateurs de l'innovation »*. Mais les milieux « locaux » peuvent être constitués d'acteurs non locaux. La capacité d'innovation des cadres et dirigeants s'inscrit également dans leur trajectoire professionnelle et dans les territoires antérieurement parcourus, elle n'émane pas forcément du territoire local dans lequel elle s'exprime. L'angle de la mobilité permet, dans une approche spatio-temporelle, de distinguer les territoires de la genèse de l'innovation, du territoire où cette capacité d'innovation va se transformer en projet. Ma « critique du territoire » rejoint sur ce point les thèses de Gunnar Törnqvist (1989), l'un des membres de l'école de Lund. Ce dernier écrit que le renouvellement et la créativité sont des processus très longs, *« ils ne sont pas seulement longs au sens temporel, ils le sont tout autant au sens géographique, dans la mesure où les composantes d'un processus sont liées à des événements qui prennent place en des lieux différents »*. Le processus innovateur est ainsi décrit comme une série de processus cycliques, résultant d'une interaction entre les réseaux régionaux, nationaux et globaux.[1] Cette relecture du territoire par l'entreprise et ses acteurs permet de déconstruire le dogme de la limite. Elle invite à souligner les interdépendances entre espaces, en écho à la multilocalisation des entreprises et à la mobilité des acteurs. Les frontières des territoires deviennent, en vérité, aussi poreuses que celles des entreprises et des milieux. Les dynamiques à l'œuvre s'inscrivent dans des réseaux d'interactions multiples. La survalorisation du territoire relève d'un effet de représentations.

[1] Cité dans GUERMONT Y.(2001), « Y a-t-il des territoires innovants ? », *les Actes du FIG 2001*, article également publié dans Réalités industrielles, février 2001.

Conclusion

Mon regard de géographe m'a amenée à redéfinir l'industrie avec le souci permanent de souligner le rôle des acteurs. La dimension humaine, sociale et culturelle de l'industrie est inextricablement liée à celle des territoires et des espaces vécus. Des vieux secteurs déchus aux nouvelles technologies, les terrains et les thèmes parcourus ont révélé, dans une même logique, la place de l'entreprise comme cellule de base de l'activité et institution centrale de la société, source d'identité et de culture. La redéfinition de l'industrie amène à préciser les résultats de recherches empiriques, conceptuelles et épistémologiques.

La rupture des années 1970 a été questionnée et relativisée. L'industrie que l'on a crue moribonde s'est en fait transformée, marquée par de nouveaux secteurs, de nouvelles façons de produire et de nouveaux produits qui changent nos modes de vie. Les transformations du système de production ont pris place dans la durée. Elles se lisent dès avant le dernier quart du XX° siècle et se poursuivent audelà du temps présent. Des articulations se nouent entre l'ancien et le nouveau système. Les périodes ne se succèdent pas, elles se chevauchent et coexistent. Les technopôles sont en germe dès les années 1960. Les nouveaux espaces productifs sont apparus aux marges de l'ancien système, avant de s'imposer comme de nouveaux pôles d'activité qui redistribuent les cartes de la dynamique métropolitaine. La recomposition des territoires fonctionnels appelle des réponses institutionnelles qui posent des problèmes de gouvernance. La notion de crise économique a donc été dépassée, pour mettre en évidence des enjeux sociaux, politiques et civilisationnels plus larges. La remise en cause des rapports à la consommation, à la nature, à l'environnement interroge plus profondément le sens de la société industrielle. Dans l'étude géographique, la culture a été prise en compte comme une force du jeu économique et du champ spatial.

Nouvelles régulations locales, nationales, internationales…, la mutation des activités et des sociétés se lit aussi dans l'imbrication des échelles et la force accrue des processus de mondialisation. Le monde est plus grand. Il est impossible d'étudier une parcelle de territoire, sans tenir compte de ce qui se passe à l'autre bout de la planète. Des flux intenses de personnes, de biens, de capitaux franchissent aisément les océans et les continents. Le monde est aussi plus petit. Les interconnexions, la simultanéité des évolutions donnent à penser qu'il n'est plus un vaste espace mais un « village planétaire », un lieu. Il est devenu impossible d'isoler le local et le global, d'opposer les territoires et les réseaux. Les interdépendances sont trop fortes. L'entreprise, en tant qu'objet géographique multilocalisé, se globalise et se territorialise dans un double mouvement. Les acteurs sont mobiles et intègrent des spatialités multiples dans leurs comportements. Le vocabulaire peine à traduire ces réalités et les contradictions qui en résultent. Redéfinir l'industrie, c'est prendre la mesure de ces interactions, en faisant tomber les frontières qui définissaient autrefois des champs bien établis : frontières entre secteurs, frontières entre entreprises, frontières entre domaines publics et privés, entre industrie et recherche…

Le nouveau monde industriel qui se dessine demeure instable et incertain. Les cadres théoriques institués peinent à l'appréhender dans toute sa complexité. Revisiter les théories et les concepts s'avère nécessaire. La lecture des auteurs anciens nourrit des enseignements parfois plus fructueux que les théories les plus récentes. Des pistes prometteuses peuvent être abandonnées et reprises bien plus tard. La relecture des fondateurs de la géographie, de la sociologie et de l'économie contemporaine a manifestement marqué nombre d'auteurs qui se sont penchés sur les grands débats contemporains : districts, post-fordisme, post-modernisme…A l'heure des changements du tournant du siècle, le retour à Vidal de la Blache permet d'éclairer le nouveau concept de territoire à la lumière de la « personnalité régionale ». Le retour à Marshall permet d'éclairer « l'atmosphère industrieuse » des districts. Tandis que Weber resurgit dans le débat sur les relations entre économie et culture, longtemps considérées comme des champs séparés dans la théorie économique. La vieille géographie industrielle, comme la vieille géographie culturelle, que l'on citait pour mémoire, offrent bien des pistes à ceux qui s'intéressent aux liens entre industrie, culture et territoires, comme à ceux qui cherchent à comprendre pourquoi la culture est soudain redevenue une des clés de la performance économique.

L'entrée dans l'ère industrielle du XX° siècle a fait naître des théories économiques et spatiales, nourrissant des idées fortes aujourd'hui remises en cause. Le déterminisme économique a succédé au déterminisme naturel. L'idée que l'homme s'affranchissait de la nature et pouvait puiser sans ménagement dans ses ressources est apparue comme un concept moderne. La rationalité s'est imposée dans bien des disciplines comme une doctrine explicative de l'homme, de l'espace et de la société. Entre la nouvelle géographie économique, l'influence marxiste et l'héritage vidalien, la lecture épistémologique permet de souligner le rôle des représentations et des débats idéologiques dans la construction des objets scientifiques et l'analyse des changements. Mais au-delà des acquis et des relectures, il faut aussi tracer la voie de nouvelles pistes en développant une géographie de l'entreprise qui intègre davantage les apports de l'économie et des sciences sociales dans une réflexion commune.

Références bibliographiques

AIT OUMEZIANE, (2000), « Reconversion économique et construction d'un territoire frontalier : l'agglomération du pôle européen de développement des trois frontières (France-Belgique-Luxembourg) », Paris, A. Colin, *Les Annales de Géographie*, n°611, p 65-83.

ALBERT M., (1991), *Capitalisme contre capitalisme*, Paris, Seuil, 192p.

ALVERGNE C., (1997), *25 ans d'évolution de l'industrie et des territoires français*, Paris, l'Harmattan, Emploi Industrie et Territoires, 207p.

AUTLER G., (2000), *Global Network in High Technology: The Silicon Valley-Israel Connection*, Thesis for the degree of Master of City Planning, University of California, Berkeley, 115p.

AYDALOT Ph., (1986), *Milieux innovateurs en Europe*, Paris, GREMI, 361p.

BADIE B., (1995), *La fin des territoires Essai sur le désordre international et sur l'utilité sociale du respect*, Paris, Fayard, 276p.

BAILLY A., FERRAS R., (1997), *Eléments d'épistémologie de la géographie*, Paris, A. Colin, collection U, 191p.

BAILLY A., FERRAS R., PUMAIN D., dir. (1992), *Encyclopédie de géographie*, Paris, Economica, 1132 p.

BAILLY A. et al., (1991), *Les concepts de la géographie humaine*, Paris, Masson, 247p.

BAKIS H., (1993), *Les réseaux et leurs enjeux sociaux*, Paris, Que sais-je ? P.U.F.

BAKIS H., (1980), « Eléments pour une géographie des télécommunications », Paris, A. Colin, *Les Annales de géographie*, n°496, p 657-688.

BAKIS H., (1975), « La sous-traitance dans l'industrie», Paris, A. Colin, *Les Annales de géographie*, n°463, p 297-317.

BARNES TJ., (2001), "Retheorizing Economic Geography : From the Quantitative revolution to the Cultural Turn", *Annals of the association of American Geographers*, vol.91, n°3, p 546-565.

BATTIAU M., (1999), « Trois regards sur le concept d'industrie », Aix-en-Provence, *Méditerranée*, n°3, p 7-14.

BATTIAU M., (1998), *L'industrie, définition et répartition mondiale*, Paris, SEDES, Campus Géographie, 191p.

BATTIAU M., (1976), *Les industries textiles de la région Nord-Pas-de-Calais : étude d'une concentration géographique d'entreprises et de sa remise en cause*, Lille, atelier de reproduction des thèses, tome 1, 412p, tome 2, 863p.

BEAUD M., DOLLFUS O., et al. (1999), *Mondialisation les mots et les choses*, Paris, Karthala, 358p.

BECATTINI G., (1992), « Le district marshallien : une notion socio-économique », in BENKO G., LIPIETZ A., *Les régions qui gagnent*, p 35-56.

BECATTINI G., (1979), « Dal settore industriale al distretto industriale. Alcune coniderazioni sull'unità di indagine dell'economia industriale », *Rivista di Economia e Politica Industriale*, vol.2, p 7-21.

BECKOUCHE P., (2001), *Le royaume des frères. Aux sources de l'Etat-Nation*, Paris, Grasset, coll. Le collège de philosophie, 330p.

BECKOUCHE P., (1999), « De l'industrie à l'*industry*. Elargir l'acception de l'industrie dans la géographie française », *Géographie, Economie, Société*, vol.1, n°2, Paris, Alternatives Economiques, p 307-328.

BECKOUCHE P., (1996), *La nouvelle géographie de l'industrie aéronautique européenne*, Paris, l'Harmattan, 222p.

BECKOUCHE P., (1995), « Le tournant de l'aéronautique européen », in Savy M., Veltz P., *Economie globale et réinvention du local*, La Tour d'Aigues, Aube, p 73-83.

BECKOUCHE P., (1995), « Le yoyo et la locomotive. Evolution récente de la place de l'Ile-de-France dans l'économie nationale », Paris, A. Colin, *Les Annales de géographie*, n°583, p 256-279.

BECKOUCHE P., (1992), « Les mutations du dispositif territorial de l'industrie électronique française », *L'espace géographique*, n°3, p 253-264.

BECKOUCHE P., (1987), *L'industrie électronique française. Les régions face à l'internationalisation des firmes*, Thèse de l'Université de Paris I, 850 p.

BECKOUCHE P., DAMETTE F., (1993), « Une grille d'analyse globale de l'emploi », *Economie & Statistiques*, n° 270, Paris, INSEE, p 37-50.

BENKO G., (2001), « *Les éléments de géographie économique* un quart de siècle après. Entretien avec Paul Claval », *Géographie, Economie, Société*, vol.3, n°2, Paris, Alternatives Economiques, p 321-345.

BENKO G., (2001), « Géographie économique en France au tournant du siècle. A propos de l'ouvrage : *Principes de géographie économique* », *Géographie, Economie, Société*, vol.3, n°2, Paris, Alternatives Economiques, p 347-354.

BENKO G., (2000), « Marshall : l'intervalle de 100 ans », *Géographie, Economie, Société*, vol.2, n°1, Paris, Alternatives Economiques, p 145-148.

BENKO G., (1998), *La science régionale*, Paris, PUF, Que sais-je ?, 128p.

BENKO G., (1991), *Géographie des technopôles*, Paris, Masson, 223p

BENKO G., (1990), « La cité scientifique d'Ile-de-France-Sud », Paris, A. Colin, *Les Annales de Géographie*, n°556, p 660-674.

BENKO G., (1990), *La dynamique spatiale de l'économie contemporaine*, La Garenne-Colombes, Ed. de l'espace européen, 396p.

BENKO G., (1989), « Géographie des mutations industrielles. Le phénomène des pépinières d'entreprises », Paris, A. Colin, *Les Annales de Géographie*, n°550, p 628-645.

BENKO G., ABRANTES M., (2004), « Districts industriels et politiques régionales en France », in *Le développement territorial : regards croisés sur la diversification et les stratégies*, dir.B.Guesnier, A.Joyal, Poitiers, ADIICUEER/IERF, p 203-217.

BENKO G., DEMAZIERE C. (2000), "Le développement au miroir de la crise des régions d'ancienne tradition industrielle, l'exemple du nord de la France", in BENKO G., LIPIETZ A., dir., (2000), *La richesse des régions, la nouvelle géographie socio-économique*, Paris, PUF, Economie en liberté, p. 451-478.

BENKO G., DUNFORD M, (1991), *Industrial change and regional development*, London, New York, Behaven Press, 329p.

BENKO G., DUNFORD M., HEURLEY J., (1997), « Districts industriels vingt ans de recherche », *Espaces et Sociétés*, n°88/89, Paris, L'Harmattan, p 305-327.

BENKO G., DUNFORD M., LIPIETZ A., (1996), « Les districts industriels revisités », in PECQUEUR B., dir., *Dynamiques territoriales et mutations économiques*, Paris, L'Harmattan, p 119-134.

BENKO G., LIPIETZ A., dir., (2000), *La richesse des régions, la nouvelle géographie socio-économique*, Paris, PUF, Economie en liberté, 564p.

BENKO G., LIPIETZ A., (1995), « De la régulation des espaces aux espaces de la régulation », in Boyer R., Saillard Y., *Théorie de la régulation : l'état des savoirs*, Paris, La Découverte, p 293-303.

BENKO G., LIPIETZ A., dir., (1992), *Les régions qui gagnent District et réseaux : les nouveaux paradigmes de la géographie économique*, Paris, PUF, Economie en liberté, 424p.

BERGER A., (1993), « Les nouveaux espaces de croissance dans l'Europe du Sud », in *L'adhésion de l'Espagne et du Portugal à la CEE*, Maison des pays ibériques, p 61-75.

BERGERON R., (1997), « Pôles de développement et nouveau district industriel dans la région de Tarente et Matera », Aix-en-Provence, *Méditerranée*, n°3-4, p 45-54.

BERGSON H., (1907), *L'évolution créatrice*, Paris, PUF.

BERNABE MAESTRE J., (1976), "*La industria del calzado en el valle de Vinalopo »*, Departamento de Geografia, Universidad de Valencia, 236p.
BERNARD P.J., DAVIET J.P., (1992), dir., *Culture d'entreprise et innovation*, Paris, Presses du CNRS, 341p.
BERNARDY de SIGOYER M., BOISGONTIER P., (1996), *La technopole une certaine idée de la ville*, Paris, l'Harmattan, 254p.
BERTONCELLO B., RODRIGUES MALTA (2001) : « Euroméditerranée : les échelles d'un grand projet de régénération urbaine », p 405-420, in *Métropolisation, gouvernance et citoyenneté dans la région urbaine marseillaise*, sous la direction de André DONZEL, Paris, Maisonneuve & La Rose, 495p
BEYNON H., HUDSON R., SADLER D., (1991), *A tale of two industries The contraction of coal and steel in the North East of England*, Open University Press, 135p.
BOLTANSKI L., THEVENOT L., (1991), *De la justification des économies de la grandeur*, Paris, Gallimard, 485p.
BOYER R., SAILLARD Y., dir.(1995), *Théorie de la régulation : l'état des savoirs*, Paris, La Découverte, 569p.
BRAUDEL F., (1985), *La dynamique du capitalisme*, Paris, Arthaud, 122p.
BROWAYES X., (1974), « Introduction à l'étude des firmes multinationales », Paris, A. Colin, *Les Annales de Géographie*, n°456, p 141-171.
BRUNET R., FERRAS R., THERY H., (1993), *Les mots de la géographie, dictionnaire critique*, Montpellier-Paris, Reclus-La documentation française, 520p.
BRUYAS F., (2000), « Port Saïd (Egypte), lieu d'articulation du local et du mondial Zone et ville franche : questions d'échelle », Paris, A. Colin, *Les Annales de Géographie*, n° 612, p 152-171.
CABANNE C., (1979), « L'évolution récente du Choletais », Paris, A. Colin, *Les Annales de Géographie*, n°485, p 16-35.
CABIN Ph., dir. (2000), *L'économie repensée*, Auxerre, Editions Sciences Humaines, 386p.
CABIN Ph., dir. (1999), *Les organisations Etat des savoirs*, Auxerre, Editions Sciences Humaines, 412p.
CARON F., (1997), *Les deux révolutions industrielles du XX°siècle*, Paris, Albin Michel, 525 p.
CARON F., (1985), *Le résistible déclin des sociétés industrielles*, Paris, Perrin, 330 p.
CARROUÉ L., (2002), *Géographie de la mondialisation*, Paris, Armand Colin, collection U, 254p.
CARROUÉ L., (2001), « Les multinationales de la sous-traitance », Paris, *Alternatives économiques*, n°198, p 66-67.
CARROUÉ L., (1999), « Les systèmes productifs européens, nouvelles problématiques, nouvelles méthodologies », Aix-en-Provence, *Méditerranée*, n°3, p 21-26.
CARROUÉ L., (1993), *Les industries européennes d'armement*, Paris, Masson, 237p.
CARROUÉ L., (1990), « Siemens géopolitique européenne d'une firme allemande de haute technologie », *L'information géographique*, Paris, Armand Colin, vol 54, n°3, p 94-102.
CARROUÉ L., (1988), *Les industries informatiques, électriques et électroniques en Ile-de-France : contribution à l'étude d'une industrie de haute technologie dans une métropole centrale*, Paris, thèse, 1588 p.
CASTELLS M., GODARD F., (1974), *Monopolville, L'entreprise, l'Etat, l'urbain*, Mouton, 496p.
CASTILLA E.J., HWANG H., GRANOVETTER H., GRANOVETTER H., (2000), « Social networks in Silicon Valley », in LEE .C-M., MILLER W., GONG HANCOCK M., ROWEN H., (ed.), *The Silicon Valley Edge*, Stanford, Stanford University Press, p 218-247.
CAVRIELATOS E., MALEZIEUX J., (1986), « L'espace industriel et le devenir urbain d'une métropole régionale à vocation internationale : le cas de Salonique », Paris, A. Colin, *Les Annales de Géographie*, n°532, p 694-708.

CHALINE C., (1988), « La reconversion des espaces fluvio-porturaires dans les grandes métropoles », Paris, A. Colin, *Les Annales de Géographie*, n°544, p 695-715.

CHANDLER A., (1988), *La main visible des managers une analyse historique*, Paris, Economica, 635p.

CHARRIE J.P., (1995), *Les activités industrielles en France*, Paris, Masson, 240p.

CHASTAGNARET G., (1997), « L'industrie en Méditerranée : une histoire en construction », Aix-en-Provence, *Méditerranée*, n°3-4, p 5-12.

CHASTAGNARET G., MIOCHE Ph., dir. (1998), *Histoire industrielle de la Provence*, Actes du Colloque de juin 1996, Aix-en-Provence, PUP, 254p.

CHASTAGNARET G., TEMIME E., (1991), « L'âge d'or de l'industrie », in *Marseille au XIXe, Rêves et triomphes*, Musées de Marseille, p 91-117.

CHIVALON C., RAGOUET P, SAMERS M, dir. (1999), *Discours scientifiques et contextes culturels, géographies françaises et britanniques à l'épreuve postmoderne*, Talence, Maison des sciences de l'Homme d'Aquitaine, 330p.

CLAVAL P., (2001), *Epistémologie de la géographie*, Paris, Nathan, 266p.

CLAVAL, P., (1995), *La géographie culturelle*, Paris, Nathan, 384p.

CLAVAL P., (1990), « Les nouveaux espaces industriels : réalités, théories et doctrines », in Benko G., dir., *La dynamique spatiale de l'économie contemporaine*, La Garenne-Colombes, Ed. de L'espace européen, p 35-51.

CLAVAL P., (1989), « L'avenir de la métropolisation », *Annales de Géographie*, vol. 98, Paris, A. Colin, p 692-706.

CLAVAL P., (1976), *Eléments de géographie économique*, Paris, M.Th. Genin, 361p

COASE R. H., (1937), "The nature of the firm", *Economica*, Vol.4, n°16, Londres, p 386-405.

COFFEY W.J., MANZAGOL C., SHEARMUR R., (2000), "Centralités métropolitaines", *Cahiers de géographie du Québec*, Vol.44, n°123, p 277-281.

COHEN E., (1992), *Le Colbertisme « High-Tech », économie des télécom et du grand projet*, Paris, Hachette, 404p.

COHEN J., (1999), « Industrie, service et compétition mondiale : les dynamiques d'Ile-de-France et le cas de la téléphonie », Aix-en-Provence, *Méditerranée*, n° 3, p 49-56.

COHEN J., (1990), « Les transformations de l'industrie et de la localisation des emplois dans l'agglomération parisienne », *Annales de géographie*, Paris, A. Colin, n° 554, p 385-405.

COHEN J. (1987), *De la critique des sources statistiques*, Paris, Strates, n°2, p 21-33.

COLLETIS G., GILLY J.P., PECQUEUR B., PERRAT J., ZIMMERMANN, J.B., (1997), « Firmes et territoires entre nomadisme et ancrage », *Espaces et Sociétés*, n°88/89, Paris, l'Harmattan, p 115-138.

COLLETIS G., PECQUEUR B., (1993), « Intégration des espaces et quasi intégration des firmes : vers de nouvelles rencontres productives », Paris, *Revue d'Economie Régionale et Urbaine*, n°3, p 489-508.

COLLETIS-WAHL K., (1996), « Industrie des semi-conducteurs et dynamiques spatiales », séminaire *Industrie et territoire, impact du développement des semi-conducteurs à Grenoble*, Grenoble, Université P. Mendès France, Mai 1996, 4 p.

COLLETIS-WAHL K., (1995), *L'industrie des semi-conducteurs, une approche par les facteurs de la concurrence spatiale*, Marseille, GREQUAM, 4 p.

CORIAT B., LUCCHINI N., (1995), Integrating R&D with Manufacturing to built worldwide competitiveness: SGS-Thomson Integrated circuits' strategy, in L. Andreasen et al., *Europe's next step: organisational innovation and employment*, London, Frank Cass, p 151-167.

COULET L., (1978), « La fabrique diffuse en Emilie Romagne », Aix-en-Provence, *Méditerranée*, n°4, p 13-25.

COURLET C., PECQUEUR B., (1992), « Les systèmes industriels locaux en France », in BENKO G. et LIPIETZ A., *Les régions qui gagnent*, Paris, PUF, p 81-102.

COURLET C., SOULAGE B., (1994), *Industrie, territoires et politiques publiques*, Paris, L'Harmattan, coll. Logiques économiques, 315p.
CROUCH C., et al., (2001), *Local production systems in Europe : rise or demise ?*, Oxford, Oxford University Press, 272 p.
CROUCH C., STREECK W., dir. (1996), *Les capitalismes en Europe*, Paris, La Découverte, 275p.
CROUZET E., (2001), « Evolution récente de la géographie des bureaux en Ile-de-France », Paris, A. Colin, *Les Annales de Géographie*, n°618, p 151-174.
CROUZET F., (2002), « De la mondialisation », *Historiens et géographes*, n°378, p 231-241.
DAMETTE F., SCHEIBLING J., (1995), *La France, permanences et mutations*, Paris, Hachette, 225p.
DAUMALIN X., (2005), "Le rôle pionnier de l'industrie chimique dans la mise en réseau industriel du littoral provençal dans la première moitié du XIXe siècle", *Construire des mondes, élites et espaces en Méditerranée XVI°-XX°*, dir. P.Aubert, G.Chastagnaret, O.Raveux, PUP, p 87-102
DAUMALIN X. (2003), *Du sel au pétrole*, Marseille, Tacussel, 160p.
DAUMALIN X., GIRARD N., RAVEUX O., (2003), *Du savon à la puce, histoire industrielle de Marseille du XVII° à nos jours*, Marseille, Ed. Jeanne Laffitte, 379.
DAUMAS J.C., (2000), « Districts industriels : un concept en quête d'histoire », in *Bulletin du Centre d'Histoire Contemporaine*, Université de France-Comté, n°4, p 125-136.
DAUVIN JP, OLLIVER J, COULON D (1995), *Les composants électroniques et leur industrie*, Paris, PUF, Que Sais-Je ? n°1080, 127p.
DAVIET S., (2005), « Gestion des espaces et trajectoire entrepreneuriale, l'exemple de managers de la microélectronique », *Construire des Mondes, Elites et structuration de l'espace en Méditerranée XVI°-XX°*, dir. P.Aubert, G.Chastagnaret, O.Raveux, Aix-en-Provence, Publications de l'Université de Provence, p 309-324.
DAVIET S., (2004), « Mobilité et transferts de savoir, acteurs, réseaux, nouvelles stratégies », Paris, *BAGF-GEOGRAPHIE*, n°2, p 164-175.
DAVIET S., (2002), « Les industriels et l'aménagement du territoire, le cas de la microélectronique provençale », in Caro P., Dard O., Daumas JC (dir.), *La politique d'aménagement du territoire en France : racines, logiques, résultats*, Rennes, Presses Universitaires de Rennes, p. 223-234.
DAVIET S., (2001), « Réévaluation des héritages et nouvelles dynamiques industrielles », *Le monde méditerranéen, thèmes et problèmes géographiques*, (dir.), J. Bethemont, Paris, DIEM, SEDES, p. 200-217.
DAVIET S., (2000), « Emergence et structuration d'une multinationale européenne du semiconducteur, le cas de ST Microelectronics », Paris, A.Colin, *Les Annales de Géographie*, n°612, pp 132-151.
DAVIET S., (2000), « Marc Lassus et les fondateurs de Gemplus, des pionniers de la carte à puce », *Créateurs et créations d'entreprises*, (dir.) J.Marseille, Paris, ADHE, p. 496-516.
DAVIET S., (1999), « Microélectronique en Provence, une redéfinition de l'industrie par le territoire », Aix-en-Provence, *Méditerranée*, n°3, p. 33-40.
DAVIET S., (1990), « Le bassin houiller lorrain et son espace frontalier, l'évolution d'une région en voie de reconversion », doctorat de Géographie nouveau régime, Aix-en-Provence, Université de Provence, 426 p.
DAVIET S., GIRARD N., MOREL M., (2003), « Du système portuaire au système métropolitain : désindustrialisation, filiation et nouveaux secteurs », *Du savon à la puce, histoire industrielle de Marseille du XVII° à nos jours*, (dir.), Daumalin X., Girard N., Raveux O., Marseille, Ed. Jeanne Laffitte, p 263-365.
DE LOS SANTOS A., (1993), « Retour au Sud, un succès en déséquilibre », in *La Méditerranée inquiète*, Gizard X., dir., Datar-Aube, p 123-130.
DEBARDIEUX B., (1985), « IBM à la campagne : l'évolution du Dutchess County (Etat de New-York, 1940-1984), Paris, A. Colin, *Les Annales de Géographie*, n°523, p 271-297.

DLADLA H., (1990), « Le transfert de technologie et de savoir-faire industriels en Tunisie », Paris, A. Colin, *Les Annales de Géographie*, n°554, p 441-457.

DE BERNARDY M. (1997), « Efficience de l'innovation à Grenoble : fins stratèges et jardiniers méticuleux », Grenoble, *Revue de Géographie Alpine*, n°4, p 155-173.

DE CARMOY G., BRONDEL G., (1991), *l'Europe de l'énergie*, Commission des Communautés européennes, 171p.

DELONDES O., (1997), *Les fourreurs de Kastoria entre la Macédoine et l'Occident (performances et fragilité d'un district artisanal grec)*, Paris, CNRS, Méditerranée, 228p.

DESCOURS C., (1994), *L'évolution du secteur des semi-conducteurs et la micro-électronique*, Rapport, Paris, Office parlementaire des choix scientifiques et technologiques, 135p.

DEMAZIERE C., dir. (1996), *Du local au global : les initiatives locales pour le développement économique en Europe et aux Etats-Unis*, Paris, l'Harmattan, 382p.

DERRIEUX-CECCONI R., (1975), « L'usage des comptabilités micro et macroéconomiques en géographie », Paris, A. Colin, *Les Annales de Géographie*, n°462, p 188-207.

DI MEO G. (1998), *Géographie sociale et territoires*, Paris, Nathan, 320p.

DI MEO G. (1984), « La crise du système industriel en France au début des années 1980 », Paris, A. Colin, *Les Annales de Géographie*, n°517, p 326-349.

DI MEO G., (1973), « L'industrie française de la parfumerie », Paris, A. Colin, *Les Annales de Géographie*, n°452, p 454-476.

DIRI J.P., (1979), « L'industrie française de l'alimentation du bétail », Paris, A. Colin, *Les Annales de Géographie*, n°490, p 671-704.

D'IRIBARNE Ph., (1989), *La logique de l'honneur, gestion des entreprises et traditions nationales*, Paris, Seuil, 282p.

DOMENICHINO J., (1989), *Une ville en chantier, la construction navale à Port de Bouc 1900-1966*, Aix-en-Provence, Edisud, 350p.

DONIO J., LES JARDINS JL., DE ROCCA E., VERSTREPEN M., (1999), *La carte à puce*, Que sais-je ?, Paris, PUF, 127p.

DONNAY J.P., (1985), « Méthodologie de la localisation des bureaux », Paris, A. Colin, *Les Annales de Géographie*, n°522, p 153-173.

DONZEL A., dir. (2001), *Métropolisation, gouvernance et citoyenneté dans la région urbaine marseillaise*, Paris, Maisonneuve et Larose, 495p.

DONZEL A., (1998), *Marseille l'expérience de la cité*, Paris, Anthropos, 196p.

DUNFORD M., (1992), « Trajectoires industrielles et relations sociales dans les régions de nouvelle croissance économique », in *Les régions qui gagnent*, dir. de G. BENKO et A. LIPIETZ, Paris, PUF, p 227-264.

DUPUY C., GILLY J.P., (1996), « Apprentissage organisationnel et dynamiques territoriales : une nouvelle approche des rapports entre groupes industriels et systèmes locaux d'innovation », in PECQUEUR B., *Dynamiques territoriales et mutations économiques*, Paris, L'Harmattan, p 157-175.

ECHAUDEMAISON C-D., (2001), *Dictionnaire d'économie et de sciences sociales*, Paris, Nathan, 541 p.

FACHE J., (2002), *Les territoires de la haute technologie*, Rennes, PUR, 157p.

FACHE J., (1999), « La définition des industries de haute technologie », Aix-en-Provence, *Méditerranée*, n°3, p 41-48.

FACHE J. (1996), *La diffusion des hautes technologies en France. Un modèle des diffusion des activités de haute technologie*, Nice, Thèse de géographie, 500p.

FALCOZ C., MERIGNAC O., (2000), « Le potentiel du cadre candidat à l'expatriation, un élément déterminant des pratiques de gestion du conjoint », Communication pour le 11e *congrès de l'AGRH/ESCP-EAP*, n°94, 16p.

FERRAO J., (1988), « L'industrie au Portugal. Structures productives et sociales dans des contextes régionaux diversifiés », Paris, A. Colin, *Les Annales de Géographie*, n°541, p 308-329.

FERREIRA C. (1988), *Le bassin minier de Gardanne, industrialisation et péri-urbanisation,* Doctorat de troisième cycle de l'Université de Provence, Aix-en-Provence, 2 tomes.
FERRIER JP., DONAINT P., (2001), « Pour une lecture post-moderne de la Méditerranée du XXI° siècle », in *La Méditerranée,* sous la direction de JP Lozato-Giotard, Paris, Sedes, p 197-229.
FERRIER JP., (1993), « La métropole méditerranéenne, modèle de la métropole de la modernité 3 », Aix-en-Provence, *Méditerranée,* n° 1-2, p 91-94.
FISCHER A., (1994), *Industrie et espace géographique,* Paris, Masson, Géographie, 137p.
FISCHER A., (1990), « Contribution à l'étude des nouvelles relations de l'entreprise industrielle à l'espace géographique », in G.Benko dir., *La dynamique spatiale de l'économie contemporaine,* La Garenne-Colombes, Ed. de l'espace européen, p 105-124.
FICHER A., (1978), « Transport et localisation industrielle », Paris, A. Colin, *Les Annales de Géographie,* n°483, p 545-559.
FISCHER A., MALEZIEUX J. (1999), *Industrie et aménagement,* Paris, L'Harmattan, 352p.
FRANCOIS-PONCET J., (2000), *Rapport d'information sur l'expatriation des jeunes français,* Paris, Sénat, n°388, 122p.
FREMONT A., (1987), « Milieu géographique et innovation : le cas grenoblois », Grenoble, *revue de géographie alpine,* n° 4, p 293-310.
FREMONT A., (1976)., *La région, espace vécu,* Paris, PUF, 223p.
FRERY E., (2002), *Benetton ou l'entreprise virtuelle,* Paris, Vuibert, 122pP
FROMENT P. (1998), "Travail au noir et artisanat productif dans le centre de Naples", *Espaces et Sociétés,* Paris, L'Harmattan, p 167-193.
FUKYAMA F. (1992), *La fin de l'histoire et le dernier homme,* Paris, Flammarion, 452p.
GARNIER J., (2000), « La crise de la construction navale dans l'économie et la société provençales », Aix-en-Provence, *Industries en Provence, dynamiques d'hier et d'aujourd'hui,* n°6, p 27-32.
GARNIER J., (1991), *Haute technologie en pays d'Aix,* LEST, CNRS, Aix-en-Provence, 127p.
GARNIER J. (1989), « La recomposition des activités industrielles maritimes provençales, ruptures, filiations, fécondations », *Revue d'Economie Industrielle,* n° 49, p 96-108.
GENEAU de LAMARLIERE I., (1990), « Les déterminants des localisations dans l'industrie des semi-conducteurs », in *La dynamique spatiale de l'économie contemporaine,* sous la Direction de G.Benko, La Garenne-Colombes, Editions de l'espace européen, p 125-151.
GENEAU de LAMARLIERE I., STASZAK JF, et al. (2001), *Géographies anglo-saxonnes tendances contemporaines,* Paris, Belin, Mappemonde, 313p.
GENEAU de LAMARLIERE I., STASZAK JF, (2000), *Principes de géographie économique,* Bréal, Grand Amphi Géographie, 448p.
GERBAULT J., (1971), « Le développement industriel de l'agglomération dijonnaise », Paris, A. Colin, *Les Annales de Géographie,* n°441, p 534-553.
GILLY J.P., TORRE A., (2000), dir., *Dynamiques de proximité,* Paris, L'Harmattan, 301p.
GLASMEIER A., (1986), *The structure, location and role of high technology industries in US regional development,* Ph.D. dissertation, University of Berkeley, Californie.
GLEICK J., (1991), *La théorie du chaos, vers une nouvelle science,* Paris, Flammarion, 432p.
GOODCHILD MF., JANELLE DG., (1988), "Specialization in the Structure and Organization of Geography", *Annals of the Association of American Geographers,* vol. 78, n°1, p 1-28.
GORGEU A., MATHIEU R., (1995), « Stratégies d'approvisionnement des grandes firmes et livraisons juste à temps : quel impact spatial ? », *L'espace géographique,* n° 3, p 245-259.
GOUROU P., (1973), *Pour une géographie humaine,* Paris, Flammarion, 338p.
GRANOVETTER M., (1994), "Les institutions économiques comme construction sociale: un cadre d'analyse", in Orlean A. (dir), *Analyse économique des conventions,* Paris, PUF, p 79-94.

GRANOVETTER M., (1985), "Economic action and social structure: The problem of embeddedness", *American Journal of Sociology*, 91, p 481-510.

GREGGIO R., (1996), « Une illustration de concept de marché pertinent : le cas du groupe Fiat dans l'automobile », Paris, A. Colin, *Les Annales de Géographie*, n°591, p 498-515.

GREGORIS M.Th., (1986), « Le technopôle toulousain, un terme moderniste pour qualifier un processus ancien », *Villes et territoires*, Toulouse, PUM, p 91-110.

GRINBERG Y., MIOCHE Ph., (1996), *Aluminium de Grèce, l'usine aux trois rivages*, Grenoble, PUG, 318p.

GROSDIDIER F., (1996), *La reconversion : une ardente obligation*, Rapport au Premier Ministre, collection des rapports officiels, Paris, La Documentation française, 233p.

GROSSETTI M et al., (1998), *La construction des politiques locales : reconversions industrielles et systèmes locaux d'action publique*, Paris, L'Harmattan, 220p.

GROSSETTI M., (1997), *Science industrie et territoire*, Toulouse, Presses Universitaires du Mirail.

GUIEYSSE J.A., (1994), « La localisation de la recherche-développement en France des années 60 aux années 80 », Paris, A. Colin, *Les Annales de Géographie*, n°578, p 361-378.

GUILHON B., (1998), *Les firmes globales*, Paris, Economica, 106p.

HARDOUIN-LEMOINE M., (2001), « Le bassin de Longwy : quelle reconversion grâce au programme européen objectif 2 ? 1989-1996) », Paris, A. Colin, *Les Annales de Géographie*, n°619, p 309-320.

HARDOUIN-LEMOINE M., (2000), *Les Etats et l'Union Européenne dans le redéveloppement des bassins industriels en crise : étude comparée des bassins de Longwy (France) et Sheffield (RU)*, Le Mans, thèse de géographie, 486p.

HARRISON B., (1994a), "The Italian Industrial Districts and the Crisis of the Cooperative Form: Part I", *European Planning Studies*, 2, 1, p 3-22.

HARRISON B., (1994b), "The Italian Industrial Districts and the Crisis of the Cooperative Form: Part II", *European Planning Studies*, 2, 2, p 159-174.

HARRISON B., (1992), "Industrial Districts: Old Wine in New Bottles?", *Regional Studies*, 26, 5, p 469-483.

HOFSTEDE G., (1991), *Cultures and organizations, software of the mind*, Mc Graw-Hill Book Company, 279p.

HOLZ JM., (1996), « Le L.I.S. dans la vallée de la Ruhr », Lyon, *Revue de Géographie de Lyon*, vol.71, n°1, p 79-82.

HOLZ J.M., (1992), *Gérer l'espace, l'action des collectivités territoriales dans la Ruhr*, Perpignan, PUP, 466p.

HOLZ J.M., (1989), « Une conséquence de la contrainte environnementale : la genèse de l'éco-industrie en RFA, et dans la Ruhr en particulier », Lille, *Hommes et terres du Nord*, n°4, p 294-298.

HOLZ J.M., (1977), *La Ruhr, du "Kohlenpott" à la région urbaine*, Paris, Bordas, 143p.

HOLZ J.M., HOUSSEL J.P., (2002), *L'industrie dans la nouvelle économie mondiale*, Paris, PUF, collection Major, 450p.

HOUSSEL J.P., dir., (1995), « Actualité des districts industriels », Lyon, *Revue de Géographie de Lyon*.

HOUSSEL J.P., (1993), « Districts industriels et milieux intermédiaires », Paris, A. Colin, *L'information géographique*, 57, 3, p 86-91.

HOUSSEL J.P., (1990), « L'industrie spontanée en Italie », Paris, A. Colin, *Les Annales de géographie*, n°554, p 420-440.

HOUSSEL J.P., (1983), « l'industrialisation spontanée dans la région de Valence (Espagne) », *Cahiers Nantais*, Nantes, 22, p 174-180.

JALABERT G., (1995), *Toulouse, métropole incomplète*, Paris, Anthropos, 202p.

JALABERT G., (1986), « La notion de technopole appliquée à l'agglomération toulousaine », *Villes et territoires*, Toulouse, PUM, p 73-89.

JALABERT G., (1974), *Les industries aéronautiques et spatialès en France*, Toulouse, Privat, 520p.

JALABERT G., GREGORIS M., (1987), « Turin, de la ville usine à la technopole », Paris, A. Colin, *Les Annales de géographie*, n°538, p 680-704.

JOANNON M., LEES Ch., (1997), « Les dynamiques spatiales de l'industrie dans l'aire métropolitaine marseillaise », Aix-en-Provence, *Méditerranée*, n° 3-4, p 35-44.

JOHNSTON RJ. (1997), *Geography & Geographers Anglo-American Human Geography since 1945*, London, Arnold, 475 p.

JULIA D., (1996), *Dictionnaire de la philosophie*, Larousse, 302p.

KNAFOU R., dir. (1997), *L'état de la géographie Autoscopie d'une science*, Paris, Belin, Mappemonde, 438p.

KRUGMAN P., (2000), *La mondialisation n'est pas coupable. Vertus et limites du libre échange*, Paris, La découverte, Traduction de *Pop internationalism*, MIT Press, Cambridge 1996.

KRUMME G., (1969), « Toward a geography of enterprise », *Economic Geography*, n°45, p 30-40.

KUHN T., (1983), *La structure des révolutions scientifiques*, Paris, Flammarion, 285p.

LACOUR C., (1996), « La tectonique des territoires : d'une métaphore à une théorisation », in PECQUEUR B., *Dynamiques territoriales et mutations économiques*, Paris, l'Harmattan, p 25-47.

LACOUR C., PUISSANT S., (2003), "Consistency and crossbreeding in French speaking regional science : An epistemological investigations", *Papers in Regional Science*, 82, p 501-518.

LAFERRERE M., (1992), « Aux origines de Rhône-Poulenc Agrochimie : la fusion de Pechiney-Progil et Rhône-Poulenc (1954-1974), in *Culture d'entreprise et innovation*, DAVIET J.P., BERNARD P.J., dir., Paris, CNRS, p 199-214.

LAFERRERE M., (1989), « L'industrie textile en Bulgarie », Paris, A. Colin, *Les Annales de Géographie*, n°545, p 24-49.

LAFERRERE M., (1960), *Lyon ville industrielle, essai d'une géographie urbaine des techniques et des entreprises*, Paris, PUF, 545p.

LANGEVIN P., CHOURAQUI E., (2000), *Aire métropolitaine marseillaise encore un effort*, Gémenos, Ed. de l'Aube, 220p.

LAMBERT O., (1998), « L'automobile à Marseille, la saga Turcat-Mery », Aix-en-Provence, *Industries en Provence dynamiques d'hier et d'aujourd'hui*, n°1, p 7-13.

LAMBERT O., (1995), « Marseille entre tradition et modernité, les espérances déçues, 1919-1939 », tome X, *Histoire du commerce et de l'industrie de Marseille XIXᵉ-XXᵉ*, Marseille, CCIMP, 639p.

LATOUCHE S., (2003), « L'imposture du développement durable ou les habits neufs du développement », in *Mondes en développement*, De Boek, Bruxelles, n°121, p 23-30.

LECLERC E., (2001), « Un nouveau géant des technologies de l'information : l'Inde », in *Les actes du Festival International de Géographie de 2001*, 18p.

LECUYER C., (2000), « Fairchild Semiconductor and Its Influence », in LEE .C-M., MILLER W., GONG HANCOCK M., ROWEN H., (ed.), *The Silicon Valley Edge*, Stanford, Stanford University Press, p 158-183.

LEE C-M., MILLER W., GONG HANCOCK M., ROWEN H., (2000), *The Silicon Valley Edge*, Stanford, Stanford University Press, 424p.

LEE D-O, (2000), « Les réponses apportées à la rigidité spatiale dans le cadre des transformations urbaines : l'exemple des entreprises coréennes à Los Angeles », in BENKO G., LIPIETZ A., dir., *La richesse des régions, la nouvelle géographie socio-économique*, Paris, PUF, Economie en liberté, p 199-224.

LERICHE F., dir., (2004), « Industrie/Espace Le territoire, variable de la régulation de développement économique », *Les papiers du CIEU*, Toulouse, 104 p.

LERICHE F., (1997), *L'encadrement politico-institutionnel du développement des activités de la haute technologie : France-Etats-Unis (les exemples de Grenoble, Nancy, Toulouse, Phoenix, Pittsburg, San Diego)*, Villeneuve d'Asq, Presses Universitaires du Septentrion, Thèse à la carte, 424p.

LESCURE M., (2002), « Entre ville et campagne : l'organisation bancaire des districts industriels. L'exemple du Choletais (1900-1950) », in *Villes et districts industriels en Europe occidentale XVIIe-XXe siècle*, Eck JF., et Lescure M., dir., Tours, Université François Rabelais, Centre d'histoire de la ville moderne et contemporaine, p 81-101.

LEVY J., LUSSAULT M., (2003), Dictionnaire de la géographie et de l'espace des sociétés, Paris, Belin.

LIEUTAUD J., (1992), « La permanence du problème du Mezzogiorno italien », Aix-en-Provence, *Méditerranée*, n°3-4, p 3-12.

LIEUTAUD J., (1991), *La programmation italienne dans le Mezzogiorno italien : l'exemple de la Pouille*, Rome, n° 144, collection de l'Ecole Française de Rome, 616p.

LONG X., (1999), « De la nature des activités industrielles et d'une méthode d'étude : les coordination et l'analyse méso-systémique », Aix-en-Provence, *Méditerranée*, n°3, p 27-32.

LONG X., (1997), *L'industrie française du verre : étude géographique*, Thèse de géographie, Lille, Université de Lille, 545p.

LOROT P., dir., (1999), *Introduction à la géoéconomie*, Paris, Economica, 224p.

LOWY P. (1976), "L'artisanat dans les médinas de Tunis et de Sfax", Paris, A. Colin, *Les Annales de Géographie*, n°470, p 473-493.

LUCCHINI N., (2002), *Recherche-développement, coopération et politique technologique. Fondements théoriques et applications aux industries américaine et européenne des semi-conducteurs*, Thèse pour le doctorat de sciences économiques, Villetaneuse, Université de Paris-Nord, 355p.

LUCCHINI N., (1997), « Politique communautaire de la concurrence. Quelques considérations sur les programmes technologiques européens », Communication au XLVIe *congrès de l'AFSE*, 18/19 septembre, 1997, Paris, 11p.

LUCCHINI N., (1998), "European technology policy and R&D consortia: the case of semi-conductors", *International Journal of Technology Management*, vol 15, n°6-7, p 542-555.

MALEZIEUX J. (1977), « La crise de la sidérurgie : aspects géographiques. Approche au niveau des unités élémentaires : l'établissement et l'entreprise Sidmar-Gand (Belgique) », Paris, A. Colin, *Les Annales de Géographie*, n°476, p 408-424.

MALEZIEUX J., (1971), « Signification géographique d'un projet d'investissement industriel. Un centre sidérurgique dans la Maasvlakte de Rotterdam », Paris, A. Colin, *Les Annales de Géographie*, n°440, p 428-439.

MALERBA F., PELLEGRINI L. (1996), « Entrata iniziale, declino competitivo e creazione di competenze avanzate della SGS nella microelettronica », in *L'evoluzione delle industrie ad alta tecnologia in Italia*, a cura di BUSSOLATI Camillo, MALERBA Franco, TORRISI Salvatore, Bologna, il Mulino, p 63-95.

MAILLAT D., (2001), « Globalisation, systèmes territoriaux de production et milieux », *Actes du Festival International de Géographie 2001*, site du FIG, 8p.

MANZAGOL C., (1999), « L'évolution des hautes technologies aux Etats-Unis : quelques remarques », in *Industrie et aménagement*, sous la direction de A.Fischer et J.Malézieux, Paris, L'Harmattan, p 287-306.

MANZAGOL C., (1995), « La localisation des activités spécifiques », in *Encyclopédie de géographie*, sous la dir. de A. Bailly ; R. Ferras ; D. Pumain, Paris, Economica, p. 489-514.

MANZAGOL C., (1990), « Réflexions sur la trajectoire d'une technopole : Phoenix », in *La dynamique spatiale de l'économie contemporaine*, sous la direction de G.Benko, La Garenne-Colombes, Editions de l'Espace Européen, p 153-172.

MANZAGOL C., JOURDENAIS M., (1999), « La recherche industrielle aux Etats-Unis : l'évolution récente de la localisation », *Cahiers de géographie du Québec*, Vol.43, n°119, p 251-265.

MARCHESNAY M., (2001), Management : série « Les constructeurs : Michael Porter », in *Revue française de gestion*, n°135, p 76-82.

MARCONIS R., (2000), *Introduction à la géographie*, Paris, Colin U, 233p.

MARKUZEN A., (2000), "Des lieux-aimants dans un espace mouvant: une typologie des districts industriels", in Benko, Lipietz, *La richesse des régions, la nouvelle géographie socio-économique*, Paris, PUF, Economie en liberté, p 85-119.

MARKUZEN A., (1994), "Studying Regions by Studying Firms", *The Professional Geographer*, Vol. 46, n°4, November 1994.

MARSHALL A., (1920), 1990, « Organisation industrielle : la concentration d'industries spécialisées dans certaines localités », *Revue Française d'Economie*, 5, 3, p 155-170.

MARTIN R., SUNLEY P. (2000), "L'économie géographique de Paul Krugman et ses conséquences pour la théorie du développement régional : une évaluation critique", in Benko, Lipietz, *La richesse des régions, la nouvelle géographie socio-économique*, Paris, PUF, Economie en liberté, p 33-84.

MARTINS DIAS R., TIXIDOR M., (2000), « Les difficultés de la reconversion à La Ciotat et à La Seyne-sur-Mer », *Rives nord-méditerranéennes*, Aix-en-Provence, n°4, p 35-46.

MASKELL P., (2001), "The Firm in Economic Geography", *Economic Geography*, vol. 77, 4, p 329-344.

MENDRAS H., (2002), "Les systèmes locaux de production en Europe", *Revue de l'OFCE*, n°80, p 181-186.

MERENNE-SCHOUMAKER B., (2002), *La localisation des industries, enjeux et dynamiques*, Rennes, Presses Universitaires de Rennes, 443p.

MEYER J-B., BROWN M., (1999), *Les diasporas scientifiques : nouvelle approche à la « fuite des cerveaux »*, traduction pour la conférence mondiale de la science, UNESCO-ICSU, Budapest, 31p.

MEYER J-B., CHARUM J., (1995), « La fuite des cerveaux est-elle épuisée ? Paradigme perdu et nouvelles perspectives », Paris, *Cahiers des sciences humaines*, vol.31, n°4, p 1003-1017.

MICHAELIS A., (1990), « Brain drain and brain gain », *Interdisciplinary science reviews*, Vol 15, n°3.

MIOCHE Ph., (2005), *Les 50 années de l'Europe du charbon et de l'acier 1952-2002*, Commission Européenne, Luxembourg, Office des publications, 128 p.

MIOCHE Ph., (2001), « Bilan économique et social de la CECA : un passé qui a préparé l'avenir », in BITSCH M.T., *Le couple France-Allemagne et les institutions européennes. Une postérité pour le Plan Schuman ?*, Bruxelles, Et. E. Bruylant, p 62-79.

MIOCHE Ph., (2000), « Pourquoi l'alumine a-t-elle été effacée de Marseille », Aix-en-Provence, *Rives nord-méditerranéennes*, n°4, p 11-24.

MIOCHE Ph., (1998), « La création de l'usine *Solvay* à Salin-de-Giraud, 1895-1898 », Aix-en-Provence, *Industries en Provence Dynamiques d'hier et d'aujourd'hui*, p 14-18.

MIOCHE Ph., (1994), *L'alumine à Gardanne de 1893 à nos jours. Une traversée industrielle en Provence*, Grenoble, PUG, 179p.

MIOCHE Ph., DAUMALIN X., (2001), *Provence, terre de chimie, Cent ans de l'Union des Industries Chimiques en région PACA*, UIC-PACA, Marseille, 128p.

MOATTY F., VALEYRE A., (1997), « La polarisation de la recherche-développement industrielle en France : logique sectorielle ou organisationnelle ? », *L'espace géographique*, n° 3, p 231-246.

MONTAGNE-VILETTE S., (2001), « Le secondaire est-il soluble dans le tertiaire ?», Paris, A.Colin, *Les Annales de géographie*, n°617, p 22-37.

MONTAGNE-VILETTE S., (1990), *Le sentier un espace ambigu*, Paris, Masson, 140p.

MONTAGNE-VILETTE S., (1987), *L'industrie du prêt-à-porter en France*, Thèse, Paris, 838p.
MONTAGNE-VILETTE S., (1985), « Les nouveaux aspects du prêt-à-porter dans le Choletais », Poitiers, *Norois*, n°125, p 71-85.
MORALIA B., (2004), *Naissance et premières dynamiques géographiques et économiques du projet Euroméditerranée*, DEA de géographie, Aix-en-Provence, 137 p.
MOREL B., (1999), *Marseille naissance d'une métropole*, Paris, L'Harmattan, 221p. .
MOREL B., (1997), « La nouvelle économie marseillaise et ses territoires », in *Méditerranée*, Aix-en-Provence, n°3/4, p 21-26.
MORIN E., (1994), *La complexité humaine*, Flammarion, 380p.
MORIN E., (1990), *Penser l'Europe*, Paris, Gallimard, 221p.
MORSEL H., PARENT JF., (1991), *Les industries de la région grenobloise*, Grenoble, PUG, 253p.
NONJON A., (1999), *La mondialisation*, Paris, SEDES, 335p.
NWAFOR J.C., (1974), « La structure et l'évolution spatiale de l'industrie française d'équipement automobile », Paris, A. Colin, *Les Annales de Géographie*, n°456, p 190-203.
OHMAE K., (1991), *L'entreprise sans frontière, nouveaux impératifs stratégiques*, Paris, Inter Editions, 303p.
O'BRIEN R., (1992), *Global Financial integration: The End of Geography*, Londres, Pinter, 120p.
O HUALLACHAIN B., (1997), "Restructuring the American Semiconductor Industry: Vertical Integration of Design Houses and Wafer Fabricators", *Annals of the Association of American Geographers*, vol 87, n°2, p 217-237.
O HUALLACHAIN B., (1987), "Regional and Technological Implications of the Recent Buildup in American Defense Spending", *Annals of the Association of American Geographers*, vol 77, n°2, p 208-223.
ONDATEGUI J., (2000), "Parques científico-tecnológicos en España : las fronteras del futuro", in *Innovación pequeña empresa y desarrolo local en España*, José Luis Alonso, Ricardo Méndez coordinadores, Madrid, Civitas ediciones, colección económica, p 269-293.
ORLEAN A., (1994), dir, *Analyse économique des conventions*, Paris, PUF, 403p.
PAKULA L., WICHEREK S., (1988), "Les principaux problèmes actuels des agglomérations industrielles de Haute Silésie et leurs influences sur le milieu", Paris, A. Colin, *Les Annales de Géographie*, n°543, p 560-577.
PARÉ S. (1974), « Les disparités régionales de l'informatique française », Paris, A. Colin, *Les Annales de Géographie*, n°456, p 173-189.
PAULET J.P., (1997), *Les multinationales, frein ou moteur de l'économie*, Paris, Ellipses, 128p.
PLAYOUST B., (1998), *Le LETI : trente ans de collaboration recherche-industrie*, Libris, 112p.
PECQUEUR B., (2000), *Le développement local*, Paris, Syros, 2e édition, 130p.
PECQUEUR B., dir. (1996), *Dynamiques territoriales et mutations économiques*, Paris, L'Harmattan, 246p.
PECQUEUR B., ROUSIER N., (1991), *Les districts technologiques : un nouveau concept pour l'étude des relations technologies/territoire*, Communication au colloque de recherche sur les technopoles, Nancy, 16-18 octobre 1991, 22p.
PEET R., (1997), « The cultural production of economic forms », in Lee R., Wills J. (eds), *Geographies of Economies*, London, Arnold, p 37-46.
PENNEC P., (1964), *La transformation des corps de métier de Tunis sous la pression d'une économie externe de type capitaliste*, ISEA, Tunis.

PERRAT J., (1995), « SGS-THOMSON dans l'agglomération grenobloise », ADEES Rhône-Alpes, in *L'ancrage territorial des activités industrielles et technologiques, une approche méthodologique,* Convention d'étude 2394 du Commissariat Général au Plan, rapport final, p 37-49.

PERRAT J., (1997), « Une clé de lecture du rapport firme/territoire : la notion d'externalité », *Espace et Société,* Paris, L'Harmattan, n° 88-89, p 207-236.

PERROUX F., (1961), *L'économie du XXe siècle,* Paris, PUF, 689p.

PIAGET J., (1968), *Le structuralisme,* Paris, PUF.

PIERRIN L., (1975), *Industries traditionnelles du port de Marseille. Le cycle des sucres et des oléagineux 1870-1958,* Institut Historique de Provence, 340p.

PIORE M., SABEL Ch., (1984), *The Second Industrial Divide,* Basic Books, New York. Traduction française : *Les chemins de la prospérité. De la production de masse à la spécialisation souple,* Paris, Hachette, 1989, 441p.

PINARD J., (1982), « Les industries électrométallurgiques et électrochimiques en Norvège », Paris, A. Colin, *Les Annales de Géographie,* n°504, p 155-172.

POLESE M., ROY M., (1999), « La dynamique spatiale des activités de haute technologie au Québec », *Cahier de Géographie du Québec,* vol.43, n°118, p 43-71.

PONCE HERRERO G., MARTINEZ PUCHE A., (2001), «Procesos de restructuración industrial en los sistemas productivos locales valencianos », in *El desarrollo rural/local integrado y el papel de los poderes locales,* Martinez Puche A. (dir.), Alicante, Universidad de Alicante, p 195-225.

PORTER M., (1993), *L'avantage concurrenciel des nations,* Inter Editions, 883p.

PRIGOGINE I., STENGERS I., (1988), *Entre le temps et l'éternité,* Paris, Flammarion, Champs.

PRECHEUR C. (1979), « General Motors Ford Chrysler », Paris, A. Colin, *Les Annales de Géographie,* n°488, p 432-458.

RAVEUX O., (1998), *Marseille, ville des métaux et de la vapeur au XXe siècle,* Paris, Ed. du CNRS, 383p.

REBOUR Th. (2000), *Théorie du rachat, géographie, économie, histoire,* Paris, Publications de la Sorbonne, 258p.

REICH R. (1993), *L'économie mondialisée,* Paris, Dunod, 336p.

ROBIC M.C., (1991), « La bibliographie géographique (1891-1991) témoin d'un siècle de géographie : quelques enseignements d'analyses formelles », Paris, A. Colin, *Les Annales de Géographie,* n°561-562, p 521-577.

RONCAYOLO M., (1990), *L'imaginaire de Marseille, port, ville, pôle,* Histoire du commerce et de l'industrie de Marseille XIX-XX°, Marseille, CCIMP, 368p.

RONCAYOLO M., (1996), *Marseille les grammaires d'une ville, essai sur la genèse des structures urbaines à Marseille,* Paris, EHESS, 507p.

ROUSSEAU M.P., (1994), « La géographie de la productivité », Paris, A. Colin, *Les Annales de Géographie,* n°576, p 115-133.

ROZENBLAT C., (1991), « Les entreprises étrangères dans les villes françaises », Paris, A. Colin, *Les Annales de Géographie,* n°559, p 295-311.

RYCHEN F., ZIMMERMANN JB., (2002), "Birth of a cluster: the microelectronics industry in the Marseilles Metropolitan Area", *International Journal of Technology Management,* Vol 24, n° 7/8, p. 792-817.

RYCHEN F., ZIMMERMANN JB., (2000), "Du bassin houiller de Gardanne au pôle microélectronique provençal : reconversion ou mutation ?", Aix-en-Provence, *Rives nord-méditerranéennes,* n°4, p 47-60.

SAINT-JULIEN Th., (1982), *Croissance industrielle et Système urbain,* Paris, Economica, 280p.

SAINT-JULIEN Th., (1973), « Signification géographique des implantations industrielles décentralisées en province », Paris, A. Colin, *Les Annales de Géographie,* n°453, p 557-575.

SAINT-JULIEN Th., (1971), « La Rochelle et la décentralisation industrielle », Paris, A. Colin, *Les Annales de Géographie*, n°442, p 687-706.

SALAIS R., STORPER M., (1993), *Les mondes de production Enquête sur l'identité économique de la France*, Paris, Editions de l'EHESS, 467p.

SALAIS R., THEVENOT L., (1986), « Le travail, marchés, règles, conventions », Paris, INSEE, *Economica*, 370p.

SALOM J., ALBERTOS J., (2000), « Procesos de innovación industrial en la comunidad valenciana en los años noventa », in *Innovación pequeña empresa y desarrolo local en España*, José Luis Alonso, Ricardo Méndez coordinadores, Madrid, Civitas ediciones, colección económica, p 143-162.

SAUNIER C., (2003), *L'évolution du secteur des semi-conducteurs et ses liens avec les micro et nanotechnologies*, Office parlementaire d'évaluation des choix scientifiques et technologiques, 166p.

SAVY M., VELTZ P., dir. (1993), *Les nouveaux espaces de l'entreprise*, Datar, Editions de l'Aube, 199p.

SAXENIAN A., (2000), "Network of immigrant entrepreneurs", in LEE .C-M., MILLER W., GONG HANCOCK M., ROWEN H., (ed.), *The Silicon Valley Edge*, Stanford, Stanford University Press, p 248-268.

SAXENIAN A., (2000), « Les limites de l'autarcie : Silicon Valley et Route 128 », in BENKO G., LIPIETZ A., dir., *La richesse des régions, la nouvelle géographie socio-économique*, Paris, PUF, Economie en liberté, p 121-147.

SAXENIAN A., (1994), *Regional Advantage : Culture and Competition in Silicon Valley and Route 128*, Cambridge, MA, Harvard University Press.

SCHNEIER G., (1978), « L'"impact spatial" de l'industrie. Essai méthodologique : le cas de la localisation de la sidérurgie en Argentine », Paris, A. Colin, *Les Annales de Géographie*, n°480, p 152-181.

SCHOENBERGER E., (2001), « Coporate autobiographies : the narrative strategies of corporate strategists », *Journal of Economic Geography*, n°1, p 277- 298.

SCOTT A.J., (2001), *Les régions et l'économie mondiale*, Paris, l'Harmattan, Théorie sociale contemporaine, 187p.

SCOTT A.J., (1999), « Les bases géographiques de la performance industrielle », Paris, Alternatives économiques, *Géographie, Economie, Société*, Vol.1, n°2, p 259-280.

SCOTT A.J. (1992), « L'économie métropolitaine : organisation industrielle et croissance urbaine », in BENKO G., LIPIETZ A., (ed.), *Les régions qui gagnent*, Paris, PUF, p 103-120.

SEGRESTIN D., (1992), *Sociologie de l'entreprise*, Paris, Colin, collection-U, 222 p.

SOPPELSA J., (1976), « Route 128-Route 495 », Paris, A. Colin, *Les Annales de Géographie*, n°471, p 597-617.

SPILL C., (2001), « L'approche géographique du fait industriel dans la revue *Méditerranée* », Aix-en-Provence, *Méditerranée*, n°3-4, p 11-24.

ST MICROELECTRONICS, (1997), *25 000 hommes pour un succès*, Institute éditeur, Paris, 232p.

STIRN F. (1998), *Les grands penseurs contemporains*, Synthèse Philosophie, A. Colin, 95p.

STORPER M., (1992), "The Limits to Globalization: Technology Districts and International Trades", *Economic Geography*, vol 68, n°1, p 60-93.

TARRIUS A., (2000), *Les nouveaux cosmopolitismes, mobilités, identités, territoires*, La tour d'Aigues, Ed. de l'Aube, 266 p.

TAULELLE F., (2001), « Grandes entreprises et crise, reconversion et fonds européens : le cas de la principauté des Asturies (Espagne) », Paris, A. Colin, *Les Annales de Géographie*, n°617, p 57-78.

TAYLOR M., ASHEIM B., (2001), "The Concept of the Firm in Economic geography", *Economic Geography*, 77 (4), p 315-328.

THOMAS A., (1971), "L'industrie dans le cercle de Villingen (Forêt noire) », Paris, A. Colin, *Les Annales de Géographie*, n°440, p 440-450.

THUMERELLE P.J., (2001), "Mondialisation et interrogations géographiques", Paris, A. Colin, *Les Annales de Géographie*, n°621, p 468-489.

TODD E., (1998), *L'illusion économique, essai sur la stagnation des sociétés développées*, Paris, Gallimard, 321p.

TÖRNQVIST G., (1989), « La créativité : une perspective géographique », in Michel Chevalier : *La géographie de la créativité et de l'innovation*, Paris, Espace et Culture, n°18, Université de Paris 4, p.9-37

UHRICH R., (1987), *La France inverse, les régions en mutation*, Paris, Economica, 390p.

UNIVERSITE THOMSON, (1995), L'histoire du groupe Thomson, une entreprise dans le siècle, 142p.

VALLAT C., MARIN B., BIONDI G., (1998), *Naples, démythifier la ville*, Paris, L'Harmattan, Géographies en liberté, 362p.

VANDERMOTTEN C., MARISSAL P. (2000), « Une nouvelle typologie économique des régions européennes », *L'espace géographique*, n°4, p 289-300.

VANIER M., (1997), *De l'industrie au territoire*, HDR, Grenoble, 225p.

VANIER M., (1995), « Industrie et territoire : l'intervention des finances publiques, pour quoi faire ? », *L'espace géographique*, n° 3, p 236-244.

VANIER M., (1989), « Troyes, vieille ville du textile en mutation », Paris, A. Colin, *Les Annales de Géograhie*, n°550, p 658-675.

VELTZ P., (2000), *Le nouveau monde industriel*, Paris, Gallimard, Le débat, 230p.

VELTZ P., (1996), *Mondialisation, Villes et Territoires, l'économie d'archipel*, Paris, PUF, Economie en liberté, 262p.

VELTZ P., (1993), «D'une géographie des coûts à une géographie de l'organisation. Quelques thèses sur les rapports entreprises/territoires», *Revue Économique* vol. 44, n°4, p 671-684.

VIDAL F., (2000), « Les districts italiens : un modèle de développement exemplaire », Paris, *Futuribles*, n°256, p 5-21.

VIDAL de la BLACHE P., (1913), *Des caractères distinctifs de la géographie*, Paris, A.Colin, *Les Annales de géographie*, t. 22, p 289-299. (document extrait de la base Frantext, http://gallica.bnf.fr/Fonds_Textes/T0089837.htm).

VIVIEN F-D., (2003), « Jalons pour histoire de la notion de développement durable », in *Mondes en développement*, Bruxelles, De Boeck, n°121, p 1-24.

WACKERMANN G., (1989), « La dynamique des petites et moyennes entreprises helvétiques », Paris, A. Colin, *Les Annales de Géographie*, n° 550, p 676-691.

WALLERSTEIN I., (1985), *Le capitalisme historique*, Paris, La Découverte, 124p.

WEBER M., (1905), *L'éthique protestante et l'esprit du capitalisme*, Paris, Plon, 1985, 286p.

WEISSBERG D., (1999), *Monde de l'informatique, informatique monde*, Toulouse, Presses Universitaires du Mirail, 312 p.

WEISSBERG D., (1999), « Réformes économiques, investissement étranger et mutations, du territoire au Viêt-Nam », Paris, A. Colin, *Les Annales de Géographie*, n°605, p 67-85.

WILLIAMSON O.E., (1994), *Les institutions de l'économie*, Paris, InterEdition, 404p.

WOLKOWITSCH M., (1991), « Les industries de l'aire métropolitaine marseillaise en 1989 et leur avenir », Aix-en-Provence, *Méditerranée*, n°2-3, p 21-38.

ZALIO P.P., (2001), "Un regard sur le patronat marseillais au XXe siècle", in *Industries en Provence, dynamiques d'hier et d'aujourd'hui*, Aix-en-Provence, p 24-31.

ZALIO P.P., (1999), *Grandes familles de Marseille au XXe siècle. Enquête sur l'identité économique d'un territoire portuaire*, Paris, Belin, 315p.

ZEITLIN J. and HERRIGEL G., (2000), *Americanization and its Limits: responses to US Technology and Management in Postwar Europe and Japan*, Oxford University Press, 410p.

ZIMMERMANN J.B., (2000), "De la proximité dans les relations firmes-territoires: nomadisme et ancrage territorial", in *Dynamiques de proximité*, dir. Gilly JP et Torre A., Paris, l'Harmattan, p 225-251.

ZIMMERMANN J.B., dir., (1998), *L'émergence d'un tissu microélectronique dans les BdR*, rapport de synthèse, Marseille, IDEP-GREQAM, 158p.

Index des thèmes

A

Acteur · 7, 9, 21, 22, 26, 29, 40, 45, 46, 61, 66, 68, 74, 76, 79, 85, 98, 108, 109, 122, 123, 124, 128, 129, 130, 136, 140, 144, 145, 147, 151, 154, 158, 159, 164, 174, 175, 176, 177, 183
Agent · 24, 31, 34, 36, 77, 84, 93, 98, 138
Aménagement · 16, 43, 61, 62, 104, 127, 168, 183, 184, 188
Ancrage · 33, 76, 121, 150, 170, 182, 190, 193
Apprentissage · 29, 66, 67, 81, 172
Atmosphère (industrielle) · 24, 25, 29, 30, 72, 90, 134, 144, 177

B

Biographie · 7, 65, 66
Brain Drain · 11, 32, 159, 189

C

Capitalisme · 25, 30, 34, 83, 126, 127, 129, 178, 180, 182, 193
Civilisation · 5, 21, 62, 75
Classes sociales · 5, 53
Club de Rome · 20
Compétitivité · 26, 34, 132, 147
Consommation (société de) · 6, 16, 19, 20, 21, 26, 58, 85, 98, 123, 143, 177
Conventions (Ecole des) · 30, 77, 80, 85, 185, 190, 191
Culture · 1, 5, 7, 8, 24, 59, 60, 61, 68, 71, 78, 79, 80, 81, 84, 86, 90, 93, 127, 180, 187, 192

D

Délocalisation · 10, 34, 137, 147, 167
Déterminisme · 32, 97, 102, 105, 108, 123, 139, 178
Développement durable · 1, 18, 19, 21, 187, 193
Développement local · 25, 164, 190
Discours · 5, 10, 12, 15, 16, 17, 64, 65, 66, 82, 97, 132, 139, 181
District · 1, 6, 22, 23, 24, 25, 26, 27, 28, 30, 31, 32, 33, 35, 36, 37, 41, 42, 54, 73, 84, 86, 87, 88, 89, 90, 113, 129, 141, 157, 177, 179, 180, 183, 186, 187, 188, 190, 193
Division Internationale du Travail · 11, 145

E

Economies externes · 28, 29, 81, 89
Economies internes · 28, 81, 89
Emploi · 4, 15, 17, 22, 25, 40, 42, 43, 44, 45, 47, 53, 54, 57, 58, 87, 88, 113, 125, 126, 133, 153, 155, 159, 160, 166, 167, 170, 179, 182
Endogène (développement) · 26, 31, 32, 34, 37, 47, 88, 119, 157, 161, 162
Entrepreneur · 24, 25, 28, 48, 55, 83, 87, 130, 138, 140, 144, 147, 191
Entreprise · 1, 2, 5, 6, 9, 11, 15, 17, 18, 22, 23, 24, 25, 26, 28, 30, 31, 32, 33, 34, 35, 36, 41, 44, 45, 47, 48, 49, 50, 54, 56, 57, 58, 60, 65, 67, 68, 69, 70, 71, 72, 73, 74, 75, 76, 78, 79, 81, 82, 83, 84, 85, 87, 88, 89, 90, 91, 92, 93, 94, 98, 107, 108, 113, 114, 116, 118, 119, 122, 123, 125, 126, 127, 129, 130, 131, 132, 133, 135, 136, 137, 138, 139, 140, 141, 142, 143, 144, 145, 146, 147, 148, 149, 150, 151, 152, 153, 154, 155, 156, 157, 158, 159, 161, 162, 163, 164, 165, 166, 167, 168, 169, 170, 171, 172, 173, 174, 175, 176, 177, 178, 179, 180, 181, 182, 183, 184, 185, 186, 187, 188, 189, 190, 191, 192, 193
Epistémologie · 3, 6, 8, 22, 35, 64, 65, 95, 100, 108, 112, 121, 122, 128, 131, 138, 178
Espace productif · 6, 7, 51, 174, 176
Espace vécu · 4, 52, 53, 54, 55, 56, 60, 65, 66, 78, 184
Esprit d'entreprise · 24, 72, 73, 81, 83

Essaimage · 68, 159, 161, 162, 163, 165, 167, 172

F

Filiation · 1, 2, 10, 18, 34, 45, 47, 96, 161, 163, 183
Financier (capitalisme) · 17, 71, 125, 127, 147
Flexibilité · 6, 10, 26, 27, 30, 33, 35, 36, 51, 95, 114, 131, 141, 151, 153
Fordisme · 10, 19, 23, 30, 32, 33, 35, 36, 37, 51, 54, 55, 58, 63, 89, 95, 107, 114, 131, 135, 177
Friche industrielle · 4, 5, 6, 22, 45

G

Généalogie (des firmes) · 2, 7, 158, 161, 163, 164, 166
Genre de vie · 53, 61, 62, 64, 97, 111, 138
Géographie culturelle · 1, 60, 61, 62, 64, 65, 66, 67, 69, 71, 82, 99, 132, 178, 181
Géographie économique · 1, 2, 8, 9, 73, 76, 80, 94, 95, 96, 97, 98, 99, 100, 102, 103, 104, 105, 106, 109, 112, 114, 117, 122, 127, 128, 129, 138, 140, 178, 179, 180, 181, 185
Géographie industrielle · 1, 2, 6, 9, 52, 60, 71, 79, 82, 95, 96, 112, 113, 114, 116, 118, 123, 124, 126, 127, 138, 178
Géographie sociale · 7, 102, 106, 123, 183
Géographie socio-économique · 2, 94, 95, 102, 112, 128, 129, 130, 180, 188, 191

H

Homo œconomicus · 11, 90, 97, 98, 103, 104, 138
Humaniste · 138

I

Identité · 4, 6, 7, 40, 48, 51, 58, 61, 83, 84, 85, 86, 91, 92, 93, 101, 108, 115, 127, 130, 137, 146, 147, 155, 156, 176, 191, 192, 193
Imaginaire · 53, 54, 55, 56, 58, 66, 69, 75, 78, 82, 83, 92, 191
Industrie · 1, 2, 3, 4, 5, 6, 7, 8, 10, 15, 16, 18, 21, 22, 23, 24, 25, 26, 27, 28, 32, 36, 38, 41, 45, 46, 49, 51, 52, 53, 54, 55, 56, 58, 59, 60, 61, 63, 65, 66, 70, 71, 72, 73, 74, 75, 76, 79, 83, 85, 92, 93, 94, 95, 97, 112, 113, 114, 116, 117, 118, 122, 123, 124, 125, 126, 129, 135, 136, 137, 141, 142, 143, 144, 149, 151, 157, 158, 159, 166, 169, 171, 172, 173, 174, 176, 177, 178, 179, 180, 181, 182, 183, 184, 185, 186, 187, 188, 189, 190, 191, 192, 193
Ingénieurs · 5, 56, 63, 85, 147, 148, 153, 164, 165, 166, 172, 173
Innovation · 1, 20, 24, 25, 26, 28, 31, 41, 55, 60, 61, 68, 89, 90, 95, 114, 145, 146, 153, 157, 164, 175, 180, 182, 183, 184, 187, 192
Investissements · 7, 38, 41, 78, 118, 119, 126, 142, 143, 144, 145, 147, 149, 150, 151, 154, 169, 170, 188, 193

J

Joint venture · 158, 162

L

Localisation · 7, 8, 9, 25, 28, 94, 100, 104, 121, 122, 124, 136, 138, 140, 169, 182, 184, 185, 188, 189, 192

M

Maillage · 1, 38, 46, 47, 51, 159
Marché · 5, 11, 13, 15, 16, 17, 19, 21, 41, 46, 53, 55, 68, 70, 76, 81, 85, 87, 88, 92, 95, 97, 98, 99, 106, 109, 114, 119, 125, 128, 130, 132, 137, 140, 141,

142, 143, 144, 145, 149, 150, 152, 153, 154, 155, 156, 185, 191
Marxisme · 19, 106, 110
Mémoire · 7, 48, 67, 178
Métropolisation · 49, 51, 56, 58, 120, 181, 184, 186, 189
Migration · 11, 152
Milieu · 2, 31, 32, 61, 62, 67, 68, 74, 95, 137, 157, 163, 166, 169, 170, 174, 175, 186, 188, 190
Mobilité · 7, 9, 58, 66, 67, 74, 87, 118, 136, 144, 150, 153, 157, 166, 172, 174
Mode de production · 8, 33, 35, 36, 51, 93, 94, 95, 107, 114
Mondialisation · 2, 3, 6, 9, 12, 70, 80, 96, 99, 114, 119, 126, 127, 128, 135, 136, 137, 138, 142, 146, 147, 148, 151, 152, 156, 157, 177, 181, 182, 186, 189
Mythe fondateur · 56, 69, 77, 78, 79, 83, 87, 137, 149, 152

N

Nature · 31, 32, 38, 51, 53, 98, 99, 111, 116, 119, 128, 139, 177, 178, 182, 187
Nomadisme · 157, 167, 182, 193
Nouveaux Pays Industrialisés · 11, 35, 144, 145, 156
Nouvelles technologies · 4, 6, 10, 20, 22, 35, 53, 56, 95, 114, 119, 142, 159, 176

P

Patrimoine · 7, 48, 134
Pays en développement · 35, 107
Paysage · 4, 6, 40, 43, 53, 61, 62, 76, 124, 143
Polarisation · 6, 22, 167, 189
Port · 6, 23, 41, 42, 48, 54, 183, 190, 191, 193
Positivisme · 64
Possibilisme · 105, 107, 108, 129
Postfordisme · 23, 35, 131, 177
Postindustrialisation · 3, 6, 124, 127
Postmodernité · 3, 8, 19, 21, 82, 84, 96, 111, 129, 177
Produit · 5, 11, 16, 29, 54, 59, 63, 72, 73, 74, 75, 77, 79, 85, 87, 90, 91, 92, 113, 130, 142, 143, 145, 149, 151, 152, 153, 157, 176
Proximité · 28, 37, 48, 57, 66, 73, 76, 77, 114, 144, 150, 158, 168, 170, 171, 185, 193

R

Rationnalité · 20, 64, 80, 82, 98, 99, 100, 103, 128
Recherche et Développement · 11, 13, 19, 20, 31, 38, 71, 99, 110, 111, 134, 143, 144, 145, 146, 149, 150, 153, 154, 157, 162, 166, 172, 173, 174, 182, 185, 188, 189
Reconversion · 4, 6, 22, 42, 44, 45, 51, 116, 168, 169, 181, 183, 185, 186, 188, 191, 192
Régulation (théorie de la) · 19, 30, 31, 53, 80, 102, 110, 112, 114, 121, 122, 129, 133, 156, 180, 187
Réseau · 26, 31, 42, 49, 66, 72, 76, 81, 82, 87, 88, 95, 107, 111, 124, 126, 128, 130, 132, 137, 140, 141, 143, 145, 150, 151, 161, 163, 175, 177, 178, 180, 182, 183

S

Savoir-faire · 5, 14, 18, 28, 36, 61, 66, 67, 68, 78, 79, 91, 92, 113, 147, 155, 158, 164, 183
Sous-traitant · 41, 129, 141
Start-up · 155, 165
Syndicat · 5, 11, 15, 16, 56, 155
Système productif · 30, 31, 32, 33, 37, 113, 116, 119, 120, 126, 127, 132, 145, 174

T

Techniques · 1, 10, 40, 43, 48, 61, 62, 63, 64, 65, 66, 67, 71, 72, 75, 78, 82, 93, 94, 97, 105, 106, 157, 161, 166, 187
Technopôle · 22, 114, 147, 160, 163, 165, 167, 169, 176, 179, 185
Territoire · 1, 2, 4, 5, 6, 7, 8, 12, 15, 17, 21, 22, 23, 24, 26, 29, 31, 32, 33, 36,

37, 38, 40, 41, 43, 45, 48, 49, 51, 52, 55, 58, 67, 68, 76, 78, 79, 90, 91, 92, 93, 94, 95, 96, 100, 101, 104, 107, 108, 109, 111, 112, 113, 114, 118, 120, 122, 123, 125, 126, 127, 128, 130, 133, 134, 136, 137, 140, 141, 142, 145, 146, 147, 148, 150, 153, 154, 155, 156, 157, 159, 161, 162, 164, 167, 168, 171, 174, 175, 176, 177, 178, 182, 183, 184, 185, 186, 187, 189, 190, 192, 193
Territorialité · 78
Tertiaire · 22, 31, 73, 98, 116, 119, 123, 124, 125, 126, 130, 137, 140, 142, 150, 169
Travail · 11, 12, 26, 28, 30, 31, 33, 41, 44, 52, 54, 55, 58, 61, 63, 64, 69, 72, 73, 74, 75, 79, 81, 86, 88, 106, 112, 114, 116, 125, 127, 129, 130, 131, 132, 141, 145, 185, 191

V

Variables invisibles · 34, 76

Z

Zone d'activités · 168

Index des lieux

A

Aix-en-Provence · 40, 43, 44, 46, 49, 57, 160, 167, 168, 179, 180, 181, 182, 183, 184, 185, 187, 188, 189, 190, 191, 192, 193
Allemagne · 15, 16, 18, 112, 152, 170, 189

B

Bangalore · 11
Bouches-du-Rhône · 38, 40, 47, 57, 159, 160, 162, 163, 165, 166, 167

C

Californie · 148, 158, 185
Choletais · 33

E

Espagne · 16, 180, 187, 193
Etats-Unis · 8, 21, 51, 63, 65, 70, 84, 114, 121, 133, 143, 145, 147, 148, 152, 155, 158, 170, 173, 174, 184, 188, 189
Europe · 1, 6, 11, 12, 14, 18, 19, 24, 27, 33, 34, 51, 63, 65, 70, 84, 85, 112, 120, 134, 143, 149, 150, 152, 153, 156, 158, 164, 170, 173, 179, 180, 182, 183, 184, 188, 189, 190, 194

F

France · 11, 15, 16, 17, 18, 23, 42, 51, 53, 57, 58, 92, 96, 102, 105, 106, 111, 114, 115, 116, 117, 118, 120, 138, 139, 140, 147, 150, 152, 153, 155, 158, 159, 173, 179, 180, 182, 183, 184, 185, 186, 187, 188, 189, 190, 192, 193

G

Gardanne · 6, 17, 38, 40, 42, 43, 168, 169, 185, 189, 191
Gemenos · 44, 56, 153, 160, 167, 169
Grenoble · 58, 150, 159, 172, 182, 184, 185, 186, 188, 189, 190, 193

I

Ile-de-France · 180, 181, 182, 183
Italie · 23, 24, 26, 27, 30, 34, 37, 70, 113, 141, 149, 150, 158, 187

J

Jura · 23

L

La Ciotat · 40, 44, 45, 48, 160, 167, 169, 189
La Seyne-sur-mer · 40, 44, 45, 48, 189
Lorraine · 4, 17, 43, 118
Lyon · 72, 73, 75, 76, 77, 78

M

Marseille · 6, 23, 38, 41, 42, 46, 47, 49, 52, 54, 55, 57, 169, 171, 172, 173, 181, 184, 187, 190, 193
Massachusetts · 82
Méditerranée · 6, 49, 113, 179, 180, 181, 182, 183, 184, 185, 187, 188, 190, 192, 193

N

Nouvelle-Angleterre · 83, 84

P

Phoenix · 164, 188, 189
Port-de-Bouc · 40

R

Rennes · 70, 150, 159, 183, 184, 189
Rousset · 40, 43, 44, 47, 56, 57, 150, 152, 160, 166, 167, 168, 169, 170, 171
Route 128 · 81, 82, 157, 192
Royaume Uni · 15, 18, 152

S

San Diego · 46, 188
Sassuolo · 87
Sfax · 24, 25, 188
Sheffield · 29, 186
Silicon Valley · 31, 32, 37, 56, 69, 81, 82, 130, 152, 157, 161, 165, 179, 181, 188, 192
Solingen · 29
Sophia-Antipolis · 56, 160, 165

T

Toulon · 40, 45
Toulouse · 58, 114, 186, 187, 188, 193
Tunis · 24, 25, 188, 191
Turquie · 27

V

Var · 40, 44
Villingen · 24, 193

Y

Yougoslavie · 27

Index des auteurs

A

Abrantes M. · 23
Albert M. · 34, 126
Asheim B. · 139
Aulter G. · 161
Aydalot P. · 24, 31, 51, 158, 175

B

Barnes T.J. · 80
Battiau M. · 60, 118, 125
Becattini G. · 27, 30, 33, 34, 84, 86, 87, 88, 89, 90
Beckouche P. · 113, 118, 124, 125, 126, 174
Benko G. · 23, 25, 27, 28, 30, 31, 32, 34, 35, 37, 51, 81, 94, 97, 102, 104, 115, 118, 128, 129, 141, 169, 182, 185, 189
Bergson H. · 3
Bernard P.J. · 84, 90, 156
Bertoncello B. · 49
Beyon H. · 15
Boltanski L. · 30, 77, 85
Boyer R. · 30, 180
Brondel G. · 13
Browayes X. · 141
Brunet R. · 105, 140

C

Cabanne C. · 25
Carroué L. · 80, 113, 118, 127, 156
Castells M. · 31, 107, 108
Charrié J.P. · 141
Chastagnaret G. · 6, 41, 183
Claval P. · 2, 52, 62, 63, 64, 66, 67, 69, 96, 97, 98, 99, 100, 101, 102, 103, 105, 112, 117, 180
Coase R.H. · 31
Cohen E. · 173
Cohen J. · 113, 118
Courlet C. · 26, 28, 29

D

Damette F. · 113, 117, 126
Daumalin X. · 42, 55, 184
Daumas J.C. · 33, 183
Dauvin JP. · 151
Daviet JP · 84, 90
Daviet S. · 15, 23, 47, 50, 65, 66, 149, 153, 160, 161
De Carmoy G. · 13
Demazière C. · 51
Derrida J. · 3, 8, 64
Di Méo G. · 123
Diry JP. · 123
Domenichino J. · 54
Donaint P. · 58
Dunford M. · 27, 31, 32, 34, 102

F

Fache J. · 114, 143
Ferreira C. · 40
Ferrier JP. · 58
Fischer A. · 118, 122, 140, 188
Frémont A. · 52, 65

G

Garnier J. · 40, 45, 53, 164
Géneau de Lamarlière I. · 8, 30, 31, 81, 82, 103, 104, 105, 117, 140
George P. · 24, 63, 102, 106, 107
Gilly JP. · 66, 194
Girard N. · 23, 46, 184
Glasmeier A. · 51
Gleick J. · 3, 36
Goodchild MF. · 117
Gourou P. · 61, 62, 106
Granovetter M. · 80, 161
Gregoris M. · 141
Grossetti M. · 174

H

Herrigel G. · 85, 146

Holz JM · 60, 79, 112, 118, 124, 126, 142
Houssel JP · 26, 35, 113, 118, 124, 126, 142
Hudson R. · 15

I

Isard W. · 29, 99

J

Jalabert G. · 114, 117, 118, 141
Janelle DG. · 117
Johnston RJ. · 98

K

Knafou R. · 117, 121
Krugman P. · 99, 129, 137, 189
Krumme G. · 138, 139, 156
Kuhn T. · 3, 36

L

Lacoste Y. · 107
Lacour C. · 35, 36, 86, 100, 102, 115
Lafférère M. · 72, 73, 74, 75, 76, 78, 79, 88, 95
Lambert O. · 41, 55
Latouche S. · 21
Lee D-O · 130
Lefebvre H. · 107, 108
Leriche F. · 114, 158
Lescure M. · 26, 33, 188
Lipietz A. · 23, 25, 27, 30, 31, 32, 81, 94, 102, 128, 129, 189
Lowy P. · 25
Lucchini N. · 146

M

Maillat D. · 157
Manzagol C. · 51, 158
Marconis R. · 102, 105, 106, 107, 108, 115, 118
Markusen A. · 31
Marshall A. · 24, 27, 28, 29, 32, 33, 36, 72, 73, 85, 86, 89, 90, 95, 99, 134, 141, 177, 179, 180
Maskell P. · 139
Mauss M. · 30, 85
Mioche Ph. · 6, 12, 40, 55
Moralia B. · 49
Morel B. · 23, 41, 42, 46, 47, 48, 51
Morin E. · 3, 104

O

Orléan A. · 77, 80

P

Pecqueur B. · 25, 26
Peet R. · 8, 81, 82, 83, 84
Piaget J. · 3
Piore M. · 30
Polanyi K. · 30, 85
Prigogine I. · 3
Puissant Y. · 115

R

Raveux O. · 41, 183, 184
Ricardo D. · 99, 190, 192
Robic MC. · 7, 105
Rodriguez Malta R. · 49
Rychen F. · 43

S

Sabel Ch. · 30
Sadler D. · 15
Saillard Y. · 30, 180
Saint-Julien Th. · 122
Salais R. · 85
Saxenian A.L. · 81, 82, 85, 130, 148, 157, 161
Scheibling J. · 117
Schneier G. · 122
Schoenberger E. · 139
Scott AJ. · 31, 36, 85, 102
Staszak JF. · 30, 31, 80, 82, 103, 104, 105, 117, 140

Stengers I. · 3
Storper M. · 31, 85, 102

T

Tarrius A. · 157, 162
Taylor M. · 139
Temime E. · 41
Thévenot L. · 30, 77
Thomas A. · 24, 36
Todd E. · 137
Torre A. · 66, 194

V

Vanier M. · 21, 157
Veltz P. · 2, 8, 37, 51, 58, 60, 72, 82, 94, 95, 124, 126, 128, 131, 132, 133, 179
Vidal de la Blache P. · 61, 97, 102, 105, 106, 108, 109, 112, 115, 129, 134, 138, 177, 178
Vivien FD. · 19

W

Wakermann G. · 141
Walras L. · 99
Weber A. · 8, 94
Weber M. · 8, 28, 82, 85, 133, 134, 135, 177
Weissberg D. · 173
Williamson OE. · 31

Z

Zalio PP. · 41, 54
Zeitlin J. · 85, 146
Zimmermann JB · 43, 159, 162, 170

Gestion et Economie
à l'Harmattan

LES CONTRÔLEURS DE GESTION
L'histoire et les conditions d'exercice de la profession
BOLLECKER Marc
La fonction contrôle de gestion connaît actuellement une période de profonde transformation. Elle cherche, depuis le début des années 1980, à s'adapter progressivement à des entreprises en mutation permanente ainsi qu'à la complexité et au dynamisme de leur environnement économique. Les contrôleurs de gestion voient-ils leur activité évoluer ? Assiste-t-on à un développement des activités traditionnelles de traitement de l'information comptable ou, au contraire, à leur atténuation. Quelle place est accordée aux activités nobles de conseil aux décideurs tant convoitées par les contrôleurs de gestion ?
(Coll. Dynamiques d'entreprises, 16 €, 184 p) *ISBN 2-7475-4769-8*

CRISE ET DÉSORGANISATION DE L'ENTREPRISE
L'organisation comme espace
ATTIAS-BONNIVARD Danièle
Pourquoi des entreprises meurent-elles ? Cette question trouve, à partir des travaux de la philosophe allemande Hannah ARENDT, une formulation nouvelle. L'entreprise donne à voir des signes de crise autant dans les discours que dans les manifestations physiques des acteurs. L'auteur analyse le cas Maryflo, une entreprise performante qui subit une crise de désorganisation telle que l'issue sera la mort de l'entreprise. Cette autopsie d'une entreprise offre une grille de lecture pertinente pour permettre à des managers de repérer les symptômes qui préfigurent une crise.
(Coll. L'esprit économique, Série : Economie et Innovation, 12.50 €, 130 p)
ISBN 2-7475-7337-0

DÉCIDER DANS LES ORGANISATIONS
Dialogues critiques entre économie et gestion
Sous la direction de : Jean-Robert ALCARAS, Patrick GIANFALDONI et Gilles PACHE
Préface de Jean-Louis LE MOIGNE
La décision intéresse au premier chef les sciences économiques et les sciences de gestion et, au-delà, l'ensemble des sciences de l'homme et de la société. En effet, afin de produire ou de consommer des biens ou des services, les Hommes doivent d'abord produire des décisions. Autant dire que ces disciplines devront toujours rester attentives à la façon dont se déroule la prise de décision dans les organisations. Le présent ouvrage aborde la question en traversant, de chapitre en chapitre, différents champs thématiques.
(21.50 €, 250 p) *ISBN 2-7475-6066-X*

ANALYSE SECTORIELLE
Méthodologie et application aux technologies de l'information
GENTHON Christian
Economistes et gestionnaires produisent chaque année de nombreuses analyses de secteur. Pourtant, il n'existe pas d'ouvrage facilement accessible présentant la manière dont sont conçues ces études. Ce livre tente de combler cette lacune en proposant une méthode d'analyse de secteur. Son objectif est de fournir une présentation des outils de l'analyse sectorielle et d'articuler leurs relations de manière à développer une méthodologie générale. La seconde partie de l'ouvrage analyse : l'industrie informatique, le secteur des services informatiques et enfin l'industrie du logiciel.
(Coll. L'esprit économique, Série Cours Principaux, 17.50 €, 198 p)
ISBN 2-7475-6785-0

AUTOUR DU DÉVELOPPEMENT DURABLE
RISQUES & MANAGEMENT INTERNATIONAL 3
Les différents articles de ce numéro abordent les grands enjeux du développement durable, notamment le réchauffement climatique et la problématique des énergies non renouvelables, mais aussi l'intérêt qu'a l'entreprise à s'investir dans le développement durable, afin d'accroître sa performance dans le long terme. Un axe central ressort au final : l'innovation technologique, la création de nouveaux business models, la multiplication des moyens de pression et la création de nouvelles formes de dialogues.
(23 €, 267 p) *ISBN 2-7475-6636-6*

COMMUNICATION ORGANISATIONELLE. Une perspective allagmatique
CARAYOL Valérie
Dans cet ouvrage, sont analysées les politiques d'image, de relations publiques, de partenariat, les pratiques de fidélisation, d'incitation, de médiation ou encore d'imitation et de "benchmarking". La perspective théorique développée est solidement argumentée. Le terme "allagmatique", du grec allagma, qui signifie changement, illustre l'aspect dynamique de l'approche proposée. Les professionnels de la communication soucieux d'analyser leurs pratiques, les étudiants avancés comme les chercheurs en sciences de l'information et de la communication trouveront matière à une réflexion approfondie.
(Coll. Communication des Organisations, 20 €, 235 p) *ISBN 2-7475-6152-6*

COMPÉTENCES, CARRIÈRES, ÉVOLUTIONS AU TRAVAIL
Sous la direction de Alain LANCRY et Claude LEMOINE
Cet ouvrage est consacré aux questions se rapportant aux compétences acquises ou sollicitées au travail, à la carrière professionnelle et aux évolutions par et dans le travail. Plusieurs thèmes y sont abordés : le recrutement, l'évaluation du personnel, les mesures en gestion des ressources humaines... Une série d'articles traite des compétences : la relation aux référentiels d'emplois, le bilan chez les jeunes sans qualification... L'entrée dans le métier, la formation continue et les itinéraires professionnels constituent la troisième partie.
(Coll. Psychologie du travail et des ressources humaines, 23 €, 270 p)
ISBN 2-7475-6567-X

LA DÉRIVE DE L'ÉCONOMIE FRANÇAISE 1958-1981
DUMAS Georges
Préface de Michel ROCARD
Jusqu'en 1969 les modérés ont miné le pouvoir gaulliste, prudemment d'abord puis ouvertement à partir de 1966, et finalement poussé le Général à la retraite. L'économie et les finances de la France ont fait les frais de cette conquête du pouvoir. La vieille droite a pris peu à peu tous les pouvoirs: elle s'est nourrie de l'inflation, éphémère tranquillisant, a cultivé la croissance douce, synonyme de stagnation, a ignoré la dégradation du climat social, et s'est ralliée définitivement à l'atlantisme, programmant ainsi son échec de 1981.
(Coll. finances publiques, 25 €, 290 p) *ISBN 2-7475-5474-0*

LA DÉRIVE ORGANISATIONNELLE
PESQUEUX Yvon, TRIBOULOIS Bruno
"L'évidence" du changement organisationnel est devenue un tel poncif aujourd'hui qu'il mérite un sérieux questionnement. Cet ouvrage met en perspective les logiques du changement organisationnel pour qu'il ne soit plus considéré comme un remède à tout. Il aborde des questions telles que le regard qu'il est possible de porter sur les deux grandes perspectives biologiques que sont le transformisme lamarckien et la sélection darwinienne, le changement voulu par les hommes ou "imposé" par le contexte avant d'examiner la question de la résistance au changement.
(Coll. Dynamiques d'entreprises, 17.50 €, 196 p) *ISBN 2-7475-6291-3*

LE DIAGNOSTIC STRATÉGIQUE ET LA GESTION DE LA QUALITÉ
SIEGEL Dominique
La gestion de la qualité représente un concept largement reconnu de nos jours. Mais, comment celui-ci se trouve-t-il intégré dans le diagnostic stratégique ? Cet ouvrage trace un cadre théorique pour comprendre les liens entre la matière stratégique et la gestion de la qualité. Une approche originale qui met en avant trois dimensions qui contribuent au développement d'une entreprise :
1) comment l'entreprise gère-t-elle ses processus et ses ressources humaines ?
2) Comment l'entreprise assure-t-elle l'intégration de ses produits auprès de sa clientèle ?
3) Comment l'entreprise communique-t-elle pour mieux vendre ?
(Coll. Dynamiques d'entreprises, 21.50 €, 252 p) *ISBN 2-7475-7177-7*

ECONOMIE DU TRAVAIL ET DES RESSOURCES HUMAINES
DUTHIL Gérard
Le chômage est devenu en deux décennies le problème socio-économique le plus préoccupant de nos sociétés. De nombreux facteurs ont été avancés pour expliquer cette forte progression : des salaires trop élevés, une insuffisante formation, des rigidités trop fortes sur le marché... Cet ouvrage donne une vision objective de l'état du marché du travail et permet aux étudiants, aux organismes professionnels et à toute personne intéressée, de faire le point sur les mécanismes du fonctionnement de ce marché et sur les politiques menées par l'Etat et par les entreprises pour le dynamiser.
(Coll. Logiques Economiques, 30 €, 366 p) *ISBN 2-7475-6547-5*

www.ingramcontent.com/pod-product-compliance
Lightning Source LLC
LaVergne TN
LVHW010924051026
849532LV00003B/828